HEATH
DISCOVERING
FRENCH

DEUXIÈME PARTIE

BLEU

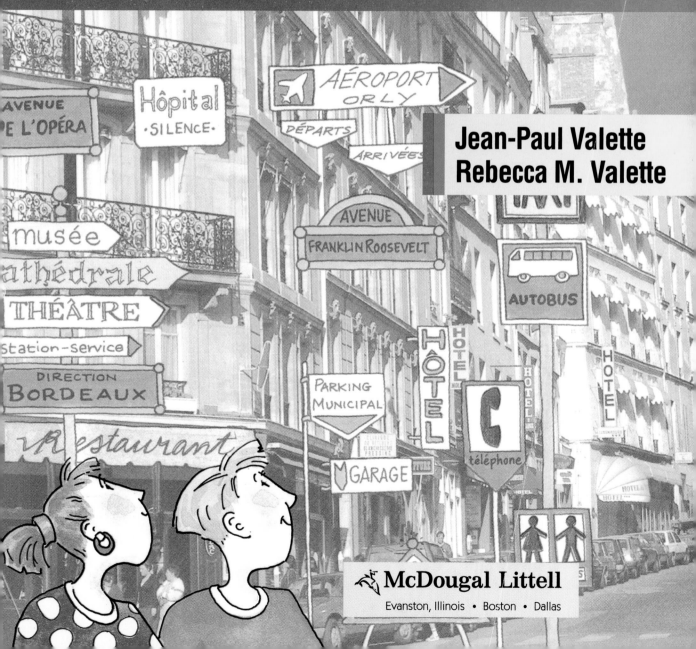

Jean-Paul Valette
Rebecca M. Valette

McDougal Littell
Evanston, Illinois • Boston • Dallas

Teacher Consultants

Sue Arandjelovic, *Dobson High School, Arizona*
Kay Dagg, *Washburn Rural High School, Kansas*
Olga Davis, *G. H. Englesby Junior High School, Massachusetts*
Tina Dietrich, *Washington Junior High School, Ohio*
Rosine Gardner, *Newcomb Central School, New York*
Andrea Henderson, *First Colony Middle School, Texas*
Bill Price, *Day Junior High School, Massachusetts*
T. Jeffrey Richards, *Roosevelt High School, South Dakota*
Margie Ricks, *Dulles High School, Texas*
Valerie Sacks, *Britton Middle School, California*

McDougal Littell wishes to express its heartfelt appreciation to **Gail Smith,** Supervising Editor for *DISCOVERING FRENCH.* Her creativity, organizational skills, determination and sheer hard work have been invaluable in all aspects of the program, including the award winning *DISCOVERING FRENCH* CD-ROM.

Illustrations

Yves Calarnou
Jean-Pierre Foissy
Élisabeth Schlossberg

Printed in the United States of America
International Standard Book Number: 0-618-03502-8

4 5 6 7 8 9 10 –VHP– 06 05 04 03 02

Lycée Jean-Baptiste Corot

MERCI

Special thanks to the students and staff of
• **Collège Eugène Delacroix**, *Paris*
• **Lycée Jean-Baptiste Corot**, *Savigny-sur-Orge*
for their cooperation and assistance.

Collège Eugène Delacroix

Contents

REGARDE LA FILLE LÀ-BAS. ELLE EST MIGNONNE, HEIN?

JE SUIS D'ACCORD. ELLE EST TRÈS MIGNONNE. ELLE EST AUSSI TRÈS SYMPATHIQUE ET TRÈS INTELLIGENTE...

VRAIMENT?

OUI C'EST MA COPINE!...

V

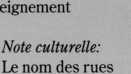
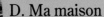

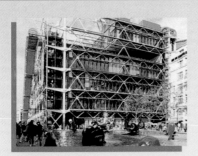 

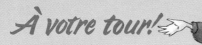

que le monde est petit !

Walt Disney Pictures
PIXAR
1001 pattes
(a bug's life)

 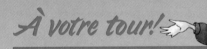

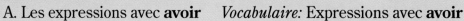

UNITÉ
9
Les repas 344

Thème: Food and meals

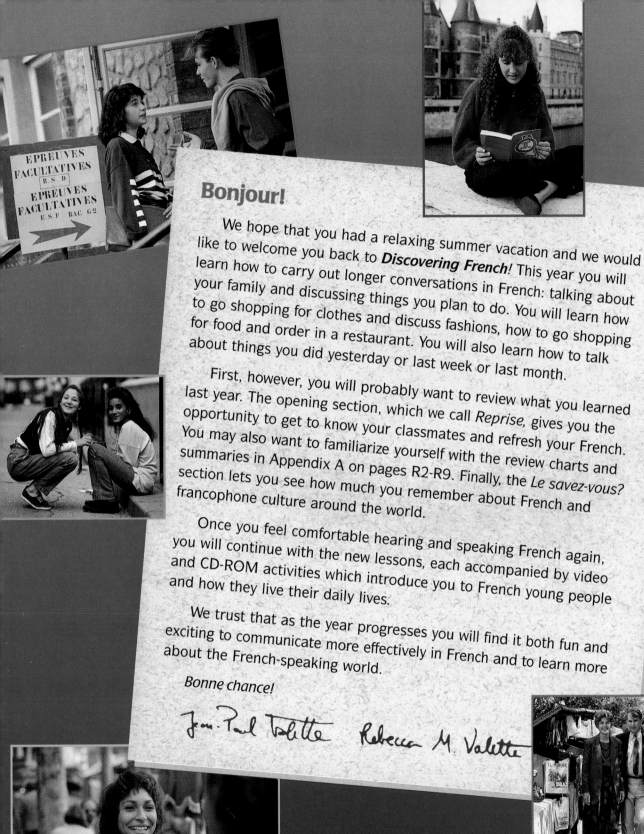

Bonjour!

We hope that you had a relaxing summer vacation and we would like to welcome you back to **Discovering French!** This year you will learn how to carry out longer conversations in French: talking about your family and discussing things you plan to do. You will learn how to go shopping for clothes and discuss fashions, how to go shopping for food and order in a restaurant. You will also learn how to talk about things you did yesterday or last week or last month.

First, however, you will probably want to review what you learned last year. The opening section, which we call *Reprise,* gives you the opportunity to get to know your classmates and refresh your French. You may also want to familiarize yourself with the review charts and summaries in Appendix A on pages R2-R9. Finally, the *Le savez-vous?* section lets you see how much you remember about French and francophone culture around the world.

Once you feel comfortable hearing and speaking French again, you will continue with the new lessons, each accompanied by video and CD-ROM activities which introduce you to French young people and how they live their daily lives.

We trust that as the year progresses you will find it both fun and exciting to communicate more effectively in French and to learn more about the French-speaking world.

Bonne chance!

Jean-Paul Valette   Rebecca M. Valette

Reprise

Bonjour!

Thème et Objectifs

Getting Reacquainted

In **Reprise,** you will become reacquainted with the French-speaking world: its people, its culture, its language.

In this opening unit, you will have the opportunity to brush up your French skills. In particular, you will practice . . .

- describing yourself and others
- talking about your possessions and your room
- asking and answering questions about what people are doing
- expressing your preferences
- extending and accepting (or turning down) invitations
- ordering food in a café

In addition, you will review . . .

- how to count
- how to give the date and tell time
- how to talk about the weather

Bonjour!

Bonjour!

Je m'appelle Amélie Blanchard et j'ai quinze ans. J'habite avec ma famille à Orléans, une ville° située à 100 (cent) kilomètres de Paris. J'ai un frère, mais je n'ai pas de soeur. Mon frère s'appelle Jean-Marc. Il a neuf ans et il est très pénible!

J'aime beaucoup les animaux. J'ai un canari, un chat et un chien. Mon chien s'appelle Attila, mais il est très gentil. (Il est beaucoup plus gentil que° mon petit frère.)

J'aime beaucoup la musique, en particulier le rock et le rap. J'ai une chaîne-stéréo et beaucoup de CDs.

Je suis sportive. Mes sports préférés sont le ski et le tennis. Je joue bien (mais je ne suis pas une championne!).

En classe, je suis une assez bonne élève, excepté en maths où ça ne va pas très bien. Mes matières préférées sont l'anglais et l'espagnol. Je parle assez bien ces° deux langues. (Aujourd'hui, il est important de parler plusieurs° langues si on° veut avoir un bon travail.°)

J'adore voyager. Un jour, je voudrais visiter les États-Unis et aussi le Mexique.

Salut!

Je m'appelle Jean-Philippe Jamin. J'ai seize ans et j'habite à la Guadeloupe avec ma famille. J'ai une petite soeur et un grand frère. Ma petite soeur a six ans. Elle s'appelle Claudine et elle est très mignonne. Mon frère s'appelle Thomas. Il n'habite pas avec nous. Il habite à Paris où il est étudiant en médecine.

Moi, je suis élève au lycée Baimbridge à Pointe-à-Pitre. Mes matières préférées sont les maths et l'informatique. Je voudrais être ingénieur.

J'aime les sports, en particulier le foot. Je joue dans un club amateur. J'aime aussi nager. Je nage très souvent parce qu'ici, à la Guadeloupe, il fait toujours beau.

ville *city* **plus gentil que** *nicer than* **ces** *those* **plusieurs** *several* **on** *one* **travail** *job*

Ça va?

Je m'appelle Martine Nguyen et j'ai quatorze ans. Ma famille est d'origine vietnamienne, mais maintenant nous habitons en France, dans la région de Lyon.

J'ai un grand frère. Il s'appelle Guillaume et il est très sympa.° (En ce moment, il n'habite pas avec nous, parce qu'il fait son service militaire.) J'ai beaucoup d'amis. J'ai une bonne copine (c'est une voisine), mais je n'ai pas de copain.

J'aime la danse et la musique classique. J'aime aussi la nature. Le weekend, quand il fait beau, je fais des promenades à mobylette dans la campagne° avec ma copine. Parfois,° je travaille dans le restaurant de mes parents. (C'est un restaurant vietnamien, bien sûr!)

Et vous, qu'est-ce que vous faites le weekend?

sympa = sympathique   **campagne** *countryside*   **parfois** *sometimes*

À votre tour!

Of the three French teenagers who have introduced themselves, which one would you choose as a penpal? In a short paragraph, explain …

- what you have in common with that person
- why you find him/her interesting.

➡ **Je voudrais correspondre avec Amélie. Elle a un petit frère. Moi, aussi, j'ai un petit frère. Il a 9 ans et …**

■ NOTE ■
CULTURELLE

1 La France multi-culturelle

Although of different origins, Amélie, Jean-Philippe and Martine are typical French teenagers. France, like many modern countries, has a very diverse population which includes people of a great variety of cultural and ethnic backgrounds. Since France is located in Western Europe, the great majority of its citizens are of European, but not necessarily of French, origin. As a matter of fact, many French people claim Spanish, Italian or Polish ancestry. Because of various historical circumstances, France also has an ever-growing non-European population. These new French immigrants come primarily from North Africa (Algeria, Morocco, Tunisia), West Africa (Senegal, Mali, Ivory Coast, Chad), and Southeast Asia (Vietnam and Cambodia). And we should not forget the people of the Caribbean islands of Martinique and Guadeloupe, who are French citizens of African origin, and the people of Tahiti, also French citizens, who are Polynesian.

France is truly multi-ethnic and multi-cultural. The growing cultural diversity of its population makes it a richer and more interesting country. As the French people say: "Vive la différence!"

2 La Guadeloupe

Like Martinique, Guadeloupe is a Caribbean island which is part of the French national territory. Its inhabitants, who are mostly of African ancestry, are therefore French citizens.

ET VOUS?

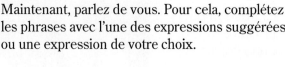

Maintenant, parlez de vous. Pour cela, complétez les phrases avec l'une des expressions suggérées ou une expression de votre choix.

1 Je suis …
- américain(e)
- canadien(ne)
- français(e)
- ?

2 J'ai …
- 13 ans
- 14 ans
- 15 ans
- ?

3 Ma famille est d'origine …
- européenne
- africaine
- hispanique
- asiatique
- amérindienne *(native American)*
- mixte
- ?

4 J'ai …
- un frère
- une soeur
- un frère, mais pas de soeur
- ?

5 À la maison, j'ai …
- un chien
- un chat
- un canari
- un hamster
- un poisson rouge *(gold fish)*
- un lapin *(rabbit)*
- ?

6 À l'école, ma matière préférée est …
- l'histoire
- l'anglais
- le français
- les maths
- les sciences
- ?

7 En général, les professeurs sont …
- sympathiques
- intéressants
- stricts
- justes *(fair)*
- ?

8 À la maison, quand je n'étudie pas, je préfère …
- regarder la télé
- écouter de la musique
- téléphoner à mes copains
- aider *(help)* mes parents
- ?

9 Quand je suis dans ma chambre, je préfère …
- étudier
- écouter la radio
- lire *(read)* un livre
- lire un magazine
- ?

10 Ma musique préférée est …
- le rock
- le rap
- la musique classique
- ?

11 En général, j'écoute mes CDs préférés sur …
- mon walkman
- une chaîne-stéréo
- une radiocassette
- ?

12 Pour mon anniversaire, je voudrais avoir …
- un vélo
- des CDs
- des vêtements
- 2 billets pour un concert
- ?

BALADE

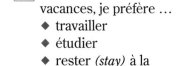

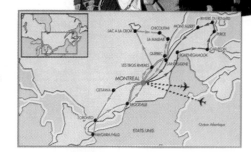

13 Le weekend, je préfère dîner …
- à la maison
- au restaurant avec ma famille
- au restaurant avec mes copains
- ?

14 Quand je suis au restaurant, je préfère manger …
- un hamburger
- une pizza
- une salade
- ?

15 Mon sport préféré est …
- le basket
- le volley
- le baseball
- le foot
- le football américain
- ?

16 Ma saison préférée est …
- l'automne
- l'hiver
- le printemps
- l'été

17 Quand il fait beau, je préfère …
- nager
- faire une promenade à vélo
- faire du sport
- rester *(stay)* à la maison
- ?

18 En été, quand je suis en vacances, je préfère …
- travailler
- étudier
- rester *(stay)* à la maison
- voyager
- ?

19 Un jour *(one day)*, je voudrais visiter …
- la France
- le Mexique
- le Canada
- l'Afrique
- ?

20 Pour moi, la chose la plus *(most)* importante dans la vie *(life)*, est de (d')…
- avoir des amis sympathiques
- faire des choses intéressantes
- avoir un bon job
- voyager beaucoup
- ?

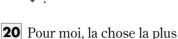

RAPPEL! In French, all nouns are MASCULINE or FEMININE, SINGULAR or PLURAL.

    un frère   **une** soeur   **des** copains

RÉVISION

If you need to review the forms of other words that introduce nouns, go to Appendix A, p. R2.

RÉVISION

If you need to review the names of family members and other people, go to Appendix A, p. R3.

1 **La famille de Véronique**

This picture was taken at a gathering of Véronique's family. Choose a member of the family (or a pet) and give his/her name. If you wish, you may describe the person (approximate age, other characteristics).

▶ Le frère de Véronique s'appelle Thomas. Il a dix ans. Il est petit.

RAPPEL! ADJECTIVES agree with the NOUNS they describe.

Philippe est **grand**.   Pauline est **grande**.

RÉVISION

If you need to review the forms of descriptive adjectives, go to Appendix A, p. R2.

RÉVISION

If you need to review adjectives describing common nationalities and physical traits, go to Appendix A, p. R3.

2 Le congrès des jeunes

The following young people are representing their countries at an international youth conference. Choose one of the delegates. Give his/her nationality and a brief physical description.

▶ Bob est américain. Il est blond. Il n'est pas très grand.

| Bob | Anita | Valérie | Martin | Michiko | Tatsuya | Brian | Danielle |

3 Nationalités

The following people live in the cities indicated in parentheses. Give each one's nationality.

▶ (Acapulco) **Teresa est mexicaine.**

1. (Rome) Mario et Silvia …
2. (Hong Kong) Madame Li …
3. (Genève) Nous …
4. (Madrid) Toi et José, vous …
5. (Zurich) Tu …
6. (Barcelona) Mes cousins …
7. (Liverpool) Ma tante …
8. (Beijing) Vous …

RÉVISION

If you need to review the forms of **être**, go to Appendix A, p. R6.

RAPPEL! In French, adjectives usually come after the noun.

un garçon **sympathique**   une fille **sportive**

RÉVISION

If you want to review adjectives describing personality traits, go to Appendix A, p. R3.

4 Opinion personnelle

Choose one of the following people and express your opinion about that person by using the suggested nouns and adjectives.

▶ Whoopi Goldberg est une actrice amusante.

mon copain	un garçon
ma copine	une fille
le/la prof	un homme
Tom Cruise	une femme
Oprah Winfrey	une personne
Harrison Ford	un acteur
Whoopi Goldberg	une actrice
Madonna	
Albert Einstein	
Bart Simpson	
??	

sportif? mignon? timide? intelligent? intéressant? amusant? sympathique? bête? gentil? méchant?

How to ask someone's name and age:

Comment t'appelles-tu?	*What's your name?*	
Je m'appelle ...	*My name is ...*	**Je m'appelle Frédéric.**
Comment s'appelle ...?	*What's the name of ...*	
[Comment s'appelle-t-il/elle?]	*What's his/her name?*	**Comment s'appelle ta copine?**
Il/elle s'appelle ...	*His/her name is ...*	**Elle s'appelle Sophie.**
Quel âge as-tu?	*How old are you?*	
J'ai ... ans.	*I'm ... (years old).*	**J'ai seize ans.**
Quel âge a ...	*How old is ...?*	**Quel âge a ton frère?**
[Quel âge a-t-il/elle?]	*How old is he/she?*	
Il/elle a ... ans.	*He/she is ... (years old).*	**Il a quinze ans.**

5 À votre avis *(In your opinion)*

Point to the pictures and ask your partner the name and age of each person.

RÉVISION

If you need to review numbers, go to Appendix A, p. R8.

| **Titi** | **Monsieur Lecourbe** | **Zoé** | **Madame Martin** | **Cédric** |

À votre tour!

1 Auto-portrait

Write a brief self-portrait in which you mention …

- your name
- your nationality
- your age
- 2 physical traits
- 2 personality traits that you have
- 1 personality trait that you do not have

2 Les amis parfaits

Describe the perfect friends — one male and one female. List 5 traits for each friend, ranking them in order of importance. Compare your lists with those of your partner. Are you in agreement?

3 Famille

In a letter to your French penpal, describe your brothers and sisters (or cousins, if you prefer). You may also write about your pets.

- Say how many brothers and sisters (or cousins) you have.
- Write a short description of each one: age, physical and personality traits.
- Mention what pets you have (if any) and describe them.

4 Situations

Find a partner and imagine that the two of you are in the following situations.
Prepare and act out the conversations.

1. At a party organized by the International Students' Club, you meet a teenager who speaks French. Ask this new person …
   - his/her name
   - how old he/she is
   - if he/she is French or Canadian

2. Your French friend is showing you photos of his/her family. You want to know more about his/her younger brother. Ask your friend …
   - the name of his/her brother
   - his/her age
   - if he/she is nice

3. You are looking for people to form a basketball team. Your friend mentions his/her neighbor as a possible candidate. Ask your friend …
   - how old his/her neighbor is
   - if he/she is tall or short
   - if he/she is athletic

4. During vacation, your cousin has met an interesting French teenager at the beach. Ask your cousin …
   - the name of his/her friend
   - if he/she is cute
   - if he/she is an interesting boy/girl

RAPPEL! In French, objects are MASCULINE or FEMININE. They are introduced by **un**, **une** in the singular, or **des** in the plural.

un vélo   **une** voiture   **des** cassettes

RÉVISION

If you need to review the names of common objects, go to Appendix A, p. R4.

RAPPEL! In NEGATIVE sentences, **un**, **une**, **des** —> **de (d')**

J'ai **un** vélo.   Je n'ai **pas de** moto.   Je n'ai **pas d'**auto.

RÉVISION

If you need to review colors, go to Appendix A, p. R5.

1 Mes possessions

Ask if your partner has the following objects. (If the answer is yes, your partner may want to describe the object: its color, size, or other characteristics.)

▶ — **Tu as un appareil-photo?**
— **Oui, j'ai un appareil-photo. Il est noir. Il est japonais. Il marche assez bien.**
(Non, je n'ai pas d'appareil-photo.)

2 Qu'est-ce qu'ils ont?

Read what the people below are doing, and say which objects they have. Be logical!

RÉVISION

If you need to review the forms of **avoir**, go to Appendix A, p. R6.

▶ Pauline fait un problème de maths.
   Elle a une calculatrice.

1. Nous jouons au tennis.
2. Vous écoutez des CD.
3. Philippe écrit *(is writing)* une lettre à une copine.
4. Mes parents font un voyage au Canada.
5. J'étudie la leçon.
6. Tu regardes une comédie.

Quel objet?

▶ How to ask or say where things are:

Qu'est-ce qu'il y a ...?	*What is there ...?*	**Qu'est-ce qu'il y a dans le garage?**
Il y a ...		**Il y a une voiture.**
Il n'y a pas ...		**Il n'y a pas de vélos.**
Est-ce qu'il y a ...?		**Est-ce qu'il y a une mobylette?**

---

3 Qu'est-ce qu'il y a ...?

Identify at least four objects in each of the following illustrations.

Sur le bureau, il y a …

Sur la table, …

Dans la chambre, …

Dans le sac, …

dans   sur   devant   sous   derrière

4 La chambre d'Éric

Éric is not too orderly. Whenever he is looking for something, it is his sister Stéphanie who tells him where it is. With a partner, choose an object in the room and play the roles of Éric and Stéphanie.

Éric: **Dis, Stéphanie, tu sais où est ma raquette?**
Stéphanie: **Ta raquette? Elle est dans le sac.**

votre tour!

1 Joyeux anniversaire

On a separate sheet of paper, make a wish list of six different things you would like to have for your birthday, ranking them in order of importance. Compare your list with that of your partner.

2 Ma chambre

Write a letter to a French penpal describing your room. You may want to mention …

- the size and color of your room
- the various items of furniture
- various objects that you have in your room and where they are located

3 Situations

Imagine that you and your partner are in the following situations. Prepare and act out the conversations.

1. You are spending two weeks in France with a host family. A classmate has invited you to play tennis, but you don't have a racket. Ask Pierre, your "French brother," …

   - if he has a racket
   - if it is a good racket
   - where the racket is (in his room? on his bed?)

2. You are with a host family in France and would like to listen to some cassettes you have just bought. Ask Sylvie, your "French sister," …

   - if she has a boombox
   - if it is French or Japanese
   - if it works well

Rappel ③ Les activités

RAPPEL! To describe what people do, we use VERBS.

- Many French verbs end in **-er**.
- **Faire** (to do, to make) is an important verb to know.

RÉVISION

If you need to review …

- the common **-er** verbs and their forms, go to Appendix A, pp. R6-R7.
- the forms of **faire**, go to Appendix A, p. R6.

1 Qu'est-ce qu'ils font?

1. Est-ce qu'ils habitent à Paris ou à Québec?
2. Est-ce qu'ils dînent à la maison ou au restaurant?
3. Est-ce qu'ils mangent un steak-frites ou une omelette?

4. Est-ce que Catherine étudie l'anglais ou l'espagnol?
5. Est-ce qu'elle écoute la radio ou un walkman?
6. Est-ce qu'elle regarde la télé?

7. Est-ce qu'ils font un match de volley ou un match de tennis?
8. Est-ce que la fille joue bien ou mal?
9. Est-ce que le garçon fait attention?

RAPPEL! The most common way to ask a YES/NO QUESTION is to begin the sentence with **est-ce que**.

Est-ce que tu joues au foot?

RAPPEL! To make a sentence NEGATIVE, the French use the following pattern:

ne + verb + **pas**   Je **ne** parle **pas** chinois.   Tu **ne** travailles **pas**.

(**n'** + vowel sound)   Je **n'**habite **pas** à Paris.   Vous **n'**étudiez **pas**.

2 Conversation

Ask your partner if he/she does the following activities. If your partner answers yes, ask a second question using the expression in parentheses.

▶ — Est-ce que tu joues au tennis?
— Oui, je joue au tennis!
— Est-ce que tu joues bien?
— Non, je ne joue pas bien.

| (bien?) | (souvent?) | (bien?) | (beaucoup?) |
| (souvent?) | (très bien?) | (souvent?) | (beaucoup?) |

3 Oui ou non?

Say whether or not the people below are engaged in the following activities.

1. À la maison, **je** …
   • étudier beaucoup?
   • téléphoner souvent?
   • regarder la télé?

2. En classe, **nous** …
   • parler toujours français?
   • écouter le prof?
   • faire attention?

3. Le weekend, mes copains et moi, **nous** …
   • travailler?
   • faire des promenades en ville?
   • organiser des boums?

4. **Mon copain/ma copine** …
   • parler français?
   • étudier l'espagnol?
   • jouer au basket?

5. Quand je suis en vacances, **je** …
   • travailler?
   • nager souvent?
   • voyager?

6. En général, **les jeunes Américains** …
   • étudier beaucoup?
   • aimer la musique classique?
   • faire beaucoup de sport?

To ask for SPECIFIC INFORMATION, you can use the following construction:

QUESTION WORD + **est-ce que** + rest of sentence

Où est-ce que tu habites? *Where do you live?*

OÙ EST-CE QUE TU HABITES?

J'HABITE LÀ-BAS!

How to ask for information:

où?	*where?*	**Où est-ce que** ton copain habite?
quand?	*when?*	**Quand est-ce que** vous voyagez?
comment?	*how? how well?*	**Comment est-ce que** vous jouez au foot? bien ou mal?
pourquoi?	*why?*	**Pourquoi est-ce que** tu étudies le français?
à quelle heure?	*at what time?*	**À quelle heure est-ce que** nous dînons?
qui?	*whom?*	**Qui est-ce que** tu invites à la boum?
à qui?	*to whom?*	**À qui est-ce que** Pauline téléphone?
avec qui?	*with whom?*	**Avec qui est-ce que** vous jouez au volley?

➡ to ask WHAT people are doing, use the construction:

qu'est-ce que + rest of sentence   **Qu'est-ce que** tu fais demain?

➡ To ask WHO is doing something, use the construction:

qui + verb   **Qui** habite ici?

---

4 **Faisons connaissance** *(Let's get to know each other)*

Find out more about your classmates by asking them a few questions. Use the suggested cues.

- où? / habiter
- à quelle heure? / dîner
- quand? / regarder la télé
- à qui? / téléphoner souvent
- comment? / chanter
- avec qui? / parler français
- pourquoi? / étudier le français
- avec qui? / dîner au restaurant
- où? / jouer au basket
- où ?/ nager en été

How to express what you like, want, can and must do:

Est-ce que tu aimes ...?

J'aime ...	*I like*
Je n'aime pas ...	
Je préfère ...	

Est-ce que tu peux ...?

| **Je peux ...** | *I can* |
| **Je ne peux pas ...** | *I cannot* |

Est-ce que tu veux ...?

Je veux ...	*I want*
Je ne veux pas ...	
Je voudrais ...	*I would like*

Est-ce que tu dois ...?

| **Je dois ...** | *I have to, I must* |

➡ Note the use of **je veux bien** to answer an invitation:

— Est-ce que tu veux faire une promenade avec moi?

— Oui, **je veux bien.**

---

5 **Et toi?**

Create original sentences, completing them with an expression of your choice.

En général,	j'aime …
À la maison,	je n'aime pas …
En classe,	je préfère …
Quand je suis avec mes amis,	je peux …
Quand je suis en vacances,	je ne peux pas …
	je dois …

---

6 **Invitations**

Invite your partner to do one of the following activities with you. If your partner accepts, he/she may ask for more details (**où? quand? à quelle heure?**). If he/she does not accept, ask why and your partner will give you an excuse.

▶ — Est-ce que tu veux jouer
au tennis avec moi?
— Oui, je veux bien! Quand?
— Samedi après-midi.

[—Non, je ne peux pas.
— Pourquoi?
— Je dois étudier.]

INVITATIONS	EXCUSES
• jouer au foot	• étudier
• jouer au volley	• travailler
• dîner en ville	• téléphoner à mon cousin
• faire une promenade	• aider *(to help)* ma mère
• regarder la télé	• aider mon petit frère
• écouter des CD	• ??
• organiser une fête	
• ??	

1 **Vive la différence!**

On a sheet of paper, write in order of preference the five activities you like best. (Mention only those you can name in French). Also write two activities that you do not like to do.

Get together with a partner and compare your lists.

- What are the activities that you both like?
- What are the activities that neither of you like?

 2 **Correspondance**

Write a letter to your new French penpal Véronique.

In your letter, mention …

- your name
- where you live
- what language(s) you study
- if you speak them well
- what things you like to do at home
- what sports you play
- what other things you like to do

3 **Weekend**

Make a list of three activities that you would like to do this weekend, and ask your partner if he/she likes these activities.

When you have found an activity you both like, ask your partner if he/she would like to join you in that activity.

Determine the place (**où?**), the date (**quand?**) and the time (**à quelle heure?**).

4 Situations

Imagine that you and your partner are in the following situations. Prepare and act out the conversations below.

You meet a Canadian teenager on the bus.

Ask him/her …
- where he/she lives
- if he/she prefers to speak English or French
- if he/she travels a lot

You meet a French teenager at the beach.

Ask your new friend …
- if he/she likes to swim
- if he/she wants to play volleyball
- what he/she wants to do after that (**après**)

Your partner has invited two French friends, Philippe and Olivier, to a party. You are going to the same party.

Ask your partner …
- if Philippe and Olivier speak English
- if they like to dance
- what they like to do

Your friend has a cousin named Valérie who is French. You want to know more about Valérie.

Ask your friend …
- where his/her cousin lives
- if she studies English in class
- how well she speaks English

It is Saturday afternoon. You and your French friend have decided to have dinner downtown.

Ask your friend …
- at what time he/she wants to have dinner
- where he/she wants to have dinner
- what he/she wants to eat

You are at a summer tennis camp. There you have met a young Haitian who speaks French.

Ask your Haitian friend …
- if he/she has a tennis racket
- how well he/she plays tennis
- if he/she wants to play a game with you
- at what time?

You are in a café in Paris with a friend.

Ask your friend …
- what he/she wants to eat
- what he/she wants to drink (**boire**)
- if he/she wants to go for a walk afterwards (**après**)

Rappel 4

Expressions de tous les jours

1 Ariane

Ariane is the French rocket that launches European space satellites. With your partners, start the countdown for lift-off. You may start from 100, or any other number of your choice. You may stop the countdown when you wish.

quatre
trois
deux
un
zéro

RÉVISION

If you need to review numbers from 0 to 100, go to Appendix A, p. R8.

2 Loto

Your teacher will call out certain numbers. Raise your hand when you hear a number on your loto card.

3	12		36		50	61	71		90
7	16	27		42		65		84	95
	18	28		49	56		78	89	97

3 Dis-moi …

1. Quelle heure est-il?
2. À quelle heure finit la classe de français?
3. À quelle heure est-ce que tu dînes en général?
4. Quelle heure est-il maintenant à Paris? et à Québec?
5. Quel jour est-ce aujourd'hui? et demain?
6. Quel est ton jour préféré?
7. Quel est ton mois préféré?
8. Quelle est la date d'aujourd'hui?
9. Quand est-ce, ton anniversaire?

RÉVISION

If you need to review time, dates and the days of the week, go to Appendix A, pp. R8-R9.

4 Joyeux anniversaire!

Ask 5 different classmates when their birthdays are and find out who has a birthday closest to your own.

5 Quel temps fait-il?

You are the weather reporter at a French TV station. Give the weather for each of the following French-speaking cities.

Québec

Genève

Fort-de-France

Paris

Nice

Tours

6 Les quatre saisons

Write a note to your French penpal describing the weather in your region for each season of the year.

> **RÉVISION**
>
> If you need to review weather and seasons, go to Appendix A, p. R9.

To order in a café:

— **Vous désirez, monsieur, mademoiselle?**
— **Je voudrais** | **un jus de pomme.**
⎹ **une crêpe.**

— **Ça fait combien?**
 C'est combien?
— **C'est 9 euros.**

> **RÉVISION**
>
> If you need to review names of foods and beverages, go to Appendix A, p. R5.

7 Au Rallye

You are at a French café called **Le Rallye**. The server (your partner) is taking your order. Order something to drink and something to eat from the menu. Then ask the server for the bill.

Le Rallye

Boissons		Plats	
☕	2€	🍨	3€50
☕	2€	🥐	2€50
☕	2€50	🥞	3€50
🍾	4€	🥪	4€50
🍾	4€	🍔	4€50
🍾	4€	🌭	4€50
🍾	4€	🍲	4€50
🍾	3€50	🍕	5€
		🥗	3€
		🍲	7€50
		🍟	8€

Le savez-vous?

What do you know about France and the French-speaking world? Maybe more than you think! Read the following questions and try to answer them, guessing when necessary. How many questions did you answer correctly? (The answers are at the end of the self-test.)

1. If you were in France, where would you go to buy **croissants**?
   a. a bakery
   b. a dairy shop
   c. a vegetable stand

2. Which of the following popular cheeses is *not* of French origin?
   a. brie
   b. camembert
   c. parmesan

3. In an American supermarket you can often find bottles labeled **Évian** and **Perrier.** What do these bottles contain?
   a. fruit juice
   b. mineral water
   c. soft drinks

4. If you wanted to rent a French car while visiting Europe, which of the following would you choose?
   a. an Audi
   b. a Renault
   c. an Alfa-Roméo

5. For the Parisians, what is the **métro**?
   a. an art museum
   b. a large soccer stadium
   c. the local subway system

6. The **Tour de France** is the most-watched sporting event in France. What is it?
   a. a soccer championship
   b. a tennis tournament
   c. a bicycle race

7. France is considered a pioneer in transportation technology. What is **le Concorde**?
   a. a high-speed train
   b. a supersonic passenger plane
   c. an automated subway system

8. The **Eurotunnel** is a 30-mile tunnel beneath the sea. Which countries does it connect?
   a. France and Spain
   b. France and England
   c. France and Germany

9. What is a "francophone?"
   a. a person who enjoys French cuisine
   b. a person who likes France
   c. a person who speaks French natively

10. Which French-speaking region is known as **la Belle Province**?
    a. Normandy (in France)
    b. Touraine (in France)
    c. the Province of Quebec (in Canada)

11. If you were going to Africa, in which of the following countries would you be able to use your French?
    a. Senegal
    b. Kenya
    c. South Africa

12. Which of the following Caribbean islands are part of France?
    a. Jamaica and Bermuda
    b. Martinique and Guadeloupe
    c. Aruba and Bonaire

13. Jacques-Yves Cousteau is a famous French scientist. If you were to become a member of the **Société Cousteau**, which cause would you promote?
    a. the anti-smoking campaign
    b. the protection of the oceans
    c. the anti-nuclear movement

14. Claude Monet (1840-1926) is one of the best-known French painters. With which artistic movement is he associated?
    a. Cubism
    b. Impressionism
    c. Surrealism

15. Since its inception, the Nobel Prize has been awarded to many French citizens. In which of the following categories do the French have the highest percentage of winners?
    a. physics
    b. literature
    c. medicine

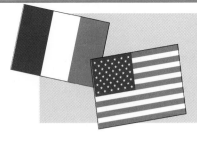

Les relations franco-américaines

Ever since the French came to help the American patriots during the American Revolution (1775-1783), France and the United States have maintained a strong friendship. What do you know about this "French-American connection?"

16. Which of the following American cities is named after a French king?
a. Saint Louis
b. Georgetown
c. Williamsburg

17. Which American state was formerly a French territory?
a. Virginia
b. Florida
c. Louisiana

18. Lafayette is a hero to both the French and the Americans. In which aspect of United States history did he play an important role?
a. the American Revolution
b. the Civil War
c. the exploration of the West

19. Which famous American statesman was ambassador to France?
a. Benjamin Franklin
b. George Washington
c. Andrew Jackson

20. Which American city was designed by the French architect Pierre L'Enfant?
a. Boston
b. Chicago
c. Washington, DC

21. Which large American company was founded by a French industrialist?
a. Exxon
b. DuPont
c. General Motors

22. Which famous monument is a gift of the people of France to the people of the United States?
a. the Statue of Liberty
b. the Lincoln Memorial
c. the Liberty Bell

23. Which future American president commanded the Allied forces which liberated France in 1944?
a. Harry Truman
b. Dwight Eisenhower
c. John F. Kennedy

24. Approximately how many Americans are of French origin?
a. 100,000
b. 1,000,000
c. 3,500,000

25. Which state in the United States has the highest proportion of native speakers of French?
a. Nevada
b. New Hampshire
c. New Mexico

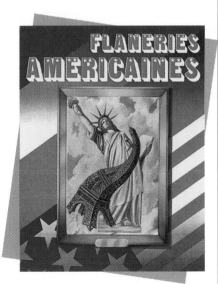

FLANERIES AMERICAINES

Correct answers:
1-a, 2-c, 3-b, 4-b, 5-c, 6-c, 7-b, 8-b, 9-c, 10-c, 11-a, 12-b, 13-b, 14-b, 15-b, 16-a, 17-c, 18-a, 19-a, 20-c, 21-b, 22-a, 23-b, 24-c, 25-b

UNITÉ
6 En ville

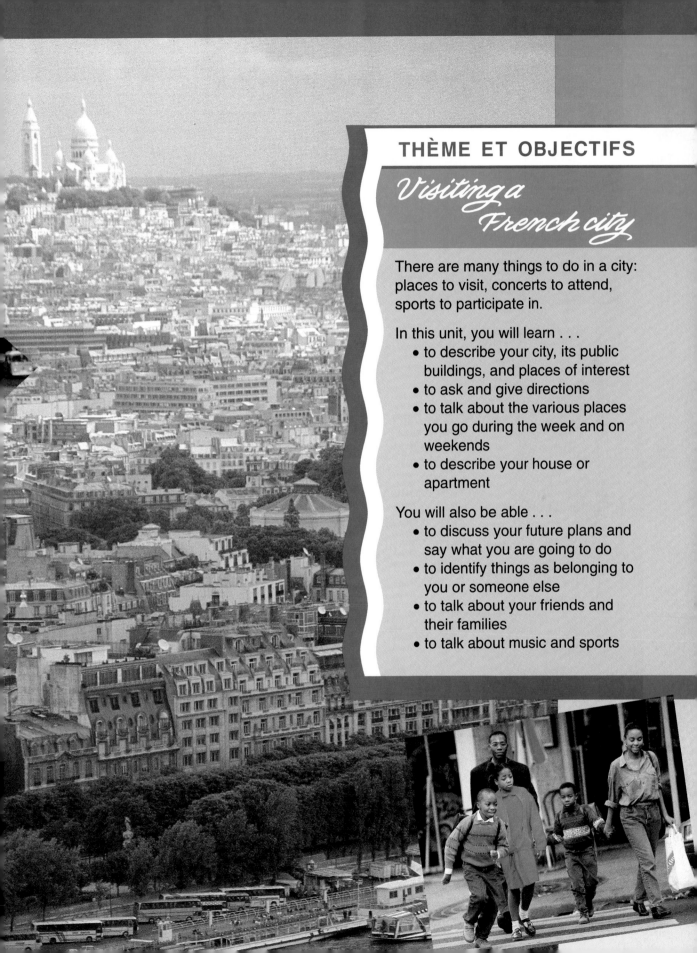

THÈME ET OBJECTIFS

Visiting a French city

There are many things to do in a city: places to visit, concerts to attend, sports to participate in.

In this unit, you will learn . . .
- to describe your city, its public buildings, and places of interest
- to ask and give directions
- to talk about the various places you go during the week and on weekends
- to describe your house or apartment

You will also be able . . .
- to discuss your future plans and say what you are going to do
- to identify things as belonging to you or someone else
- to talk about your friends and their families
- to talk about music and sports

LE FRANÇAIS
PRATIQUE

La ville et la maison

Accent sur ... Les villes françaises

The largest French cities:

	POPULATION (URBAN AREA)
Paris	10,000,000
Lyon	1,300,000
Marseille	1,100,000
Lille	950,000
Bordeaux	700,000
Toulouse	650,000
Nantes	500,000
Nice	500,000
Toulon	430,000
Grenoble	400,000
Strasbourg	380,000

Lille
Paris ☆
Strasbourg
Nantes
LA FRANCE
Lyon
Grenoble
Bordeaux
Nice
Toulouse
Marseille Toulon

- Today 80% of the French population lives in cities and their surrounding suburbs.

- French cities have a long history. Paris, Lyon, and Marseille, the three largest French cities, were founded well over two thousand years ago! Many cities have a historical district with houses and monuments dating back several centuries. At the same time, French cities also appear very modern, with growing numbers of new houses and modern office buildings.

- French cities differ in architectural style from region to region because of their geographical location and their historical background. However, they also share many common features.

Here are some of the places you may see when you visit a French city:

● La gare

For the French, trains are a rapid and inexpensive way to travel. Stations are usually near the center of town. The station **(la gare)** offers useful services, such as an information desk, a car/bicycle rental agency, luggage lockers, restaurants, shops and a travel agency.

● La poste

There are many things you can do in a French post office **(la poste)** besides buying stamps. You can make long-distance phone calls and buy a phone card. You can deposit and withdraw money with special postal checking accounts. In many post offices you can use the **Minitel.**

● Les magasins

Although supermarkets and grocery chain stores now exist all over France, most French people still love to shop at the local bakery **(la boulangerie),** the pastry shop **(la pâtisserie),** the butcher shop **(la boucherie),** the grocery store **(l'épicerie),** etc.

● Le parc

The city park **(le parc public)** or public garden **(le jardin public)** is the place where French young people come at noon or after class to walk around or to sit on chairs and talk. The colorful flower beds and shrubbery of the public parks reflect the French love of nature and beauty. This is the Jardin du Luxembourg in Paris.

● Le château

Many French cities were built around a medieval castle **(un château),** which offered protection against enemy attack. This is the castle of Angers built in the XIIIth century.

A. Où habites-tu?

J'habite à Tours.

▶ How to talk about where one lives:

Où habites-tu?

J'habite | à Tours.
à Villeneuve
dans **une grande ville** *(city, town)*
dans **un petit village**
dans **un joli quartier** *(neighborhood)*
dans **une rue** *(street)* intéressante

Quelle est **ton adresse?**

J'habite | 32, **avenue** Victor Hugo.
14, **rue** La Fayette
50, **boulevard** Wilson

■ NOTE ■
CULTURELLE

Le nom des rues

In France, streets are often named after famous people, especially writers, artists, and politicians.

- Victor Hugo (1802–1885), novelist and poet, is best known for his monumental novel *Les Misérables*.
- La Fayette (1757–1834) played an important role in the American and French Revolutions.
- Woodrow Wilson (1856–1924) is remembered as the United States President who sent American troops to help French forces fight against Germany during World War I (1914–1918).

---

1 **Expression personnelle**

Describe where you live by completing the following sentences.

1. J'habite à ...
2. Ma ville est (n'est pas) ... (grande? petite? moderne? jolie?)
   Mon village est (n'est pas) ... (grand? petit? joli?)
3. Mon quartier est (n'est pas) ... (intéressant? joli? moderne?)
4. Mon adresse est ...
5. Ma ville favorite est ...
6. Un jour, je voudrais visiter ... *(name of city)*

2 **Interview**

You are a French journalist writing an article about living conditions in the United States. Interview a classmate and find out the following information.

1. Where does he/she live?
2. Is his/her city large or small?
3. Is his/her city pretty?
4. What is his/her address?

B. Ma ville

▶ *How to talk about one's hometown:*

Dans ma rue, il y a . . .

un hôtel   un café   un restaurant   un supermarché   un magasin

Dans mon quartier, il y a . . .

un cinéma   une école   une église   un centre commercial

Dans ma ville, il y a . . .

une bibliothèque   un théâtre   un musée   un hôpital

Il y a aussi . . .

une piscine   un parc   un stade   une plage

3 Ton quartier

Say whether the following places are located in the area where you live. If so, you may want to give the name of the place.

▶ école   **Il y a une école. Elle s'appelle «Washington School».**
      (Il n'y a pas d'école.)

1. restaurant	6. café	11. stade
2. cinéma	7. plage	12. musée
3. église	8. supermarché	13. hôtel
4. centre commercial	9. hôpital	14. piscine
5. bibliothèque	10. parc	15. théâtre

4 À Montréal

You are visiting your friend Pauline in Montreal. For each of the situations below, decide where you would like to go. Ask Pauline if there is such a place in her neighborhood.

▶ You are hungry.

Pauline, est-ce qu'il y a un restaurant dans ton quartier?

1. You want to have a soft drink.
2. You want to see a movie.
3. You want to swim a few laps.
4. You want to run on a track.
5. You want to read a book about Canada.
6. You want to see a French play.
7. You want to buy some fruit and crackers.
8. You want to see an art exhibit.
9. You want to play frisbee on the grass.
10. You slipped and you're afraid you sprained your ankle.

aux Anciens Canadiens RESTAURANT

LE GRILL 183 ST-PAUL EST 397-1044
LE BISTROT DU GRILL
LE RESTAURANT CUISINE FRANÇAISE

• Steak frites
Salade
$5,95

• Poulet rôti frites, salade
$5,95

CHANSON FRANÇAISE
jeu., ven. et sam.
dès 21h.
AMBIANCE GARANTIE

Atmosphère chaleureuse
Vieille maison du 17e siècle
LA PLUS BELLE TERRASSE DU VIEUX-MONTRÉAL

C. Pour demander un renseignement *(information)*

▶ *How to ask for directions:*

Pardon,	monsieur.	Où est l'hôtel Normandie?
Excusez-moi,	madame	
	mademoiselle	

Il est dans la rue Jean Moulin.

Où est-ce qu'il y a un café?

Il y a un café	**rue** Saint Paul.	**une rue**
	boulevard Masséna	**un boulevard**
	avenue de Lyon	**une avenue**

Où est-ce? *(Where is it?)*
Est-ce que c'est **loin** *(far)*?

Non, ce n'est pas loin.
C'est **près** *(nearby)*.

C'est	**à gauche** *(to the left).*	**Tournez**	à gauche.
	à droite *(to the right)*		à droite
	tout droit *(straight ahead)*	**Continuez**	tout droit.

Merci beaucoup!

Pardon, monsieur.
Où est l'hôtel Normandie?

Il est dans
la rue Jean Moulin.

Non, ce n'est pas loin.
C'est près.

Où est-ce? Est-ce
que c'est loin?

5 **En ville**

A tourist who is visiting a French city asks a local resident how to get to the following places. Act out the dialogues.

▶ —Pardon, mademoiselle (monsieur).
Où est le Café de la Poste?
—Le Café de la Poste? Il est dans la rue Pascal.
—Où est-ce?
—Continuez tout droit!
—Merci, mademoiselle (monsieur).

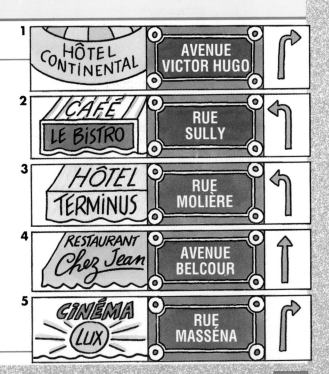

D. Ma maison

J'habite dans une maison.

How to describe one's home:

J'habite dans | **une maison** *(house)*.
| **un appartement**
| **un immeuble** *(apartment building)*

Ma maison / mon appartement est | **moderne.**
| **confortable**

Ma chambre est | **en haut** *(upstairs)*.
| **en bas** *(downstairs)*

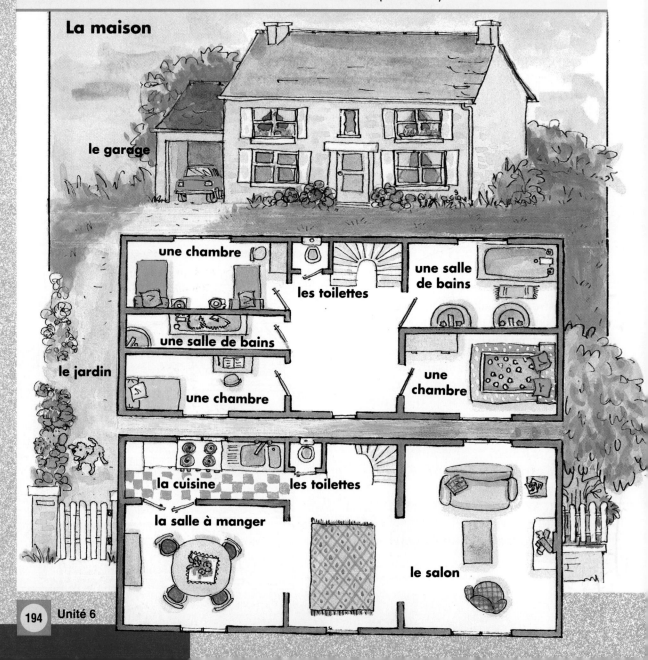

La maison

le garage

une chambre

les toilettes

une salle de bains

une salle de bains

le jardin

une chambre

une chambre

la cuisine

les toilettes

la salle à manger

le salon

6 Ma maison

Describe your home by completing the following sentences.

1. J'habite dans ... (une maison? un appartement?)
2. Mon appartement est ... (grand? petit? confortable? joli?)
   Ma maison est ... (grande? petite? confortable? jolie?)
3. La cuisine est ... (grande? petite? moderne?)
4. La cuisine est peinte *(painted)* en ... (jaune? vert? gris? blanc?   ??)
5. Ma chambre est peinte en ... (bleu? rose?   ??)
6. Dans le salon, il y a ... (une télé? un sofa? des plantes vertes?   ??)
7. En général, nous dînons dans ... (la cuisine? la salle à manger?)
8. Ma maison / mon appartement a ... (un jardin? un garage?   ??)

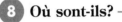

APPARTEMENTS PARIS

VUE SUR PARIS
Beau studio avec séj.,
cuis., s. de b., w-c,
cave. 80 000 euros

Mº ST-PAUL
Exceptionnel dans imm.
historique, refaits neufs.
2 p. 75

7 En haut ou en bas?

Imagine you live in a two-story house. Indicate where the following rooms are located.

▶ ma chambre

Ma chambre est en haut.

Ma chambre est en bas.

1. la cuisine
2. la salle à manger
3. les toilettes
4. la salle de bains
5. la chambre de mes *(my)* parents
6. le salon

8 Où sont-ils?

From what the following people are doing, guess where they are — in or around the house.

▶ Madame Martin répare *(is repairing)* la voiture.
   Elle est dans le garage.

1. Nous dînons.
2. Tu regardes la télé.
3. Antoine et Juliette jouent au frisbee.
4. J'étudie le français.
5. Monsieur Martin prépare le dîner.
6. Henri se lave *(is washing up)*.
7. Ma soeur téléphone à son copain.

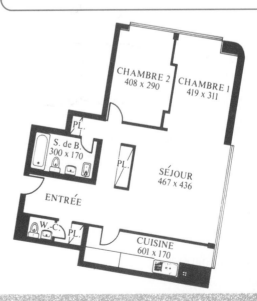

CHAMBRE 2
408 x 290

CHAMBRE 1
419 x 311

PL.

S. de B.
300 x 170

PL.

SÉJOUR
467 x 436

ENTRÉE

W.-C.

PL.

CUISINE
601 x 170

À votre tour!

1 La bonne réponse

Match the questions on the left with the appropriate answers on the right.

1. Pardon, mademoiselle, où est le supermarché?

2. Est-ce que Jacques est à la bibliothèque?

3. Ta voiture est au garage?

4. Est-ce que vous dînez dans la salle à manger?

5. Est-ce qu'il y a une piscine dans la ville où tu habites?

a. Non, dans la cuisine.

b. Non, mais il y a une belle plage.

c. Oui, il regarde des magazines anglais.

d. Non, elle est dans la rue.

e. C'est tout droit!

2 Créa-dialogue

You have just arrived in Villeneuve, where you will spend the summer. Ask a pedestrian where you can find the places represented by the symbols. He (She) will give you the location of each place, according to the map on page 197.

▶ —Pardon, monsieur (madame). Où est-ce qu'il y a <u>un hôtel</u>?
—Il y a <u>un hôtel</u> <u>avenue de Bordeaux</u>.
—Est-ce que c'est loin?
—<u>Non, c'est près</u>.
—Merci beaucoup!

3 Où est-ce?

Now you have been in Villeneuve for several weeks and are familiar with the city. You meet a tourist on the avenue de Bordeaux at the place indicated on the map. The tourist asks you where certain places are and you indicate how to get there.

▶ l'hôpital Sainte Anne

Pardon, monsieur. Où est l'hôpital Sainte Anne?

C'est tout droit, mademoiselle.

Merci bien, monsieur.

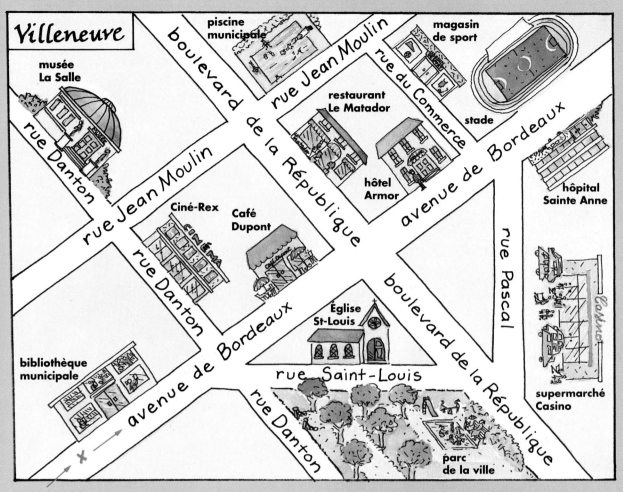

Villeneuve

musée La Salle
piscine municipale
magasin de sport
rue Jean Moulin
boulevard de la République
rue du Commerce
restaurant Le Matador
stade
avenue de Bordeaux
rue Danton
rue Jean Moulin
hôtel Armor
hôpital Sainte Anne
Ciné-Rex
Café Dupont
rue Danton
rue Pascal
bibliothèque municipale
Église St-Louis
boulevard de la République
avenue de Bordeaux
rue Saint-Louis
rue Danton
supermarché Casino
parc de la ville

Vous êtes ici.

 4 **Mon quartier**

Describe your neighborhood, listing five places and giving their names.

▶ **Dans mon quartier, il y a un supermarché. C'est le supermarché Casino.**

1. le musée La Salle
2. le supermarché Casino
3. l'hôtel Armor
4. le restaurant Le Matador
5. l'église Saint Louis

5 **Composition: La maison idéale**

Briefly describe your dream house. You may use the following adjectives to describe the various rooms: **grand, petit, moderne, confortable, joli,** as well as colors. If you wish, sketch and label a floor plan.

22 Weekend à Paris

Aujourd'hui c'est samedi.
Les élèves <u>ne vont pas</u> en classe.   *are not going*
Où est-ce qu'ils vont alors?
Ça dépend!

Thomas <u>va</u> au café.   *is going*
Il a un <u>rendez-vous</u> avec une copine.   *date*

Florence et Karine vont aux
Champs-Élysées.
Elles vont regarder les magasins
de <u>mode</u>.   *fashion*
<u>Après</u>, elles vont <u>aller</u> au cinéma.   *Afterward / to go*

Daniel va <u>chez son</u> copain Laurent.   *to the house of / his*
Les garçons vont jouer au ping-pong.
Après, ils vont aller au musée des
sciences de la Villette.
Ils vont jouer avec les machines
électroniques.

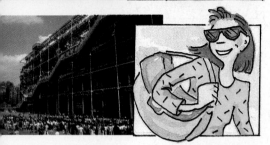

Béatrice a un grand sac et des
<u>lunettes de soleil</u>.   *sunglasses*
Est-ce qu'elle va à un rendez-vous
secret?
Non! Elle va au Centre Pompidou.
Elle va regarder les acrobates.
Et après, elle va écouter un concert.

Et Jean-François? Qu'est-ce qu'il va
faire aujourd'hui?
Est-ce qu'il va visiter le Centre Pompidou?
Est-ce qu'il va regarder les acrobates?
Est-ce qu'il va écouter un concert?
<u>Hélas</u>, non!   *Alas (Unfortunately)*
Il va <u>rester</u> à la maison.   *to stay*
Pourquoi? Parce qu'il est <u>malade</u>.   *sick*
<u>Pauvre</u> Jean-François!   *Poor*
Il fait <u>si</u> beau <u>dehors</u>!   *so / outside*

Compréhension

1. Quel jour est-ce aujourd'hui?
2. Pourquoi est-ce que Thomas va au café?
3. Avec qui est-ce que Florence va au cinéma?
4. Où va Daniel?
5. Qu'est-ce que Daniel et Laurent font d'abord *(first)*?
6. Où va Béatrice?
7. Pourquoi est-ce que Jean-François ne va pas en ville?
8. Quel temps fait-il aujourd'hui?

■ NOTE ■ CULTURELLE

À Paris

Paris offers many attractions for people of all ages. Here are some places particularly popular with young people.

Le parc de la Villette

This spacious park on the outskirts of Paris is home to a new modern science museum with its hundreds of hands-on exhibits. Also located on the grounds is Le Zénith, a large music hall that frequently features rock concerts.

Le Centre Pompidou

This immense cultural center, also known as Beaubourg, is dedicated to modern art. It has a large media library where young people have access to all types of audio-visual equipment. On the large plaza in front of the building, one can listen to reggae and jazz bands or watch mimes, jugglers, and acrobats.

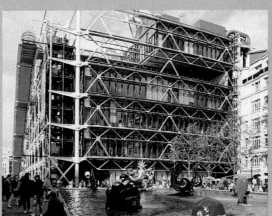

Les Champs-Élysées

The Champs-Élysées is a wide avenue with elegant shops, movie theaters, and popular cafés.

A. Le verbe *aller*

Aller *(to go)* is the only IRREGULAR verb that ends in **-er.** Note the forms of **aller** in the present tense.

aller	*to go*	J'aime **aller** au cinéma.
je **vais** tu **vas** il/elle **va**	*I go, I am going* *you go, you are going* *he/she goes, he/she is going*	Je **vais** à un concert. **Vas**-tu à la boum? Paul **va** à l'école.
nous **allons** vous **allez** ils/elles **vont**	*we go, we are going* *you go, you are going* *they go, they are going*	Nous **allons** au café. Est-ce que vous **allez** là-bas? Ils ne **vont** pas en classe.

➡ Remember that **aller** is used in asking people how they feel.

Ça **va?**	Oui, ça **va.**
Comment **vas**-tu?	Je **vais** bien, merci.
Comment **allez**-vous?	Très bien.

➡ **Aller** is used in many common expressions.

To encourage someone to do something:

Vas-y! *Come on! Go ahead! Do it!*

To tell someone to go away:

Va-t'en! *Go away!*

To tell friends to start doing something:

Allons-y! *Let's go!*

1 Les vacances

The following students at a boarding school in Nice are going home for vacation. Indicate to which of the cities they are going, according to the luggage tags shown below.

▶ Jean-Michel est canadien.

Jean-Michel va à Québec.

1. Je suis suisse.
2. Charlotte est américaine.
3. Nous sommes italiens.
4. Tu es français.
5. Vous êtes espagnols.
6. Michiko est japonaise.
7. Mike et Shelley sont anglais.
8. Ana et Carlos sont mexicains.

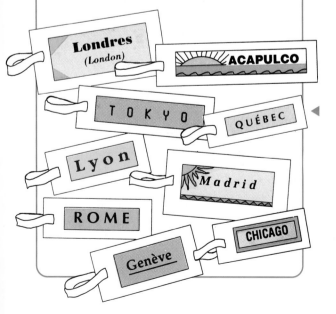

2 Jamais le dimanche!
(Never on Sunday!)

On Sundays, French students do not go to class. They all go somewhere else. Express this according to the model.

▶ Philippe/au cinéma
Le dimanche, Philippe ne va pas en classe.
Il va au cinéma.

1. nous / au café
2. vous / en ville
3. Céline et Michèle / à un concert
4. Jérôme / au restaurant
5. je / à un match de foot
6. tu / à la piscine

B. La préposition *à; à* + l'article défini

The preposition **à** has several meanings:

in	Patrick habite **à** Paris.	*Patrick lives **in** Paris.*
at	Nous sommes **à** la piscine.	*We are **at** the pool.*
to	Est-ce que tu vas **à** Toulouse?	*Are you going **to** Toulouse?*

CONTRACTIONS

Note the forms of **à** + DEFINITE ARTICLE in the sentences below.

Voici **le** café.	Marc est **au** café.	Corinne va **au** café.
Voici **les** Champs-Élysées.	Tu es **aux** Champs-Élysées.	Je vais **aux** Champs-Élysées.
Voici **la** piscine.	Anne est **à la** piscine.	Éric va **à la** piscine.
Voici **l'**hôtel.	Je suis **à l'**hôtel.	Vous allez **à l'**hôtel.

The preposition **à** contracts with **le** and **les,** but not with **la** and **l'.**

CONTRACTION	NO CONTRACTION	
à + le → **au**	à + la = **à la**	**au** cinéma **à la** piscine
à + les → **aux**	à + l' = **à l'**	**aux** Champs-Élysées **à l'**école

➡ There is liaison after **aux** when the next word begins with a vowel sound.

    Le professeur parle **aux élèves.**   Je téléphone **aux amis** de Claire.

3 Dans la rue

Two friends meet in the street and talk about where they are going.

Tu vas au café?

Non, je vais à la plage.

4 Préférences

Ask your classmates about their preferences. Be sure to use contractions when needed.

▶ aller à (le concert ou le théâtre?)

1. dîner à (la maison ou
   le restaurant)?
2. étudier à (la bibliothèque ou
   la maison)?
3. nager à (la piscine ou la plage)?
4. regarder un match de foot à
   (la télé ou le stade)?
5. aller à (le cinéma ou le musée)?

Tu préfères aller au concert ou au théâtre?

Je préfère aller au concert.

(Je préfère aller au théâtre.)

5 À Paris

You are living in Paris. A friend asks you where you are going and why. Act out the
dialogues with a classmate.

▶ —Où vas-tu?
  —Je vais à l'Opéra.
  —Pourquoi?
  —Parce que j'aime
     le ballet classique.

OÙ?	POURQUOI?
▶ l'Opéra	J'aime le ballet classique.
1. l'Alliance Française	J'ai une classe de français.
2. le Centre Pompidou	J'aime l'art moderne.
3. le musée d'Orsay	C'est un musée intéressant.
4. les Champs-Élysées	J'ai un rendez-vous là-bas.
5. la tour Eiffel	Il y a une belle vue *(view)* sur Paris.
6. le Zénith	Il y a un concert de rock.
7. la Villette	Il y a une exposition *(exhibit)* intéressante.
8. le stade de Bercy	Il y a un match de foot.

6 Où vont-ils?

Read what the following people like to do. Then say where each one is going by choosing
the appropriate place from the list.

▶ Daniel aime danser.
  Il va à la discothèque.

1. Corinne aime l'art moderne.
2. Jean-François aime manger.
3. Delphine aime les westerns.
4. Marina aime nager.
5. Éric aime regarder les magazines.
6. Denise aime faire des promenades.
7. Philippe aime la musique.
8. Alice aime le football.
9. Cécile aime le shopping.

le stade
la bibliothèque
le cinéma
le centre commercial
la discothèque
le musée
le parc
le restaurant
la plage
le concert

ENTRÉE MUSÉE   R1 20-06   14F0 004635

Ⓜ *Réunion des musées nationaux*

LOUVRE

droit d'entrée

Vocabulaire: En ville

Quelques endroits où aller

un endroit	*place*	**une boum,**	
un concert	*concert*	**une fête,**	
un film	*movie*	**une soirée**	*party*
un pique-nique	*picnic*		
un rendez-vous	*date, appointment*		

OPERA BASTILLE
DE PARIS
POMILEWICZ
MONTSERRAT CABALLE   (CONCERT)
19/05   Porte 08 Allée E
SAMEDI   20H00   RANG PLACE
30 €   PA 10.36
0215 8121 0028   PARTERRE

VERBES

arriver	*to arrive, come*	**J'arrive** à l'école à 9 heures.
rentrer	*to go back, come back*	À quelle heure **rentres**-tu à la maison?
rester	*to stay*	Les touristes **restent** à l'hôtel.

EXPRESSIONS

à pied	*on foot*	**en voiture**	*by car*	**en métro**	*by subway*
à vélo	*by bicycle*	**en bus**	*by bus*	**en taxi**	*by taxi*
		en train	*by train*		

faire une promenade à pied	*to go for a walk*
faire une promenade à vélo	*to go for a ride (by bike)*
faire une promenade en voiture	*to go for a drive*

7 Questions personnelles

1. En général, à quelle heure est-ce que tu arrives à l'école?
2. À quelle heure est-ce que tu rentres à la maison? Qu'est-ce que tu fais quand tu rentres à la maison?
3. Comment vas-tu à l'école? à pied, à vélo, en voiture ou en bus?
4. Le weekend, est-ce que tu restes à la maison? Où vas-tu?
5. Comment vas-tu à la piscine? à la plage? au cinéma?
6. Est-ce que tu aimes faire des promenades à pied? Où vas-tu? avec qui?
7. Est-ce que tu aimes faire des promenades à vélo? Où vas-tu?
8. En général, est-ce que tu aimes regarder les films à la télé? Quels films est-ce que tu préfères? (films d'action? films de science-fiction? comédies?)
9. Quand tu as un rendez-vous avec un copain ou une copine, où allez-vous?
10. Est-ce que tu fais *(go on)* des pique-niques? où?

C. La préposition *chez*

Note the use of **chez** in the following sentences.

Paul est **chez Céline**.	*Paul is **at Céline's (house)**.*
Je dîne **chez un copain**.	*I am having dinner **at a friend's (home)**.*
Nathalie va **chez Juliette**.	*Nathalie is going **to Juliette's (apartment)**.*
Tu vas **chez ta cousine**.	*You are going **to your cousin's (place)**.*

The French equivalent of *to* or *at someone's (house, home)* is the construction:

chez + PERSON	**chez** Béatrice	**chez** ma cousine

➡ Note the interrogative expression: **chez qui?**

Chez qui vas-tu? ***To whose house** are you going?*

8 En vacances

When we are on vacation, we often like to visit friends and relatives. Say where the following people are going.

▶ Claire / Marc
Claire va chez Marc.

1. Hélène / Jérôme
2. Jean-Paul / Lucie
3. tu / un copain
4. Corinne / une cousine
5. vous / des copines à Québec
6. nous / un cousin à Paris

9 Weekend

On weekends, we often like to visit friends and do things together. Say how the following people are spending Sunday afternoon.

▶ Cécile / jouer au ping-pong / Robert

Cécile joue au ping-pong chez Robert.

1. Nathalie / aller / Béatrice
2. Claire / dîner / des cousins
3. Éric / jouer au croquet / Sylvie
4. Marc / écouter des disques / un copain
5. Jean-Pierre / regarder la télé / une copine
6. Catherine / jouer au Monopoly / François

D. La construction *aller* + l'infinitif

The following sentences describe what people are *going to do*. Note how the verb **aller** is used to describe these FUTURE events.

Nathalie **va nager.**	*Nathalie **is going to swim.***
Paul et Marc **vont jouer** au tennis.	*Paul and Marc **are going to play** tennis.*
Nous **allons rester** à la maison.	*We **are going to stay** home.*
Je **vais aller** en ville.	*I **am going to go** downtown.*

To express the NEAR FUTURE, the French use the construction:

> PRESENT of **aller** + INFINITIVE

➡ In negative sentences, the construction is:

SUBJECT	+	**ne**	+	PRESENT of **aller**	+	**pas**	+	INFINITIVE . . .
Sylvie		**ne**		va		**pas**		écouter le concert avec nous.

➡ Note the interrogative forms:

Qu'est-ce que tu vas faire?	***What are you going** to do?*
Quand est-ce que vous allez rentrer?	***When are you going** to come back?*

Learning about language

To talk about FUTURE plans and intentions, French and English frequently use similar verbs: **aller** *(to be going to).*

10 Tourisme

Say where the following people are going this summer and what they are going to visit.

▶ Monique (à Paris / le Louvre)
  Monique va à Paris. Elle va visiter le Louvre.

1. Alice (à New York / la statue de la Liberté)
2. nous (en Égypte / les pyramides)
3. vous (à Rome / le Colisée)
4. tu (à La Nouvelle Orléans / le Vieux Carré)
5. je (à San Francisco / Chinatown)
6. les élèves (à San Antonio / l'Alamo)
7. Madame Lambert (à Beijing / la Cité interdite [*Forbidden City*])
8. les touristes (à Kyoto / les temples)

11 **Qu'est-ce que tu vas faire?**

Ask your classmates if they are
going to do the following things
this weekend.

Est-ce que
tu vas étudier?

Oui, je vais étudier.

▶ étudier

1. travailler
2. écouter la radio
3. regarder la télé
4. nager
5. inviter des amis
6. aller à une boum
7. jouer au tennis
8. rester à la maison
9. faire une promenade
   à vélo

(Non, je ne vais pas étudier.)

12 **Un jeu: Descriptions**

Choose a person from Column A and say where the person is, what he or she has, and
what he or she is going to do. Use the verbs **être, avoir,** and **aller** with the phrases in
columns B, C, and D. How many logical descriptions can you make?

A	B (être)	C (avoir)	D (aller)
tu	sur le court	des livres	chanter
Monique	à la bibliothèque	un vélo	manger un sandwich
je	au salon	20 euros	étudier
les amis	en vacances	une télé	faire une promenade
nous	à la boum	une chaîne stéréo	regarder un film
vous	à la maison	une guitare	faire un match
	au café	une raquette	écouter des cassettes

▶ **Monique est en vacances. Elle a un vélo. Elle va faire une promenade.**

Prononciation	/w/	/j/

Les semi-voyelles /w/ **et** /j/

In French, the semi-vowels /w/ and /j/
are pronounced very quickly, almost
like consonants.

Répétez:

/w/   **oui**   **chouette**   **Louise**

oui   **très bien**

/wa/, /wɛ̃/ **moi**   **toi**   **pourquoi**   **voiture**   **loin**
          Chouette! La voiture de Louise n'est pas loin.

/j/   **bien**   **chien**   **radio**   **piano**   **Pierre**   **Daniel**   **violon**   **pied**   **étudiant**
      Pierre écoute la radio avec Daniel.

À votre tour!

1 Allô!

Anne is calling Jérôme. Match Jérôme's answers with Anne's questions. Then act out the dialogue with a friend.

1. Tu restes chez toi samedi?

2. Qu'est-ce que vous allez faire?

3. Est-ce que vous allez aller au cinéma?

4. À quelle heure est-ce que tu vas rentrer?

a. À dix heures.

b. Peut-être! Il y a un très bon film au Rex.

c. Nous allons faire une promenade en ville.

d. Non, j'ai un rendez-vous avec Christine.

2 Créa-dialogue

As you are going for a walk in town, you meet several friends. Ask them where they are going and what they are going to do there.

OÙ?	ACTIVITÉ
MENU	dîner avec un copain

—Salut, <u>Alison</u>. Ça va?
—Oui, ça va!
—Où vas-tu?
—Je vais au <u>restaurant</u>.
—Ah bon? Qu'est-ce que tu vas faire là-bas?
—Je vais <u>dîner avec un copain</u>.
—Avec qui?
—Avec <u>Chris</u>.

OÙ?	ACTIVITÉ
1 CAFÉ	manger une pizza
2	faire une promenade
3	jouer au foot
4	nager
5	jouer au volley
6	travailler
7	??

3 Conversation libre

Have a conversation with a classmate. Ask your classmate questions about what he / she plans to do on the weekend. Try to find out as much as possible, using yes / no questions.

▶ Est-ce que tu vas rester à la maison?

Non, je ne vais pas rester à la maison.

Est-ce que tu vas aller en ville?

Oui, je vais aller en ville.

Est-ce que tu vas au cinéma?

Oui, je vais au cinéma.

(Non, je ne vais pas au cinéma.)

4 Qu'est-ce que vous allez faire?

Leave a note for your friend Jean-Marc, telling him three things that you and your friends are going to do tonight and three things that you are going to do this weekend.

5 Bonnes résolutions

Imagine that it is January 1 and you are making up New Year's resolutions. On a separate sheet of paper, describe six of your resolutions by saying what you are going to do and what you are not going to do in the coming year.

▶

23

Au Café de l'Univers

Où vas-tu <u>après</u> les classes?	*after*
Est-ce que tu vas <u>directement</u> <u>chez toi</u>?	*straight / home*
Monique, elle, ne va pas directement <u>chez elle</u>.	*to her house*
Elle va au Café de l'Univers avec ses copines Anne-Marie et Estelle.	
Elle <u>vient</u> souvent ici avec elles.	*comes*
À la table de Monique, la conversation est toujours très <u>animée</u>.	*lively*
<u>De quoi</u> parlent les filles aujourd'hui?	*About what*

Est-ce qu'elles parlent	de l'<u>examen d'histoire</u>?	*history test*
	du problème de maths?	
	de la classe de sciences?	
Non!		

Est-ce qu'elles parlent	du weekend <u>prochain</u>?	*next*
	des vacances?	
<u>Non plus</u>!		*Not that either.*

Est-ce qu'elles parlent	du <u>nouveau</u> copain de Marie-Claire?	*new*
	de la cousine de Pauline?	
	des amis de Véronique?	
<u>Pas du tout</u>!		*Not at all!*

Aujourd'hui, les filles parlent d'un <u>sujet</u> beaucoup <u>plus</u> important!	*subject / more*
Elles parlent du nouveau prof d'anglais! (C'est un jeune professeur américain. Il est très intéressant, très amusant, très sympathique …	
et <u>surtout</u> il est très mignon!)	*above all*

Compréhension

1. Où va Monique après les classes?
2. Avec qui est-ce qu'elle va au café?
3. Qu'est-ce que les filles font au café?
4. Est-ce qu'elles parlent de l'école?
5. Est-ce qu'elles parlent des activités du weekend?
6. De quelle *(which)* personne parlent-elles aujourd'hui?
7. De quelle nationalité est le professeur d'anglais?
8. Comment est-il?

Et toi?

Describe what you do by completing the following sentences.

1. En général, après les classes,
   je vais . . .
   je ne vais pas . . .

   - à la bibliothèque
   - chez mes *(my)* copains
   - au café
   - directement chez moi

2. Avec mes copains,
   je parle . . .
   je ne parle pas . . .

   - de la classe de français
   - du prof de français
   - des examens
   - du weekend

3. Avec mes parents,
   je parle . . .
   je ne parle pas . . .

   - de l'école
   - de la classe de français
   - de mes notes *(grades)*
   - de mes copains

4. Avec mon frère ou ma soeur,
   je parle . . .
   je ne parle pas . . .

   - de mes copains
   - du weekend
   - de mes problèmes
   - des vacances

■ NOTE ■ CULTURELLE

Au café

For French teenagers, the café is much more than just a place to have a soft drink or a sandwich. Some go there to study, others go to listen to music, to play electronic games **(le flipper),** or to make a phone call. Most students, however, go to their favorite café after class or on weekends to meet their friends and simply talk.

A French café usually consists of two parts: **l'intérieur** (the indoor section) and **la terrasse** (the outdoor section which often occupies part of the sidewalk). In spring and summer, **la terrasse** is the ideal spot to enjoy the sun and to watch the people passing by.

A. Le verbe *venir*

The verb **venir** *(to come)* is irregular. Note the forms of **venir** in the present tense.

venir	Nous allons **venir** avec des amis.
je **viens**	Je **viens** avec toi.
tu **viens**	Est-ce que tu **viens** au cinéma?
il / elle **vient**	Monique ne **vient** pas avec nous.
nous **venons**	Nous **venons** à cinq heures.
vous **venez**	À quelle heure **venez**-vous à la boum?
ils / elles **viennent**	Ils **viennent** de Paris, n'est-ce pas?

➡ **Revenir** *(to come back)* is conjugated like **venir.**
   —À quelle heure **revenez**-vous?
   —Nous **revenons** à dix heures.

➡ Note the interrogative expression: **d'où?** *(from where?)*
   D'où viens-tu?   ***Where* do you come *from?***

1 Tu viens?

Tell a friend where you are going and ask him or her to come along.

▶ au restaurant

Je vais au restaurant.
Tu viens avec moi?

D'accord, je viens.

(Non, je ne viens pas.)

1. au café
2. à la bibliothèque
3. à la piscine
4. au supermarché
5. au centre commercial
6. au magasin de disques
7. au stade
8. en classe

2 Le pique-nique de Monique

Monique has invited friends to a picnic. Say who is coming and who is not.

▶ Philippe (non)
   Philippe ne vient pas.

1. Alice (oui)
2. Jean-Pierre (non)
3. Paul et Caroline (oui)
4. vous (non)
5. je (oui)
6. nous (non)
7. tu (non)
8. les copines d'Alice (oui)
9. le prof d'anglais (oui)

You may think French verbs are hard to learn because they have several forms. French students, on the other hand, have a hard time with English verbs because so many are made up of two words. For example, they may know the words *get* and *keep*, but then they have to learn the meanings of *get up, get out, get on,* and these meanings are different from *keep up, keep out, keep on,* etc.

B. La préposition *de; de* + l'article défini

The preposition **de** has several meanings:

from	Nous venons **de** la bibliothèque.	*We are coming **from** the library.*
of	Quelle est l'adresse **de** l'école?	*What is the address **of** the school?*
about	Je parle **de** mon copain.	*I am talking **about** my friend.*

CONTRACTIONS

Note the forms of **de** + DEFINITE ARTICLE in the sentences below.

Voici **le** café.	Marc vient **du** café.
Voici **les** Champs-Élysées.	Nous venons **des** Champs-Élysées.
Voici **la** piscine.	Tu reviens **de la** piscine.
Voici **l'**hôtel.	Les touristes arrivent **de l'**hôtel.

The preposition **de** contracts with **le** and **les,** but not with **la** and **l'.**

CONTRACTION	NO CONTRACTION		
de + le → **du**	de + la = **de la**	**du** café	**de la** plage
de + les → **des**	de + l' = **de l'**	**des** magasins	**de l'**école

➡ There is liaison after **des** when the next word begins with a vowel sound.

Où sont les livres **des étudiants?**
z

3 **Rendez-vous**

The following students live in Paris. On a Saturday afternoon they are meeting in a café. Say where each one is coming from.

Jacques vient du musée d'Orsay.

▶ Jacques: le musée d'Orsay

1. Sylvie: le Louvre
2. Isabelle: le parc de la Villette
3. Jean-Paul: le Centre Pompidou
4. François: le Quartier latin
5. Cécile: l'avenue de l'Opéra
6. Nicole: la tour Eiffel
7. Marc: le jardin du Luxembourg
8. André: les Champs-Élysées
9. Pierre: les Galeries Lafayette
10. Corinne: la rue Bonaparte

4 **D'où viens-tu?**

During vacation, Philippe goes out every day. When he gets home, his sister Cécile asks him where he is coming from.

▶ mardi

D'où viens-tu?

Je viens du théâtre.

1. lundi
2. mercredi
3. vendredi
4. dimanche
5. samedi
6. jeudi

▶

LUNDI	le restaurant
MARDI	le théâtre
MERCREDI	la bibliothèque
JEUDI	l'opéra
VENDREDI	le concert
SAMEDI	le pique-nique de Monique
DIMANCHE	la boum de Christine

Vocabulaire: Les sports, les jeux et la musique

Les sports	**Les instruments de musique**

Les sports		**Les instruments de musique**	
le foot(ball)	le volley(ball)	le piano	la flûte
le basket(ball)	le tennis	le violon	la guitare
le ping-pong	le baseball	le saxo(phone)	la clarinette
		le clavier (keyboard)	la batterie (drums)

Les jeux (games)

les échecs (chess)	les dames (checkers)
le Monopoly	les cartes (cards)

VERBES

jouer à + le, la, les + SPORT or GAME	to play	Nous **jouons au** tennis.
jouer de + le, la, les + INSTRUMENT	to play	Alice **joue du** piano.

---

5 **Activités**

Ask your classmates if they play the following instruments and games.

▶ —Est-ce que tu joues au ping-pong?
—Oui, je joue au ping-pong.
(Non, je ne joue pas au ping-pong.)

▶ —Est-ce que tu joues du piano?
—Oui, je joue du piano.
(Non, je ne joue pas de piano.)

C. Les pronoms accentués

In the answers to the questions below, the nouns in heavy print are replaced by pronouns. These pronouns are called STRESS PRONOUNS. Note their forms.

| —François dîne avec **Florence?** | *Is François having dinner with **Florence?*** |
| —Oui, il dîne avec **elle.** | *Yes, he is having dinner with **her.*** |

| —Tu parles de **Jean-Paul?** | *Are you talking about **Jean-Paul?*** |
| —Non, je ne parle pas de **lui.** | *No, I'm not talking about **him.*** |

FORMS

(SUBJECT PRONOUNS)	STRESS PRONOUNS	(SUBJECT PRONOUNS)	STRESS PRONOUNS
(je)	**moi**	(nous)	**nous**
(tu)	**toi**	(vous)	**vous**
(il)	**lui**	(ils)	**eux**
(elle)	**elle**	(elles)	**elles**

USES

Stress pronouns are used:

C'EST MOI QUI POSE LES QUESTIONS!

T F 1

VENDREDI 29 MARS
20.50

- to reinforce a subject pronoun
  Moi, je parle français.   *<u>I</u> speak French.*
  Vous, vous parlez anglais.   *<u>You</u> speak English.*

- after **c'est** and **ce n'est pas**
  —C'est Paul là-bas?
  —Non ce n'est pas **lui.**   *No, it's not **him.***

- in short sentences where there is no verb
  —Qui parle français ici?
  —**Moi!**   *I do!*

- before and after **et** and **ou**
  Lui et moi, nous sommes copains.   *He and I, (we) are friends.*

- After prepositions such as **de, avec, pour, chez**
  Voici Marc et Paul. Je parle souvent **d'eux.**   *I often talk **about them.***
  Voici Isabelle. Je vais au cinéma **avec elle.**   *I go to the movies **with her.***
  Voici M. Mercier. Nous travaillons **pour lui.**   *We work **for him.***

  ➡ Note the meaning of **chez** + STRESS PRONOUN:
  Je vais **chez moi.**   *I am going **home.***
  Paul étudie **chez lui.**   *Paul is studying **at home.***

  Tu viens **chez nous?**   *Are you coming **to our house?***
  Je suis chez Alice. Je dîne **chez elle.**   *I am having dinner **at her place.***

6 Mais pas du tout!

You are not good at guessing the identities of the following people. A classmate will indicate that you are wrong.

Tarzan?

▶ —C'est Tarzan?
  —Mais pas du tout!
   Ce n'est pas lui!

| 1. Batman? | 2. Superman? | 3. Wonder Woman? |
| 4. Big Bird? | 5. Denzel Washington | 6. Cameron Diaz |

7 Samedi soir *(Saturday night)*

On Saturday night, some people stay home and others do not. Read what the following people are doing and say whether or not they are at home.

▶ Alice étudie.
  Elle est chez elle.

▶ Paul va au cinéma.
  Il n'est pas chez lui.

1. François regarde la télé.
2. Jacqueline va au café.
3. Marc et Pierre dînent au restaurant.
4. Hélène et Pauline écoutent des disques.
5. Les voisins font une promenade.
6. Je travaille avec mon père.
7. Tu vas au théâtre.
8. Nous allons à la bibliothèque.
9. Tu prépares le dîner.

8 Commérage *(Gossip)*

Thomas likes to gossip. Act out the dialogues between him and his friend Sandrine.

▶ Marina dîne avec Jean-Pierre.

Marina dîne avec Jean-Pierre.

Vraiment?

Mais oui!
Elle dîne avec lui!

1. Éric dîne avec Alice.
2. Thérèse va chez Paul.
3. Jérôme est au cinéma avec Delphine.
4. Monsieur Mercier travaille pour Mademoiselle Duval.
5. Philippe travaille pour le voisin.
6. Marc et Vincent dansent avec Mélanie et Juliette.

9 **Questions personnelles**

Use stress pronouns in your answers.

1. Est-ce que tu étudies souvent avec tes *(your)* copains?
2. Est-ce que tu vas souvent chez ta cousine?
3. Est-ce que tu travailles pour les voisins?
4. Est-ce que tu parles français avec ton père?
5. Est-ce que tu vas souvent au cinéma avec tes copines?
6. Est-ce que tu restes chez toi le weekend?
7. Est-ce que tu restes chez toi pendant *(during)* les vacances?

D. La construction: nom + *de* + nom

Compare the word order in French and English.

| J'ai une raquette. | C'est une **raquette de tennis.** | *It's a **tennis racket.*** |
| Paul a une voiture. | C'est une **voiture de sport.** | *It's a **sports car.*** |

When one noun is used to modify another noun, the French construction is:

MAIN NOUN + **de** + MODIFYING NOUN	**une classe de français**
↓ **d'** (+ VOWEL SOUND)	**une classe d'espagnol**

➡ In French, the main noun comes *first*. In English, the main noun comes second.

➡ There is no article after **de.**

10 **Précisions**

Complete the following sentences with an expression consisting of **de** + underlined noun.

▶ J'aime le <u>sport</u>. J'ai une voiture . . .

> J'ai une voiture de sport!

1. Claire aime le <u>ping-pong</u>. Elle a une raquette . . .
2. Nous adorons le <u>jazz</u>. Nous écoutons un concert . . .
3. Jacques aime la <u>musique</u> <u>classique</u>. Il écoute un programme . . .
4. Vous étudiez l'<u>anglais</u>. Vous avez un livre . . .
5. Tu étudies le <u>piano</u>. Aujourd'hui, tu as une leçon . . .
6. Thomas et Paul aiment l'<u>espagnol</u>. Ils ont une bonne prof . . .
7. Je regarde mes <u>photos</u>. J'ai un album . . .

Prononciation

Les voyelles /ø/ et /œ/

/ø/	/œ/
2	**9**
d<u>eu</u>x	n<u>eu</u>f

The letters "**eu**" and "**oeu**" represent vowel sounds that do not exist in English but that are not very hard to pronounce.

Répétez:

/ø/ d<u>eu</u>x <u>eu</u>x je v<u>eu</u>x
je p<u>eu</u>x un p<u>eu</u> j<u>eu</u>x
il pl<u>eu</u>t un <u>eu</u>ro
Tu p<u>eu</u>x aller chez <u>eu</u>x.

/œ/ n<u>eu</u>f s<u>oeu</u>r h<u>eu</u>re
profess<u>eu</u>r j<u>eu</u>ne
Ma s<u>oeu</u>r arrive à n<u>eu</u>f h<u>eu</u>res.

À votre tour!

1 Conversation

Saturday afternoon, Henri meets Stéphanie downtown. Match Henri's questions with Stéphanie's answers. Then act out the conversation with a classmate.

1 Salut, Stéphanie! D'où viens-tu?

2 Et où vas-tu maintenant?

3 Tu ne veux pas venir au cinéma avec moi?

4 Ah bon? Pourquoi?

a J'ai un examen d'anglais lundi.

b Du supermarché.

c Je rentre chez moi.

d Je ne peux pas. Je dois étudier.

2 Créa-dialogue

Ask your classmates whom they are going to visit and what they are going to do. Then decide if you are going to come along.

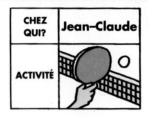

CHEZ QUI?	Jean–Claude
ACTIVITÉ	

▶ — Où vas-tu?
— Je vais chez <u>Jean-Claude</u>. Tu viens?
— Ça dépend! Qu'est-ce que tu vas faire chez <u>lui</u>?
— Nous allons <u>jouer au ping-pong</u>.
— D'accord, je viens!
(Non, je ne viens pas.)

CHEZ QUI?	1. Françoise	2. Corinne et Claire	3. Nicolas et Patrick	4. mon cousin	5. ma cousine	6. des copains
ACTIVITÉ						

3 Retour à la maison

This afternoon, the following people went downtown. Say which places they are coming from.

▶ **Nous venons de l'école.**

nous

1	2	3
tu	vous	Madame Simon
4	5	6
Monsieur Dupont	Claire et Diane	Daniel et Philippe

4 Message illustré

Frédéric likes to use illustrations in his diary. Transcribe what he has written about himself and others, replacing the pictures with the corresponding missing words.

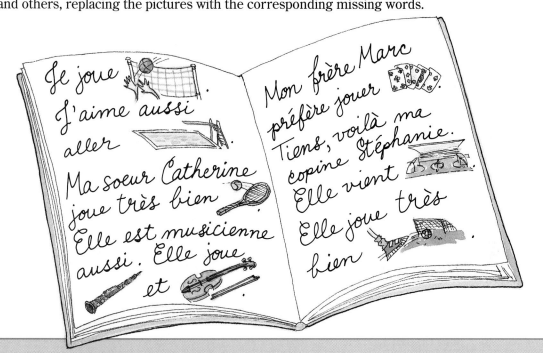

Je joue 🏐. J'aime aussi aller 🏊. Ma sœur Catherine joue très bien 🎾. Elle est musicienne aussi. Elle joue 🎷 et 🎻.

Mon frère Marc préfère jouer 🃏. Tiens, voilà ma copine Stéphanie. Elle vient 🎹. Elle joue très bien ⚽.

5 Une lettre à Sandrine

In a recent letter, Sandrine, your French pen pal, mentioned various hobbies she enjoys. In a short letter, tell her ...

- which sports you play
- which musical instruments you play
- which games you play

Chère Sandrine,
J'aime beaucoup les sports. Je joue au ...

parc	**supermarché**	**stade**
école	**bibliothèque**	**piscine**

Mes voisins

Bonjour!
Je m'appelle Frédéric Mallet.
J'habite à Versailles avec ma famille.
Nous habitons dans un <u>immeuble</u> de *building*
six <u>étages</u>. *floors*
Voici mon immeuble et voici <u>mes</u> *my*
voisins.

Monsieur Lacroche habite au <u>sixième</u> *sixth*
étage avec sa femme. Ils sont
musiciens. Lui, il joue du piano et elle,
elle chante. Oh là là, <u>quelle</u> musique! *what*

Mademoiselle Jolivet habite au
<u>cinquième</u> étage avec <u>son</u> oncle et *fifth / her*
<u>sa</u> tante. *her*

Paul, mon <u>meilleur</u> ami, habite au *best*
<u>quatrième</u> étage avec <u>sa</u> soeur et *fourth / his*
<u>ses</u> parents. *his*

Mademoiselle Ménard habite au
<u>troisième</u> étage avec son chien *third*
Pomme, ses deux chats Fritz et Arthur,
son <u>perroquet</u> Coco et son canari *parrot*
Froufrou. (Je <u>pense</u> <u>que</u> c'est une *think / that*
personne très intéressante, mais mon
père pense qu'elle est un peu bizarre.)

Monsieur et Madame Boutin habitent
au <u>deuxième</u> étage avec <u>leur</u> <u>fils</u> et *second / their*
leurs deux <u>filles</u>. *son*
daughters

Et qui habite au premier étage?
C'est un garçon super-intelligent,
super-cool et très sympathique! Et ce
garçon . . . c'est moi!

Compréhension

1. Où habite Frédéric?
2. Combien *(How many)* d'étages est-ce qu'il y a dans l'immeuble où il habite?
3. Quelle est la profession des Lacroche?
4. Comment s'appelle le meilleur ami de Frédéric?
5. Combien d'animaux a Mademoiselle Ménard?
6. Qui est Pomme?
7. Qui sont Fritz et Arthur?
8. Selon toi *(In your opinion)*, est-ce que Mademoiselle Ménard est une personne bizarre ou intéressante?
9. Quel est le numéro *(number)* de l'étage où habite Frédéric?
10. Est-ce que Frédéric habite en haut ou en bas de l'immeuble?

NOTES CULTURELLES

1 Versailles

Versailles is a city of about 100,000 inhabitants, located about 8 miles (14 km) southwest of Paris. Its famous **château,** built for King Louis XIV (1638–1715), welcomes four million visitors every year. It is the third most visited monument in France (after the Pompidou Center and the Eiffel Tower).

2 La vie en appartement

Most French people in urban areas live in apartments. Newer high-rise apartment buildings have been built in the suburbs. In the cities, however, apartment houses are traditionally no more than six or seven stories high. (This is because, historically, there were no elevators.) The ground floor, which often houses stores and shops, is known as **le rez-de-chaussée** (literally, "level with the street"). The next floor, **le premier étage** (or "first" floor above the street), corresponds to the American second floor. Similarly, **le deuxième étage** corresponds to our third floor, etc. The top floor of older buildings used to consist of individual rooms, one per apartment. These original maid's rooms often became student rooms. In recent years, as elevators were installed in these buildings, the top-floor rooms frequently have been combined to form new apartments.

A. La possession avec *de*

Note the words in heavy print:

Voici une moto.   C'est la moto **de Frédéric**.   *It's **Frédéric's** motorcycle.*
Voici un vélo.   C'est le vélo **de Sophie**.   *It's **Sophie's** bike.*

To express POSSESSION, French speakers use the construction:

le/la/les + NOUN + **de** + OWNER	la radio **de** Thomas
↓	les disques **de** Claire
d' (+ VOWEL SOUND)	la maison **d'**Émilie

➡ The same construction is used to express RELATIONSHIP:

C'est **le copain de Daniel**.   *That's **Daniel's** friend.*
C'est **la mère de Paul**.   *That's **Paul's** mother.*

➡ Remember that **de** contracts with **le** and **les**:

Pomme est le chien **du voisin**.   *Pomme is **the neighbor's** dog.*
Voici la chambre **des enfants**.   *Here is **the children's** room.*

➡ While English often indicates possession with **'s,** French always uses **de**.

la copine **de Monique**   ***Monique's** friend (the friend **of Monique**)*

1 Présentations *(Introductions)*

Imagine that you are hosting a party in France. Introduce the following people.

▶ Marc (cousin / Sylvie)

Marc est le cousin de Sylvie.

1. Carole (cousine / Jacques)
2. Michel (copain / Caroline)
3. Philippe (camarade / Charles)
4. Robert (frère / Guillaume)
5. Marina (copine / Paul)
6. Pauline (amie / Éric)
7. Thomas (frère / Christine)
8. Alice (soeur / Karine)

2 Échanges

The following friends have decided to trade a few of their possessions. On a separate sheet of paper, write out what each person has, once the exchange has been completed.

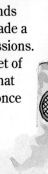

Marc   **Alice**   **Éric**   **Laure**

Vocabulaire: La famille

la famille (family)

les grands-parents
    le grand-père   **la grand-mère**

les parents (parents)   **les parents** (relatives)
    le père   **la mère**   **l'oncle**   **la tante** (aunt)
    le mari (husband)   **la femme** (wife)

les enfants (children)
    un enfant   **une enfant**
    le frère   **la soeur**   **le cousin**   **la cousine**
    le fils (son)   **la fille** (daughter)

3   **La famille de Frédéric**

Frédéric has drawn his family tree. Study it and explain the relationships between the people below.

▶ Éric / Isabelle Vidal
    Éric est le fils d'Isabelle Vidal.

1. Véronique / Frédéric
2. Martine Mallet / Véronique
3. Albert et Suzanne Mallet / Frédéric
4. Isabelle Vidal / Frédéric Mallet
5. François Mallet / Martine Mallet
6. Isabelle Vidal / Maurice Vidal
7. François Mallet / Suzanne Mallet
8. Catherine / Maurice Vidal
9. Véronique / Éric
10. Frédéric / Catherine

▶ **Marc a la guitare d'Alice et . . .**

  Marc   Alice   Éric   Laure

B. Les adjectifs possessifs: mon, ton, son

Note the forms of the possessive adjectives in the chart below:

(POSSESSOR)		SINGULAR		PLURAL			
		MASCULINE	FEMININE				
(je)	my	**mon**	**ma**	**mes**	**mon** frère	**ma** soeur	**mes** copains
(tu)	your	**ton**	**ta**	**tes**	**ton** oncle	**ta** tante	**tes** cousins
(il)	his	**son**	**sa**	**ses**	**son** père	**sa** mère	**ses** parents
(elle)	her	**son**	**sa**	**ses**	**son** père	**sa** mère	**ses** parents

➡ The feminine singular forms **ma, ta, sa** become **mon, ton, son** before a vowel sound.

    une amie   **mon** amie   **ton** amie   **son** amie

    une auto   **mon** auto   **ton** auto   **son** auto

➡ There is liaison after **mon, ton, son, mes, tes, ses** when the next word begins with a vowel sound.

    mon oncle   **mes** amis

➡ The choice between **son, sa,** and **ses** depends on the gender (masculine or feminine) and the number (singular or plural) of the noun that *follows*. It does NOT depend on the gender of the possessor (that is, whether the owner is male or female). Compare:

	un vélo	une radio	des cassettes
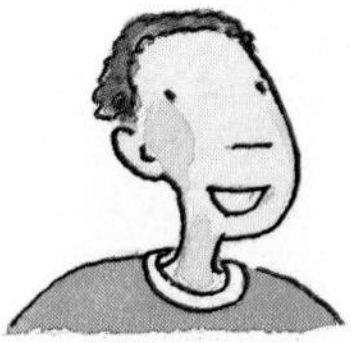 Voici Frédéric.	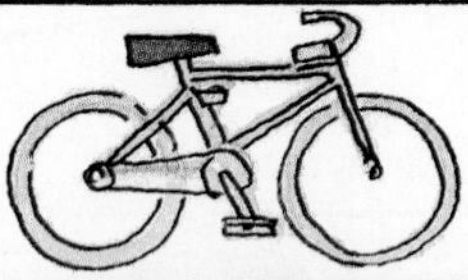 Voici son vélo. (his bike)	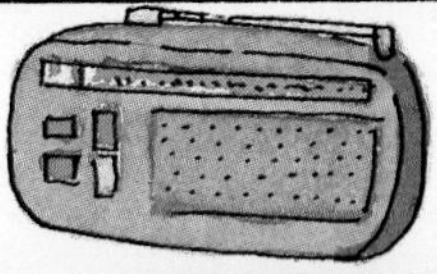 Voici sa radio. (his radio)	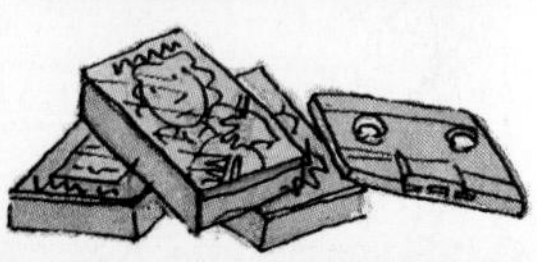 Voici ses cassettes. (his cassettes)
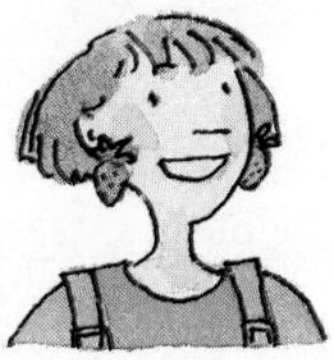 Voici Sophie.	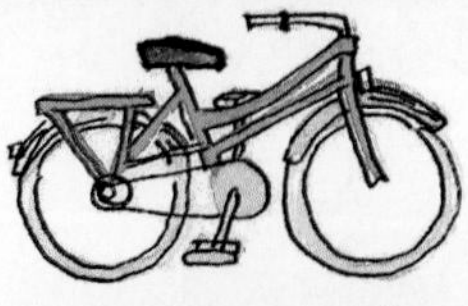 Voici son vélo. (her bike)	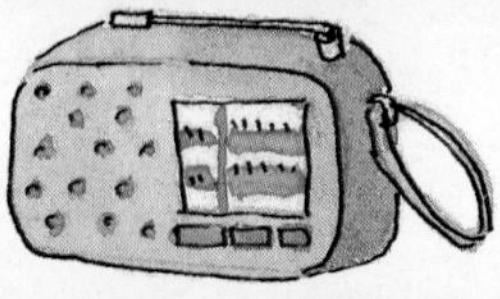 Voici sa radio. (her radio)	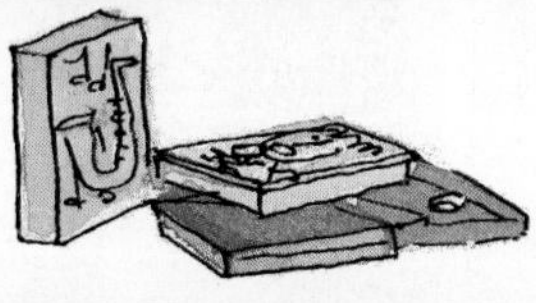 Voici ses cassettes. (her cassettes)

4 Marc et Hélène

Marc Pertout never knows where his things are. Fortunately, his friend Hélène Sétout knows. Play both roles.

▶ le vélo / dans le garage

Où est mon vélo?

Ton vélo? Il est dans le garage.

1. les cassettes / ici
2. la raquette / là-bas
3. la montre / sur toi
4. les livres / dans le sac
5. la radio / sur le bureau
6. les tee-shirts / sous le lit
7. le chien / derrière la porte
8. l'appareil-photo / dans la chambre

5 Invitations

Each of the following people is bringing a friend or relative to the school party. Say whom each person is inviting, using the appropriate possessive adjectives.

▶ Michel / la copine
   Michel invite sa copine.

1. André / la cousine
2. Jean-Claude / la soeur
3. Marie-Noëlle / les frères
4. Pascal / l'amie Sophie
5. Monique / les cousins
6. Nathalie / l'ami Marc
7. Georges / l'amie Cécile
8. Paul / l'amie Thérèse
9. Isabelle / les copains

6 Chez Marie et Christophe Boutin

Items 1 to 8 belong to Marie. Items 9 to 16 belong to Christophe. Point these things out.

Marie	Christophe
▶ le vélo **C'est son vélo.**	▶ les disques **Ce sont ses disques.**

1. le walkman	5. la radiocassette	9. la guitare	13. les livres
2. le sac	6. la guitare	10. la chaîne stéréo	14. la montre
3. le chien	7. les disques	11. le chat	15. les photos
4. l'album	8. les cassettes	12. la mobylette	16. les skis

Expression pour la conversation

C'EST MON PANTALON !

TU ES SÛR?

How to question a statement or express a doubt:

Tu es sûr(e)?   *Are you sure?*   —C'est mon pantalon *(pants)!*
                                      —**Tu es sûr?**

7 Après la soirée

Last night Frédéric and Paul gave a party. They realize that their friends left certain things behind. Frédéric thinks he knows what belongs to whom.

▶ le sac / Claire   FRÉDÉRIC: **Voici le sac de Claire.**
                         PAUL: **Tu es sûr?**
                    FRÉDÉRIC: **Mais oui, c'est son sac!**

1. le sac / Jean-Pierre
2. la guitare / Antoine
3. l'appareil-photo / Cécile
4. le walkman / Stéphanie
5. les livres / Philippe
6. le chapeau *(hat)* / Thomas
7. la cassette / Roger
8. les compacts / Corinne

C. Les adjectifs possessifs: *notre, votre, leur*

Note the forms of the possessive adjectives in the chart below:

(POSSESSOR)		SINGULAR	PLURAL		
(nous)	*our*	**notre**	**nos**	**notre** prof	**nos** livres
(vous)	*your*	**votre**	**vos**	**votre** ami	**vos** copains
(ils / elles)	*their*	**leur**	**leurs**	**leur** radio	**leurs** disques

➡ There is liaison after **nos, vos, leurs** when the next word begins with a vowel sound.

   nos ͜ amis   **vos** ͜ amies   **leurs** ͜ ordinateurs

C'est son vélo.

C'est leur vélo.

8 Aux Galeries Lafayette

At the Galeries Lafayette department store, a customer is looking for various things. The person at the information desk indicates where they can be found. Play both roles.

▶ les disques / là-bas

S'il vous plaît, où sont vos disques?

Nos disques sont là-bas.

1. les livres / à gauche
2. les affiches / à droite
3. le restaurant / en haut
4. le garage / en bas
5. les ordinateurs / ici
6. la cafétéria / tout droit

9 Les millionnaires

Imagine you are showing a millionaire's estate to French visitors.

▶ la maison
   Voici leur maison.

1. la piscine
2. la Cadillac
3. les chiens
4. le parc
5. l'hélicoptère
6. les courts de tennis

10 En famille

We often do things with our family. Complete each sentence with a possessive adjective: **son, sa, ses, leur,** or **leurs.**

▶ Pascal joue au tennis avec <u>sa</u> cousine.
▶ Éric et Paul jouent au Monopoly avec <u>leurs</u> cousins.

1. Frédéric dîne chez … oncle.
2. André dîne chez … grands-parents.
3. Caroline et Paul vont chez … grand-mère.
4. Mlle Vénard fait une promenade avec … chien.
5. Antoine va à la piscine avec … soeur.
6. Stéphanie et Céline vont au cinéma avec … parents.
7. M. et Mme Boutin voyagent avec … fille.
8. Mme Denis visite Paris avec … fils, Marc et Frédéric.
9. M. Mallet est à Québec avec … femme.

D. Les nombres ordinaux

Compare the following regular numbers and the ordinal numbers in French:

(2)	deux	**deuxième**	Février est le **deuxième** mois de l'année.
(3)	trois	**troisième**	Mercredi est le **troisième** jour de la semaine.
(4)	quatre	**quatrième**	J'habite au **quatrième** étage *(floor)*.
(12)	douze	**douzième**	Qui habite au **douzième** étage?

To form ordinal numbers, the French use the following pattern:

> NUMBER (minus final **-e,** if any) + **-ième**
>
> (6) six : **six** + **-ième** → **sixième**
> (11) onze : **onz-** + **-ième** → **onzième**

Quatrième . . .

et pourtant premier.

➡ EXCEPTIONS: **un (une)** → **premier (première)**
   cinq → **cinquième**
   neuf → **neuvième**

➡ Ordinal numbers are adjectives and come BEFORE the noun.

11 La course *(The race)*

Frédéric and his friends are participating in a five-kilometer race. Announce the order of arrival of the following runners.

▶ Paul (6)

Paul est sixième.

1.	Frédéric (4)	5.	Christine (1)
2.	Jérôme (7)	6.	Claire (10)
3.	Christophe (8)	7.	Karine (11)
4.	Sophie (2)	8.	Olivier (12)

▶ ▶ ▶ ▶ ▶ ▶ ▶ ▶ ▶ ▶ ▶ ▶ ▶ ▶ ▶ ▶ ▶ ▶ ▶ ▶

Prononciation

Les voyelles /o/ et /ɔ/

/o/ | /ɔ/

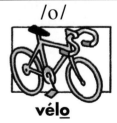

vélo

téléphone

The French vowel /o/ is pronounced with more tension than in English. It is usually the last sound in a word.

Répétez: /o/ **vél<u>o</u> radi<u>o</u> n<u>o</u>s v<u>o</u>s <u>eau</u> châte<u>au</u> ch<u>au</u>d**
   N<u>o</u>s vél<u>o</u>s sont <u>au</u> châte<u>au</u>.

The French vowel /ɔ/ occurs in the middle of a word. Imitate the model carefully.

Répétez: /ɔ/ **téléph<u>o</u>ne éc<u>o</u>le Nic<u>o</u>le n<u>o</u>tre v<u>o</u>tre c<u>o</u>pain pr<u>o</u>f d<u>o</u>mmage**
   C<u>o</u>mment s'appelle v<u>o</u>tre pr<u>o</u>f?

À votre tour!

1 Allô!

Émilie is on the phone with Bernard. Match Émilie's questions with Bernard's answers. Then act out the dialogue with a classmate.

1. Avec qui est-ce que tu vas au cinéma?

2. C'est le cousin de Monique?

3. Tu connais leurs parents?

4. Ils sont canadiens, n'est-ce pas?

a. Non, c'est son frère.

b. Bien sûr, ils sont très sympathiques.

c. Avec mon copain Marc.

d. Non, mais leurs voisins sont de Québec.

2 Créa-dialogue

We often identify objects by their color. Create conversations with your classmates according to the model.

le vélo / Paul?

▶ —C'est <u>le vélo de Paul</u>?
—Non, ce n'est pas <u>son vélo</u>.
—Tu es sûr?
—Mais oui. <u>Son vélo</u> est <u>bleu</u>.

1. la guitare / Alice?

4. la mobylette / Isabelle?

2. le scooter / Paul et Anne?

5. la maison / M. et Mme Lavoie?

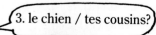

3. le chien / tes cousins?

6. la voiture / ton oncle?

3 Faisons connaissance

You want to know more about certain relatives and acquaintances (friends, neighbors, teachers, etc.) of your classmates. Ask a classmate three questions: each question will be about a different person. You may want to use some of the following suggestions:

OUI/NON	INFORMATION
parler français?	où/habiter?
avoir une voiture?	quel âge/avoir?
aimer les sports?	où/travailler?
travailler beaucoup?	à quelle école/étudier?
voyager souvent?	quand/venir chez toi?

Où est-ce que tes grands-parents habitent?

4 Composition: Ma famille

Select five people in your family and write one to three sentences about each person.

Ma cousine s'appelle Barbara. Elle habite à San Francisco. Elle a treize ans.

5 Arbre généalogique *(Family tree)*

On a separate sheet of paper, draw your own (real or imaginary) family tree. Label the people and indicate their relationships to you.

Vive la différence!
Les loisirs

Parlons° de vos loisirs.° Répondez aux questions suivantes.° Selon° vous, quelles sont les réponses des jeunes Français en général à ces questions?

1 Qu'est-ce que vous préférez faire quand vous n'étudiez pas?
- aller au cinéma
- aller dans les magasins
- pratiquer un sport
- jouer avec les jeux vidéo

Selon vous, qu'est-ce que les jeunes Français préfèrent faire?

2 Quand vous allez au cinéma, quels films est-ce que vous préférez voir?°
- les films de science-fiction
- les films d'aventures
- les comédies
- les films d'horreur

Selon vous, quels sont les films préférés des jeunes Français?

3 Combien de fois° par an° est-ce que vous allez au concert?
- jamais°
- une fois ou deux
- de trois à six fois
- sept fois ou plus°

Et les jeunes Français, combien de fois vont-ils au concert en moyenne° par an?

4 Voici quatre acteurs américains très célèbres° en France. Quel est votre acteur préféré?
- Tom Cruise
- Jack Nicholson
- Robert Redford
- Dustin Hoffman

Selon vous, qui est l'acteur américain préféré des Français?

5 Quelle musique est-ce que vous préférez écouter?
- les chansons folkloriques°
- le rock
- le jazz
- la musique classique

Selon vous, quelle est la musique préférée des jeunes Français?

6 Quels livres est-ce que vous préférez lire?°
- les biographies
- les livres de science-fiction
- les livres d'aventures
- les albums de bandes dessinées°

Selon vous, quels sont les livres préférés des jeunes Français?

7 Quelle est votre dépense° principale?
- Je vais au concert.
- Je vais au cinéma ou au restaurant.
- J'achète° des cassettes ou des compacts.
- J'achète des vêtements.°

Et pour les jeunes Français, quelle est leur dépense principale?

> **Et les jeunes Français?**
>
> 1. Ils préfèrent aller au cinéma. 2. Ils préfèrent les comédies. 3. Ils vont au concert en moyenne six fois par an.
> 4. Leur acteur américain préféré est Dustin Hoffman. 5. Ils préfèrent le rock. 6. Ils préfèrent les albums de bandes dessinées. 7. Ça dépend. Les garçons vont au cinéma ou au restaurant. Les filles achètent des vêtements.

Parlons *Let's talk* **loisirs** *leisure activities* **suivantes** *following* **Selon** *According to* **voir** *to see* **fois** *times* **par an** *per year* **jamais** *never* **plus** *more* **en moyenne** *on the average* **célèbres** *famous* **chansons folkloriques** *folksongs* **lire** *to read* **bandes dessinées** *comics, cartoons* **dépense** *expense* **achète** *buy* **vêtements** *clothes*

EN FRANCE

Vive la musique!

Est-ce que vous préférez écouter votre groupe favori à la radio ou dans une salle de concert? Regardez bien ces documents.

Rolling Stones Story à partir du 25 décembre

1ᵉ diffusion le mardi à 21 h 30 - 2ᵉ diffusion le vendredi à 23 h sur

RADIO 2 EUROPE 1

♪ Quel groupe est-ce qu'on peut écouter à la radio? Quels jours et à quelle heure?

♪ Est-ce que vous connaissez° ce groupe? Est-ce que vous avez leurs disques? Aimez-vous leur musique?

LE PLUS GRAND DES GRANDS CONCERTS

Ricky MARTIN

Will SMITH

Dave MATTHEWS Band

Mariah CAREY

Lauryn HILL

AVEC **RTL**

FRÉDÉRICK PARTOUCHE PRÉSENTE:

Liberty Show
SAMEDI 24 JUIN
DE 12 À 24 HEURES
HIPPODROME DE VINCENNES
PARIS
RÉSERVATIONS: 01 48 05 10 10

Pour la première fois dans tous les CARREFOUR de France Carrefour

Jewel

Goo Goo Dolls

Backstreet Boys

TLC

Chris ISAAK

Alanis MORRISSETTE

♪ Quand a lieu° le concert? Où?

♪ À quelle heure est-ce que le concert commence?°
À quelle heure est-ce qu'il finit?°

♪ Quel est le numéro de téléphone pour réserver les billets?°

♪ Qui sont les «stars» de ce concert? Quelles stars est-ce que vous connaissez? Qui est votre star préférée?

♪ Est-ce que vous aimeriez° aller à ce concert? Pourquoi ou pourquoi pas?

connaissez *know* **a lieu** *does ... take place* **commence** *does ... begin* **finit** *does ... end* **billets** *tickets*
aimeriez *would like*

Entre amis: Interview avec Karine Legoff

Karine Legoff est élève dans un lycée° français. En mars, elle
a passé° deux semaines aux États-Unis avec un programme
d'échange.° Nous avons interviewé° Karine pendant° son séjour.°
Voici les réponses de Karine à nos questions.

École
En France, comment vas-tu à l'école?
À quelle heure arrives-tu le matin?
À quelle heure rentres-tu chez toi
le soir?

Où déjeunes-tu?°

À pied, généralement.°
À huit heures.
Ça dépend des° jours.
En général, à 5 heures 30
ou à 6 heures.
Je déjeune à la cantine°
du lycée.

Sports
Quels sports pratiques-tu à l'école?
Et en dehors de° l'école?
Où?

Je joue au volley.
Je joue au tennis.
Au club de la ville.

Loisirs
Est-ce que tu vas au cinéma?
Combien de fois par mois?°
Qui sont tes acteurs préférés?

Et tes actrices préférées?
Est-ce que tu vas au concert?
Où vas-tu?

Qui sont tes groupes ou tes chanteurs°
préférés?
Est-ce que tu joues d'un instrument?
Est-ce que tu vas à des boums?
Où et quand?

Oui, de temps en temps.°
Une ou deux fois.
Christophe Lambert, Gérard Depardieu.
Aussi Ben Affleck.
Isabelle Adjani, Emmanuelle Béart.
Oui, mais pas très souvent.
Ça dépend! Au Zénith, au parc des
Princes.
Dave Matthews Band, U2, Lauryn Hill.

Non.
Oui, de temps en temps.
Chez des amis. Généralement le samedi
soir.

Les États-Unis
Quelles sont tes impressions des
États-Unis?
Pourquoi?

Qu'est-ce que tu n'aimes pas?

J'aime le pays° et les gens.

C'est un pays très dynamique et très
ouvert.° Les gens sont francs,
communicatifs et honnêtes avec eux-
mêmes.° Les Américains sont très cool!
La nourriture.°

---

lycée *high school*   **a passé** *spent*   **échange** *exchange*   **avons interviewé** *interviewed*   **pendant** *during*
séjour *stay*   **généralement** *generally*   **Ça dépend des** *It depends on the*   **déjeunes-tu** *do you have lunch*
cantine *cafeteria*   **en dehors de** *outside of*   **de temps en temps** *from time to time*   **fois par mois** *times a month*
chanteurs *singers*   **pays** *country*   **ouvert** *open*   **eux-mêmes** *themselves*   **nourriture** *food*

Comment lire
SOUNDING FRENCH

As you read the interview over, try to think how the new words sound in French.

- Remember to put the accent on the LAST syllable of a word or phrase.

  programme   **acteur préféré**   **communicatif**

- Remember that many final consonants are silent.

  sport   **Zénith**   **maths**   **instrument**

If you think of the right French pronunciation as you read, you will be prepared to recognize these words when you hear them spoken.

Enrichissez votre vocabulaire
SUFFIXES

You can expand your reading vocabulary easily by learning to recognize common suffixes (or endings).

	FRENCH	ENGLISH		
(ADJECTIVE +)	**-ment**	*-ly*	**généralement**	*generally*
(VERB STEM +)	**-ant**	*-ing*	**amusant**	*amusing*
(VERB STEM +)	**-é**	*-ed*	**préféré**	*preferred*

Activité

Can you identify the English equivalents of the following French words?

- **normalement   finalement   rarement   rapidement   sûrement**
- **intéressant   alarmant   terrifiant   charmant**
- **importé   occupé   limité   marié**

Activité: Une interview
Interview a classmate about his / her school life and leisure activities. Use Karine's interview as a point of departure.

Activité: Une lettre à Karine
Write Karine a letter about yourself. Using her responses to the interview as a model, tell her about your school, the sports you play, your leisure-time activities, as well as your impressions of France and the French people.

Quelques stars du cinéma français

Gérard Depardieu

Christophe Lambert

Julie Delpy

Juliette Binoche

Variétés

Les jeunes Français et le cinéma américain

En général, les jeunes Français aiment beaucoup les films américains. (Quand ils parlent anglais, ils peuvent° voir° ces films en «version originale».) Voici une liste de films qui ont eu° beaucoup de succès en France. Est-ce que vous pouvez° identifier ces films? Lisez° le titre° français de chaque° film. Faites correspondre° le titre de ce film avec le titre américain.

TITRES FRANÇAIS

1. *Blanche-Neige*
2. *Hommes en noir*
3. *Le Cochon dans la ville*
4. *Vous avez un mess@ge*
5. *E.T. l'extra-terrestre*
6. *Le mariage de mon meilleur ami*
7. *Le Prince d'Égypte*
8. *Il faut sauver le soldat Ryan*
9. *Les dents de la mer*
10. *Danse avec les loups*
11. *La Menace fantôme*
12. *Indiana Jones et la dernière croisade*
13. *1001 Pattes*
14. *Menteur Menteur*

TITRES AMÉRICAINS

A. *Jaws*
B. *The Phantom Menace*
C. *E.T. The Extra Terrestrial*
D. *Saving Private Ryan*
E. *Indiana Jones and the Last Crusade*
F. *Dances with Wolves*
G. *Babe II, Pig in the City*
H. *Men in Black*
I. *The Prince of Egypt*
J. *My Best Friend's Wedding*
K. *You've Got Mail*
L. *Liar Liar*
M. *A Bug's Life*
N. *Snow White and the Seven Dwarfs*

peuvent *can* voir *see* ont eu *had* pouvez *can* Lisez *Read* titre *title* chaque *each*
Faites correspondre *Match*

UN FILM D'AVENTURES
américain

20.30

DURÉE: 2h12

FILM AMÉRICAIN DE GEORGE LUCAS

STAR WARS: ÉPISODE 1 LA MENACE FANTÔME

MUSIQUE DE JOHN WILLIAMS

Qui-Gon Jinn	Liam Neeson	Anakin Skywalker	Jake Lloyd
Obi-Wan Kenobi	Ewan McGregor	Palpatine	Ian McDiarmid
Young Queen	Natalie Portman	Mace Windu	Samuel L. Jackson

Ce film américain a eu°
beaucoup de succès en France.

- Est-ce que vous avez vu° ce film?
  Où? à la télévision? au cinéma?
  sur vidéocassette?

- Quel est le titre anglais du film?

- Qui est le réalisateur° du film?

- Qui sont les **acteurs**?

- Qui est le compositeur de
  la musique?

- Combien de temps dure° le film?

■ NOTE ■
CULTURELLE

Au cinéma

Le samedi, les jeunes Français adorent aller
au cinéma. C'est pour eux l'occasion de
voir° un bon film et aussi d'être avec leurs
copains. En général, ils vont au cinéma pour
voir des films récents. Leurs films préférés
sont les films comiques. Ils aiment aussi les
films d'aventures, les films de science-fiction
et les films policiers.°

   Beaucoup de jeunes vont aussi au ciné-club
de leur école ou de la ville où ils habitent.
Là ils peuvent° voir les «grands classiques»
du cinéma. Ces grands classiques sont des
films anciens° réalisés° par des cinéastes°
français ou étrangers.°

a eu *had*   **Est-ce que vous avez vu** *Did you see*   **réalisateur** *director*   **dure** *does...last*   **de voir** *to see*   **films**
policiers *detective movies*   **peuvent** *can*   **anciens** *old*   **réalisés** *made, directed*   **cinéastes** *filmmakers*   **étrangers** *foreign*

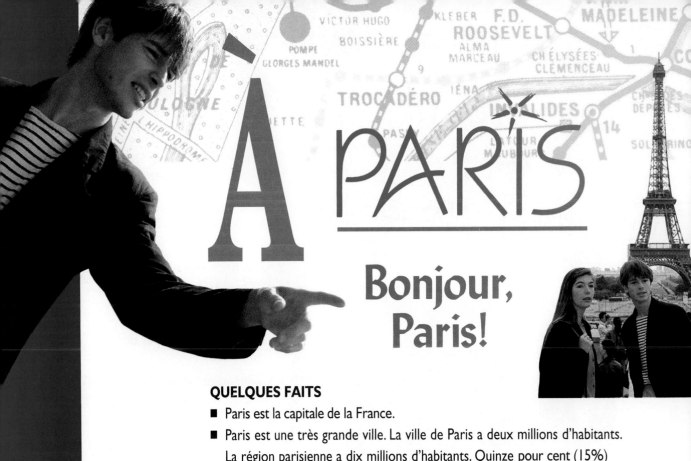

À PARIS

Bonjour, Paris!

QUELQUES FAITS

- Paris est la capitale de la France.
- Paris est une très grande ville. La ville de Paris a deux millions d'habitants. La région parisienne a dix millions d'habitants. Quinze pour cent (15%) des Français habitent dans la région parisienne.
- Paris est situé° sur la Seine. Ce fleuve° divise° la ville en deux parties: la rive° droite (au nord) et la rive gauche (au sud).
- Administrativement, Paris est divisé en vingt arrondissements.°
- Paris est une ville très ancienne.° Elle a plus de° deux mille° ans.
- Paris est aussi une ville moderne et dynamique. C'est le centre économique, industriel et commercial de la France.
- Avec ses musées, ses théâtres, ses bibliothèques, ses écoles d'art, Paris est un centre culturel et artistique très important.
- Avec ses nombreux° monuments et ses larges avenues, Paris est une très belle ville. Pour beaucoup de gens, c'est la plus° belle ville du monde.° Chaque année,° des millions de touristes visitent Paris.

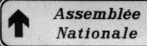

situé *located* **fleuve** *river* **divise** *divides*
rive *(river)bank* **arrondissements** *districts* **ancienne** *old*
plus de *more than* **mille** *thousand* **nombreux** *many*
la plus *the most* **monde** *world* **Chaque année** *Each year*

FRANCE

LA DÉFENSE

PARIS

Seine

PORTE DE
LA VILLETTE

LA VILLETTE:
CITÉ DES SCIENCES
ET DE L'INDUSTRIE

rue de Flandre

BUTTE MONTMARTRE

SACRÉ-COEUR

boulevard des
Batignolles

boulevard de
Rochechouart

boulevard Magenta

boulevard Malesherbes

rue La Fayette

avenue de Wagram

ARC DE
TRIOMPHE

boulevard Haussmann

OPÉRA

avenue Foch

MADELEINE

avenue des Champs-Élysées

avenue Kléber

PLACE DE LA
CONCORDE

avenue de l'Opéra

LOUVRE

rue du Temple

CENTRE POMPIDOU

boulevard Beaumarchais

RIVE DROITE

GRAND PALAIS

INVALIDES

boulevard des Invalides

rue de Rivoli

OPÉRA DE LA
BASTILLE

TOUR EIFFEL

MUSÉE D'ORSAY

boulevard
Saint-Germain

NOTRE-DAME

RIVE GAUCHE

Seine

avenue Daumesnil

boulevard Raspail

boulevard Saint-Michel

TOUR
MONTPARNASSE

boulevard du
Montparnasse

SORBONNE

QUARTIER
LATIN

Seine

PALAIS
OMNISPORTS

PORTE DE
BERCY

Moulin Rouge   PARIS à la CARTE
TEL. (1) 47 42 31 63

Le **P**ARIS *traditionnel*

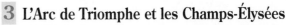

1 Notre-Dame

Notre-Dame est la cathédrale de Paris. Elle est située au centre de Paris sur une île,° l'île de la Cité. Notre-Dame a été construite° aux douzième et treizième siècles.°

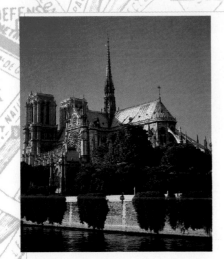

2 La tour Eiffel

Pour beaucoup de gens, la tour Eiffel est le symbole de Paris. Cette° immense tour de fer° a trois cent mètres de haut.° Elle a été inaugurée en 1889 (dix-huit cent quatre-vingt-neuf) par l'ingénieur Gustave Eiffel. Du sommet de la tour Eiffel, on° a une très belle vue sur Paris.

3 L'Arc de Triomphe et les Champs-Élysées

L'Arc de Triomphe est un monument qui° commémore les victoires de Napoléon (1769–1821). Ce monument est situé en haut° des Champs-Élysées. Les Champs-Élysées sont une très grande et très belle avenue avec beaucoup de cinémas, de cafés, de magasins et de boutiques élégantes.

4 Le Sacré-Coeur

Le Sacré-Coeur est une église de pierre° blanche qui domine Paris. Cette église est située sur la butte° Montmartre. Montmartre est un quartier pittoresque. Les artistes viennent ici pour peindre° et les touristes viennent pour regarder les artistes. Si vous voulez° avoir un souvenir personnel de Paris, allez à Montmartre et demandez à° un artiste de faire votre portrait.

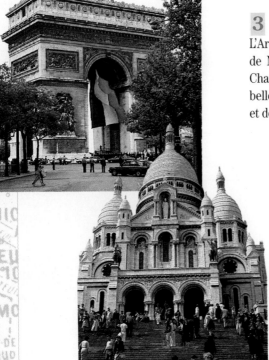

île *island*   **a été construite** *was built*   **siècles** *centuries*   **Cette** *This*   **fer** *iron*
a trois cent mètres de haut *is 300 meters high*   **on** *one*   **qui** *which*   **en haut** *at the top*
pierre *stone*   **butte** *hill*   **peindre** *to paint*   **voulez** *want*   **demandez à** *ask*

BUTTE MONTMARTRE — [4] ⛪ SACRÉ-COEUR

ARC DE TRIOMPHE [3]

OPÉRA
MADELEINE
Champs-Élysées

PLACE DE LA CONCORDE

RIVE DROITE [2]
GRAND PALAIS

LOUVRE

CENTRE POMPIDOU

INVALIDES
TOUR EIFFEL

MUSÉE D'ORSAY

RIVE GAUCHE

[5] NOTRE-DAME [1]

OPÉRA DE LA BASTILLE

Seine

TOUR MONTPARNASSE

SORBONNE
QUARTIER LATIN [6]

PALAIS OMNISPORTS

PORTE DE BERCY

PORTE DE LA VILLETTE

5 Le Marché aux fleurs

Ce° marché° est situé près de Notre-Dame. Ici on trouve° toutes° sortes de fleurs° et de plantes vertes. À Paris il y a beaucoup d'autres° marchés spécialisés: marché aux oiseaux,° marché aux timbres° et, bien sûr, le fameux Marché aux puces.°

6 Le Quartier latin

Le Quartier latin est le quartier des étudiants. C'est un quartier très animé avec des cafés, des cinémas, des librairies et des restaurants exotiques et bon marché.° Pourquoi est-ce que ce quartier s'appelle «Quartier latin»? Parce qu'autrefois° les étudiants parlaient° latin ici.

ACTIVITÉ CULTURELLE

Imaginez que vous passez une journée° à Paris. Où allez-vous aller le matin? Où allez-vous aller l'après-midi? Choisissez deux endroits à visiter et expliquez° votre choix.°

Ce *This*   **marché** *market*   **trouve** *finds*   **toutes** *all*   **fleurs** *flowers*   **d'autres** *other*   **oiseaux** *birds*
timbres *stamps*   **Marché aux puces** *flea market*   **bon marché** *inexpensive*   **autrefois** *in the past*
parlaient *used to speak*   **passez une journée** *are spending the day*   **expliquez** *explain*   **choix** *choice*

Le nouveau PARIS

❶ Le Louvre et la pyramide du Louvre

Le Louvre est une ancienne° résidence royale transformée en musée. C'est dans ce° musée que se trouve° la fameuse «Mona Lisa». On entre dans le Louvre par° une pyramide de verre.° Cette pyramide moderne a été construite° par l'architecte américain I.M. Pei. Avec sa pyramide, le Louvre est le symbole du nouveau° Paris, à la fois° moderne et traditionnel.

❷ Le Centre Pompidou

Le Centre Pompidou est le monument le plus° visité de Paris. C'est un musée d'art moderne. C'est aussi une bibliothèque, une cinémathèque et un centre audio-visuel. À l'extérieur,° sur l'esplanade, il y a des musiciens, des mimes, des acrobates, des jongleurs° . . . Un peu plus loin,° il y a une place° avec des fontaines, un bassin° et des sculptures mobiles.

❸ Le musée d'Orsay

Autrefois,° c'était° une gare.° Aujourd'hui, c'est un musée. On vient ici admirer les chefs-d'oeuvre° des grands peintres° et sculpteurs français du dix-neuvième siècle.° On peut,° par exemple, admirer les oeuvres° de Monet, de Renoir et de Toulouse-Lautrec. À l'extérieur, il y a des sculptures qui représentent les cinq continents.

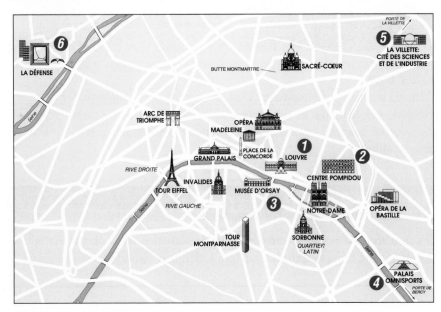

ancienne *former*	**ce** *this*	**se trouve** *is located*	**par** *by*	**verre** *glass*	**a été construite** *was built*	**nouveau** *new*

ancienne *former*   **ce** *this*   **se trouve** *is located*   **par** *by*   **verre** *glass*   **a été construite** *was built*   **nouveau** *new*
à la fois *at the same time*   **le plus** *the most*   **À l'extérieur** *Outside*   **jongleurs** *jugglers*   **plus loin** *farther away*
place *square*   **bassin** *ornamental pool*   **Autrefois** *Formerly*   **c'était** *it used to be*   **gare** *train station*
chefs-d'oeuvre *masterpieces*   **peintres** *painters*   **siècle** *century*   **peut** *can*   **oeuvres** *works*

❹ Le Palais Omnisports de Bercy

Sport ou musique? Bercy est le nouveau stade de Paris. C'est aussi une immense salle° de concert. On vient ici écouter et applaudir les vedettes° de la chanson° française . . . et de la chanson américaine.

❺ Le parc de la Villette

Le parc de la Villette est un lieu° de récréation pour les jeunes de tout âge.° On trouve ici des parcs pour enfants,° des terrains de jeu° et différentes° constructions ultra-modernes.

- Le Zénith est une salle de concert où viennent les vedettes du monde° entier.
- La Géode est un cinéma omnimax avec un écran° circulaire géant.
- La Cité des sciences et de l'industrie est un grand musée scientifique où les jeunes peuvent° faire leurs propres° expériences° et jouer avec toutes sortes de gadgets électroniques.

❻ La Défense et son arche

La Défense est le nouveau centre d'affaires° situé à l'ouest de Paris. Chaque° jour, des milliers° de Parisiens viennent travailler dans ses gratte-ciel° de verre. Il y a aussi des magasins, des cinémas, des restaurants et une patinoire.° Récemment,° une immense arche a été construite pour commémorer le deux centième anniversaire de la Révolution française.

ACTIVITÉ CULTURELLE

Vous êtes à Paris pour une semaine. Pendant votre séjour, vous voulez faire les choses suivantes. Dites où vous allez pour cela.

Quand?	Pourquoi?	Où?
▶ lundi	voir *(to see)* une exposition d'art moderne	??
mardi	voir une exposition sur les lasers	??
mercredi	voir la «Mona Lisa»	??
jeudi	voir un match de basket	??
vendredi	voir une exposition sur Toulouse-Lautrec	??
samedi	aller dans les magasins et faire du shopping	??

▶ **Lundi, je veux voir une exposition d'art moderne. Je vais au Centre Pompidou.**

---

salle *hall* **vedettes** *stars* **chanson** *song* **lieu** *place* **de tout âge** *of all ages* **parcs pour enfants** *playgrounds* **terrains de jeu** *playing fields* **différentes** *several* **monde** *world* **écran** *screen* **peuvent** *can* **propres** *own* **expériences** *experiments* **affaires** *business* **Chaque** *Each* **des milliers** *thousands* **gratte-ciel** *skyscrapers* **patinoire** *skating rink* **Récemment** *Recently*

*S*alut, *les amis!*

Je m'appelle Jean-Marc Lacoste. Je suis parisien. J'habite rue Racine. C'est une petite rue du Quartier latin. Notre appartement est situé au quatrième étage° d'un vieil° immeuble. L'immeuble est très ancien (il n'y a pas d'ascenseur°), mais notre appartement est moderne et confortable.

Je vais à l'École Alsacienne où je suis élève de seconde. En général, je vais là-bas en bus. Quand il fait beau, je prends° ma mob,° ou bien° je vais à pied. C'est assez loin, mais j'adore marcher.

En semaine, j'ai beaucoup de travail et je n'ai pas le temps° de sortir.° Le weekend, c'est différent. Qu'est-ce que je fais? Ça dépend! Quand j'ai de l'argent,° je vais au concert. Le weekend prochain,° j'espère aller au Zénith écouter le groupe Indochine. Quand je n'ai pas d'argent, je vais au Centre Pompidou. Là, au moins,° le spectacle° est gratuit.°

J'aime aussi me promener° dans mon quartier avec mes copains. Il y a toujours quelque chose° à faire au Quartier latin. On° va au cinéma. On va dans les magasins de disques pour écouter les nouveaux albums. On va dans les librairies° pour regarder les vieux livres et les bandes dessinées.° On va au café. Là, on regarde les gens qui passent dans la rue. Parfois,° on rencontre° des filles...

Et vous, quand est-ce que vous allez venir à Paris? Bientôt,° j'espère. Je vous attends!°

Amitiés,°
Jean-Marc

étage *floor*   **vieil** *old*   **ascenseur** *elevator*   **prends** *take*   **mob** *moped*   **ou bien** *or else*   **temps** *time*
sortir *go out*   **argent** *money*   **prochain** *next*   **au moins** *at least*   **spectacle** *show*   **gratuit** *free*
me promener *to go for walks*   **quelque chose** *something*   **On** *We*   **librairies** *bookstores*
bandes dessinées *comics*   **Parfois** *Sometimes*   **rencontre** *meet*   **Bientôt** *Soon*
Je vous attends! *I'm expecting you!*   **Amitiés** *In friendship*

PARIS en BATEAU-MOUCHE

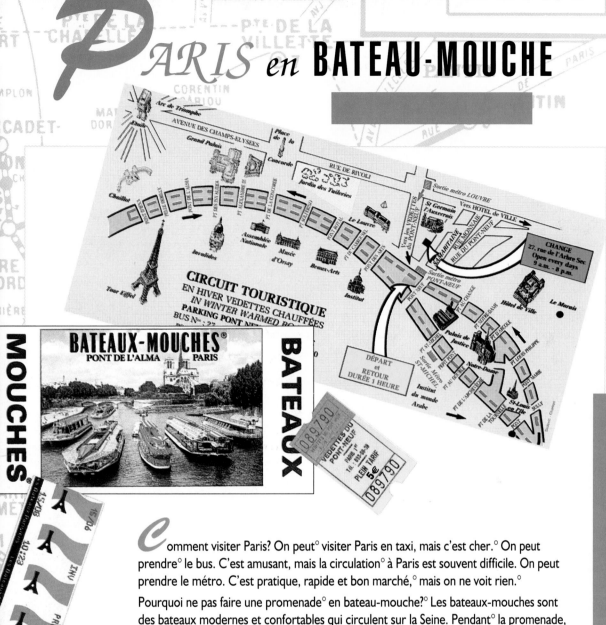

*C*omment visiter Paris? On peut° visiter Paris en taxi, mais c'est cher.° On peut prendre° le bus. C'est amusant, mais la circulation° à Paris est souvent difficile. On peut prendre le métro. C'est pratique, rapide et bon marché,° mais on ne voit rien.°

Pourquoi ne pas faire une promenade° en bateau-mouche?° Les bateaux-mouches sont des bateaux modernes et confortables qui circulent sur la Seine. Pendant° la promenade, on peut prendre des photos et admirer les monuments le long de° la Seine. Le soir, on peut voir les monuments illuminés!

ACTIVITÉ CULTURELLE

Vous faites une promenade en bateau-mouche.
- Combien coûte le billet?
- Quels° monuments est-ce que vous pouvez° voir?

On peut *One can*   **cher** *expensive*   **prendre** *take*   **circulation** *traffic*   **bon marché** *inexpensive*
ne voit rien *sees nothing*   **Pourquoi ne pas faire une promenade** *Why not take a ride*
bateau-mouche *sight-seeing boat*   **Pendant** *During*   **le long de** *along*   **Quels** *Which*   **pouvez** *can*

UNITÉ

7

Le shopping

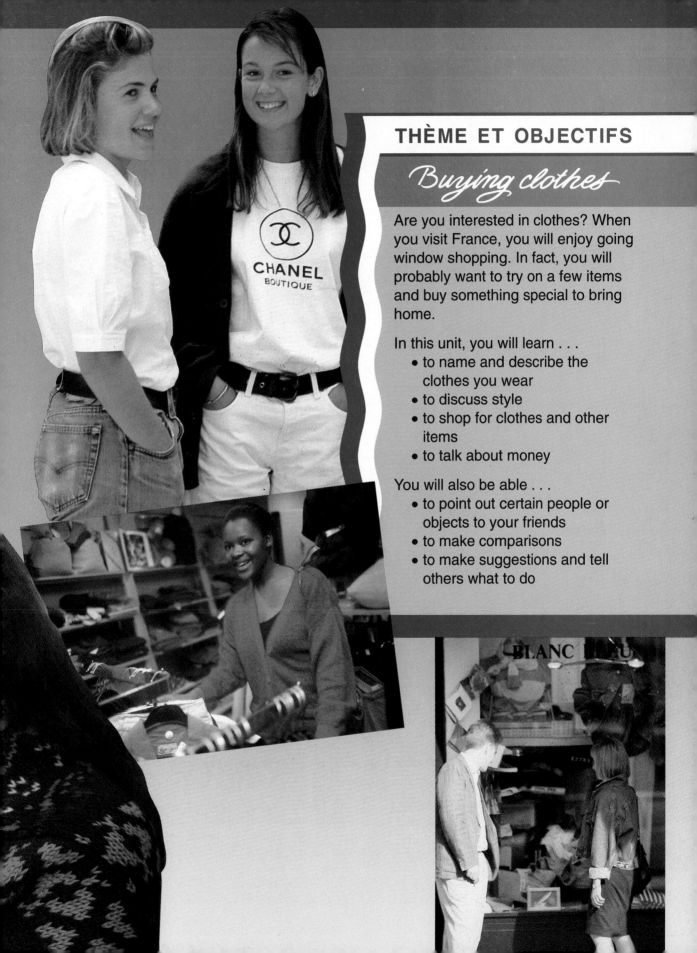

THÈME ET OBJECTIFS

Buying clothes

Are you interested in clothes? When you visit France, you will enjoy going window shopping. In fact, you will probably want to try on a few items and buy something special to bring home.

In this unit, you will learn . . .
- to name and describe the clothes you wear
- to discuss style
- to shop for clothes and other items
- to talk about money

You will also be able . . .
- to point out certain people or objects to your friends
- to make comparisons
- to make suggestions and tell others what to do

L'achat des vêtements

LE FRANÇAIS PRATIQUE

Accent sur ... L'élégance française

French people like to look good. Young people are generally well-informed about fashions and trends. They like to be in style, even if their clothes are casual and not too expensive. Many well-known fashion design houses started in Paris: Christian Dior, Chanel, Yves Saint Laurent, Pierre Cardin, Sonia Rykiel, Lacroix, Gaultier.

Depending on their budgets, French young people may buy their clothes at:

- **une boutique de soldes** *(discount shop)*
- **un grand magasin** *(department store)*
- **une boutique de vêtements** *(clothing store)*
- **le Marché aux puces** *(flea market)*

- **Un grand magasin**
  A large Parisian department store, the **Galeries Lafayette** has branches in other French cities. It offers a wide variety of clothing, from modestly priced items to more expensive designer labels.

- **Une boutique de vêtements**
  There are several **Céline** shops in Paris. They sell relatively expensive designer clothes.

- **Une boutique de soldes**
  At a discount store called the **Mouton à cinq pattes,** you can find jeans and casual clothes at good prices.

- **Une maison de couture**
  One of the most famous French fashion design houses is that of **Christian Dior.** Every season it presents a new collection which influences fashion trends all over the world. Christian Dior sells original designer dresses at very high prices, but also markets a more affordable line of clothes under its ready-to-wear label.

- **Le Marché aux puces**
  At the **Marché aux puces,** you can find all types of used clothes, from hats of the 1930's to old military uniforms.

A. Les vêtements

Je vais dans un magasin.

How to talk about shopping for clothes:

Où vas-tu?

Je vais | dans **une boutique** (shop).
| dans **un magasin** (store)
| dans **un grand magasin** (department store)

Qu'est-ce que tu vas **acheter** (to buy)?

Je vais acheter **des vêtements** (clothes).

Les vêtements

Pour hommes et femmes

60€ un blouson

100€ un manteau

un chapeau

une veste

un pantalon 30€

50€ un pull

80€ un imper (un imperméable)

un jean

20€ une chemise

25€ un polo

des chaussettes (une chaussette)

➡ Nouns that end in **-eau** in the singular end in **-eaux** in the plural.

un chap**eau**   des chap**eaux**   un mant**eau**   des mant**eaux**

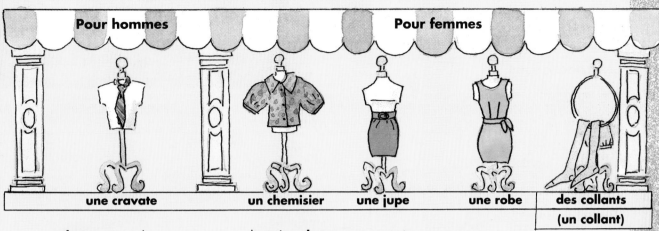

Pour hommes		Pour femmes		
une cravate	un chemisier	une jupe	une robe	des collants (un collant)

acheter	*to buy*	Je vais **acheter** une cravate.
porter	*to wear*	Qu'est-ce que tu vas **porter** demain?
mettre	*to put on, wear*	Oh là là, il fait froid. Je vais **mettre** un pull.

➡ **Mettre** is irregular. (Its forms are presented in Leçon 26.)

1 Shopping

Below are the names of several Paris stores. Using the illustrations as a guide, talk to a classmate about where you are going shopping and what you plan to buy.

▶ —Où vas-tu?
—Je vais au Monoprix.
—Qu'est-ce que tu vas acheter?
—Je vais acheter une chemise.

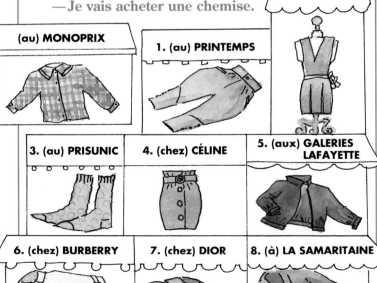

(au) MONOPRIX

1. (au) PRINTEMPS

2. (au) BON MARCHÉ

3. (au) PRISUNIC

4. (chez) CÉLINE

5. (aux) GALERIES LAFAYETTE

6. (chez) BURBERRY

7. (chez) DIOR

8. (à) LA SAMARITAINE

2 Quels vêtements?

What we wear often depends on the circumstances: where we are, what we will be doing, what the weather is like. Complete the following sentences with the appropriate items of clothing.

1. Aujourd'hui, je porte...
2. Le professeur porte...
3. L'élève à ma gauche porte...
4. L'élève à ma droite porte...
5. Quand je vais à une boum, je porte...
6. Quand je vais dans un restaurant élégant, je porte...
7. S'il pleut *(If it rains)* demain, je vais mettre...
8. S'il fait chaud demain, je vais mettre...
9. Si *(If)* je vais en ville samedi, je vais mettre...
10. Si je vais à un concert dimanche, je vais mettre...

B. D'autres vêtements et accessoires

> Je vais mettre des lunettes de soleil.

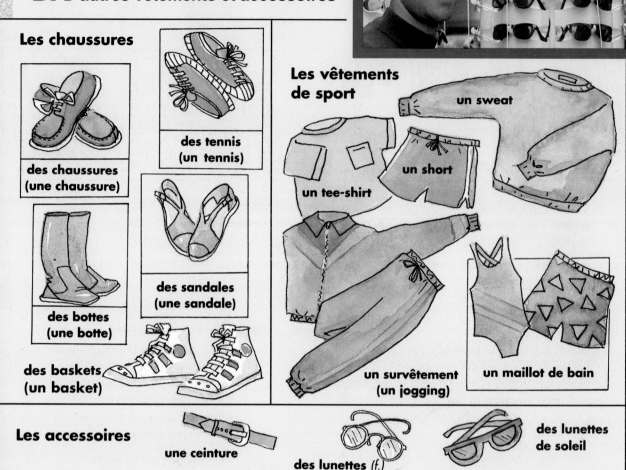

Les chaussures

des tennis
(un tennis)

des chaussures
(une chaussure)

des sandales
(une sandale)

des bottes
(une botte)

des baskets
(un basket)

Les vêtements de sport

un sweat

un short

un tee-shirt

un survêtement
(un jogging)

un maillot de bain

Les accessoires

une ceinture

des lunettes (f.)

des lunettes de soleil

---

3 **À la plage de Deauville**

You are spending the summer vacation in Deauville, a popular ocean resort in Normandy. Describe what you and your friends are wearing.

▶ **Paul**　　1. **Anne**　　2. **Sophie**　　3. **Michel**　　4. **Catherine**　　5. **moi**

▶ Paul porte un maillot de bain ...

4 ⟩ Qu'est-ce que tu portes?

Ask your classmates what they wear in the following circumstances. Let them use their imagination.

▶ jouer au tennis

1. aller à la piscine
2. aller à la plage
3. jouer au basket
4. travailler dans le jardin
5. aller au gymnase *(gym)*
6. faire une promenade
   dans la forêt *(forest)*
7. faire une promenade
   dans la neige *(snow)*

> Qu'est-ce que tu portes quand tu joues au tennis?

> Je porte un tee-shirt, un short et des tennis.

5 ⟩ Un jeu

When you see what people are wearing, you can often tell what they are going to do. How many different logical sentences can you make in five minutes? Follow the model below.

A	B	C
André	un maillot de bain	nager
Sylvie	des lunettes de soleil	aller à la plage
Paul et Éric	un short	aller à un concert
Michèle et Anne	des chaussettes blanches	jouer au tennis
	un sweat	jouer au volley
	un pantalon très chic	jouer au football
	des chaussures noires	aller à la campagne *(country)*
	des bottes	faire du jogging *(to jog)*
	un costume *(suit)*	dîner en ville
	une robe	

> Sylvie porte un short. Elle va jouer au football.

6 ⟩ Joyeux anniversaire!

The following people are celebrating their birthdays. Find a present for each person by choosing an item of clothing from pages 248, 249, or 250.

1. Pour mon père (ma mère), je vais acheter, ...
2. Pour ma grand-mère (mon grand-père), ...
3. Pour ma petite cousine Chantal (10 ans), ...
4. Pour mon grand frère Guillaume (18 ans), ...
5. Pour le professeur, ...
6. Pour mon meilleur *(best)* ami, ...
7. Pour ma meilleure amie, ...

C. Dans un magasin

Pardon, madame.

Vous désirez, mademoiselle?

Je cherche un pantalon.

▶ *How to get help from a salesperson:*

Pardon, monsieur (madame).

Vous désirez *(May I help you),* | **monsieur?**
madame
mademoiselle

Je cherche *(I'm looking for)...*
　un pantalon.

Quel est le prix *(What is the price)* du pantalon?
Combien *(How much)* **coûte** le pantalon?
Combien est-ce qu'il coûte?
　Il coûte 40 euros.

Je cherche *...*
　une veste.

Quel est le prix de la veste?
Combien coûte la veste?
Combien est-ce qu'elle coûte?
　Elle coûte 65 euros.

▶ *How to discuss clothes with a friend:*

Qu'est-ce que tu penses du pantalon vert?
　(What do you think of ... ?)
Comment trouves-tu le pantalon vert?
　(What do you think of ... ?)

Qu'est-ce que tu penses de
　la veste verte?
Comment trouves-tu
　la veste verte?

Comment trouves-tu le pantalon vert?

Il est trop petit.

Il est	**joli.**		Elle est	**jolie.**
	élégant			**élégante**
	super			**super**
	chouette *(terrific)*			**chouette**
	à la mode *(in style)*			**à la mode**
Il est	**moche** *(plain, ugly).*		Elle est	**moche.**
	démodé *(out of style)*			**démodée**
Il est **trop** *(too)*	**petit.**		Elle est **trop**	**petite.**
	grand *(big)*			**grande**
	court *(short)*			**courte**
	long *(long)*			**longue**
Il est	**cher** *(expensive).*		Elle est	**chère.**
	bon marché *(cheap)*			**bon marché**

➡ **Super** and **bon marché** are INVARIABLE. They do not take adjective endings.

　La robe rouge est **super.**　　Les chaussures blanches sont **bon marché.**

VERBES

chercher	*to look for*	Je **cherche** un jean.
coûter	*to cost*	Les chaussures **coûtent** 60 euros.
penser	*to think*	Qu'est-ce que tu **penses** de cette *(this)* robe?
penser que	*to think (that)*	Je **pense qu'**elle est super!
trouver	*to find*	Je ne **trouve** pas ma veste.
	to think of	Comment **trouves**-tu mes lunettes de soleil?

➡ The verb **penser** is often used alone.

　Tu **penses?** *Do you think so?*　　Je **ne pense pas.** *I don't think so.*

Les nombres de 100 à 1000

100	**cent**	200	**deux cents**	500	**cinq cents**	800	**huit cents**
101	**cent un**	300	**trois cents**	600	**six cents**	900	**neuf cents**
102	**cent deux**	400	**quatre cents**	700	**sept cents**	1000	**mille**

7 **Au Marché aux puces**

You are at the Paris flea market looking for clothes with a French friend. Explain why you are not buying the following items. Use your imagination ... and expressions from the **Vocabulaire.**

▶ — Tu vas acheter le blouson?
— Non, je ne pense pas.
— Pourquoi pas?
— Il est trop grand.

8 **C'est combien?**

You are at the Printemps, a department store in Paris. Ask a salesperson how much the various items cost.

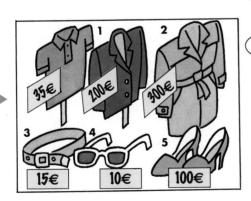

1 — 35€
2 — 100€
— 300€
3 — 15€
4 — 10€
5 — 100€

Pardon, mademoiselle, combien coûte le polo?

Il coûte 35 euros.

Merci.

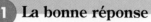

À votre tour!

1 La bonne réponse

You are in a French department store. Match the questions on the left with the appropriate answers on the right.

1. Vous désirez, monsieur?	a. Mon pantalon gris et ma veste bleue.
2. Est-ce que tu vas acheter le survêtement bleu?	b. 200 euros.
3. Comment trouves-tu les lunettes de soleil?	c. Je cherche une cravate.
4. Combien coûte l'imper?	d. Non, il est trop cher.
5. Qu'est-ce que tu vas mettre pour aller au restaurant?	e. Elles sont chouettes.

2 Créa-dialogue

You are at Place Bonaventure in Montreal looking at clothes in various shops. You like what the salesperson shows you and ask how much each item costs. React to the price.

joli/$60

▶ —Vous désirez, monsieur (mademoiselle)?
—Je cherche <u>un pantalon</u>.
—Comment trouvez-vous <u>le pantalon gris</u>?
—Il est <u>joli</u>. Combien est-ce qu'<u>il</u> coûte?
—<u>Soixante</u> dollars.
—Oh là là, <u>il</u> est cher!
(Il est bon marché.)

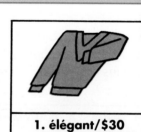

1. élégant/$30

2. joli/$150

3. à la mode/$50

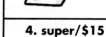

4. super/$15

5. chouette/$10

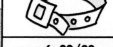

6. ??/??

3 Conversation dirigée

Sophie and Christophe are shopping in a department store. Act out their conversation in French.

Sophie	asks Christophe what he is looking for	→ ←	answers that he is looking for a tie	**Christophe**
	asks him what he thinks of the yellow tie	→ ←	says that it is pretty but adds that he is going to buy the blue tie	
	asks how much it costs	⇄	answers 5 euros	
	says that it is inexpensive but adds that the tie is out of style			

4 Qu'est-ce qui ne va pas? *(What's wrong?)*

The people in the pictures below are not very good shoppers. Describe what is wrong with each of the items they bought.

Monsieur Dupont

Édouard

▶ Le chapeau de Monsieur Dupont est trop grand.

5 Les valises

Imagine that you are spending a year in Paris. On two different weekends, you have been invited by families of your classmates to visit their homes. On the first weekend, you will visit Nice and go sailing in the Mediterranean. For the second weekend, you have been invited to go skiing at Chamonix in the French Alps. Prepare your suitcases for the two trips, listing the items you will take with you.

un maillot de bain
deux shorts

un jean
un pull

▶

6 À l'aéroport

Next week you are going to Paris for the first time on an exchange program. At the airport, you will be met by your host family. They do not have a picture of you. Describe yourself in a short note, telling what you look like and what you are going to wear.

▶

Je vais arriver à Paris par le vol (flight) Air France 070.
Je suis...
Je vais porter...

26

Rien n'est parfait!

<u>Cet</u> après-midi, Frédéric et Jean-Claude vont acheter des vêtements. Ils vont acheter <u>ces</u> vêtements dans un grand magasin. <u>Ce</u> magasin s'appelle Le Bon Marché.

This

these / This

Scène 1.
Frédéric et Jean-Claude regardent les pulls.

FRÉDÉRIC:	Regarde! Comment trouves-tu ce pull?
JEAN-CLAUDE:	<u>Quel</u> puil?
FRÉDÉRIC:	Ce pull bleu.
JEAN-CLAUDE:	Il est chouette.
FRÉDÉRIC:	C'est vrai, il est très chouette.
JEAN-CLAUDE:	*(qui regarde le prix)* Il est aussi très cher.
FRÉDÉRIC:	Combien est-ce qu'il coûte?
JEAN-CLAUDE:	Deux cents euros.
FRÉDÉRIC:	Deux cents euros! <u>Quelle horreur!</u>

Which

What a scandal!

■ NOTE ■
CULTURELLE

Le grand magasin

Many people consider the department store **(le grand magasin)** to be a typically American institution. However, it is a Frenchman, Aristide Boucicaut (1810–1877), who is generally credited with its creation. Monsieur Boucicaut's idea was to satisfy his Paris customers by offering them a large selection of good quality items at inexpensive prices. When he opened his new store in 1852, he appropriately named it Au Bon Marché. His success was soon imitated, leading to the creation in Paris of more department stores: Printemps, Galeries Lafayette, Samaritaine. These well-known stores still exist today and have branches in cities across France.

Scène 2.
Maintenant Frédéric et Jean-Claude regardent les vestes.

FRÉDÉRIC: Quelle veste est-ce que tu préfères?

JEAN-CLAUDE: Je préfère cette veste jaune. Elle est très élégante et elle n'est pas très chère.

FRÉDÉRIC: Oui, mais elle est trop grande pour toi!

JEAN-CLAUDE: Dommage!

Scène 3.
Frédéric est au <u>rayon</u> des chaussures. Quelles chaussures est-ce qu'il va acheter?

department

JEAN-CLAUDE: Alors, quelles chaussures est-ce que tu achètes?

FRÉDÉRIC: J'achète ces chaussures noires. Elles sont très confortables ... et elles ne sont pas chères. Regarde, elles sont <u>en solde</u>.

on sale

JEAN-CLAUDE: C'est vrai, elles sont en solde ... mais elles <u>ne sont plus</u> à la mode.

are no longer

FRÉDÉRIC: <u>Hélas</u>, <u>rien n'est parfait</u>!

too bad/nothing is perfect

Compréhension

1. Où vont Frédéric et Jean-Claude cet après-midi?
2. Qu'est-ce qu'ils vont faire?
3. Qu'est-ce qu'ils regardent d'abord *(first)*?
4. Combien coûte le pull bleu?
5. Quelle *(What)* est la réaction de Frédéric?
6. Qu'est-ce que Jean-Claude pense de la veste jaune?
7. Pourquoi est-ce qu'il n'achète pas la veste?
8. Qu'est-ce que Frédéric pense des chaussures noires?
9. Pourquoi est-ce qu'il n'achète pas les chaussures?

A. Les verbes *acheter* et *préférer*

Verbs like **acheter** *(to buy)* end in: **e** + CONSONANT + **-er.**
Verbs like **préférer** *(to prefer)* end in: **é** + CONSONANT + **-er.**

Note the forms of these two verbs in the chart, paying attention to:
- the **e** of the stem of **acheter**
- the **é** of the stem of **préférer**

INFINITIVE	acheter	préférer
PRESENT	J' ach**è**te une veste. Tu ach**è**tes une cravate. Il/Elle ach**è**te un imper.	Je préf**è**re la veste bleue. Tu préf**è**res la cravate jaune. Il/Elle préf**è**re l'imper gris.
	Nous achetons un jean. Vous achetez un short. Ils/Elles ach**è**tent un pull.	Nous préférons le jean noir. Vous préférez le short blanc. Ils/Elles préf**è**rent le pull rouge.

➡ Verbs like **acheter** and **préférer** take regular endings and have the following changes in the stem:

> **acheter** e → è } in the **je, tu, il,** and **ils**
> **préférer** é → è } forms of the present

1 Achats *(Purchases)*

What we buy depends on how much money we have. Complete the sentences below with **acheter** and one or more of the items from the list.

1. Avec dix dollars, tu …
2. Avec quinze dollars, j' …
3. Avec trente dollars, nous …
4. Avec cinquante dollars, Jean-Claude …
5. Avec cent dollars, vous …
6. Avec quinze mille dollars, mes parents …
7. Avec ?? dollars, mon cousin …
8. Avec ?? dollars, j' …

une voiture

des chaussures

une cravate

un survêtement

des lunettes de soleil

un polo

une veste

un compact

un jean

??

Vocabulaire: Verbes comme *(like)* *acheter et préférer*

acheter	*to buy*	Qu'est-ce que tu **achètes?**
amener	*to bring (a person)*	François **amène** sa copine à la boum.
préférer	*to prefer*	**Préfères**-tu le manteau ou l'imper?
espérer	*to hope*	J'**espère** visiter Paris en été.

➡ In French, there are two verbs that correspond to the English *to bring:*

amener + PEOPLE   J'**amène** une copine au pique-nique.
apporter + THINGS   J'**apporte** des sandwichs au pique-nique.

2 Pique-nique

Everyone is bringing someone or something to the picnic. Complete the sentences below with the appropriate forms of **amener** or **apporter.**

▶ **Nous** <u>amenons</u> **un copain.**   **Marc** <u>apporte</u> **des sandwichs.**

1. Tu . . . ta guitare.
2. Philippe . . . sa soeur.
3. Nous . . . nos voisins.
4. Vous . . . un dessert.
5. Michèle . . . des sodas.
6. Antoine et Vincent . . . leur cousine.
7. Raphaël . . . ses cassettes.
8. Mon cousin . . . sa copine.
9. J' . . . ma radiocassette.

3 Expression personnelle

Complete the sentences below with one of the suggested options or an expression of your choice. Note: You may wish to make some of the sentences negative.

1. Quand je vais à un pique-nique, j'amène . . .
   (ma petite soeur, mes voisins, mon chien, ??)
   J'apporte . . . (mon walkman, mon livre de français, des sandwichs, ??)
2. Quand je vais à une fête, j'amène . . .
   (des copains, une copine, ma grand-mère, ??)
   J'apporte . . . (des sandwichs, ma guitare, mes cassettes, ??)
3. Le weekend, je préfère . . . (étudier, aller au cinéma, rester à la maison, ??)
   Ce *(This)* weekend, j'espère . . . (travailler, avoir un rendez-vous avec un copain ou une copine, jouer au volley, ??)

Quand je vais à un pique-nique, j'amène mon chat.

Et moi, j'amène mon chien.

4. Pendant *(During)* les vacances, j'espère . . .
   (rester à la maison, trouver un job, voyager, ??)
   Un jour, j'espère . . . (visiter la France, parler français, aller à l'université, être millionnaire, ??)

B. L'adjectif démonstratif *ce*

Note the forms of the demonstrative adjective **ce** in the chart below.

	SINGULAR (this, that)	PLURAL (these, those)		
MASCULINE	**ce** ↓ **cet** (+ VOWEL SOUND)	**ces**	**ce** blouson **cet** homme	**ces** blousons **ces** hommes
FEMININE	**cette**	**ces**	**cette** veste **cette** amie	**ces** vestes **ces** amies

➡ There is liaison after **cet** and **ces** when the next word begins with a vowel sound.

➡ To distinguish between a person or an object that is close by and one that is further away, the French sometimes use **-ci** or **-là** after the noun.

Philippe achète **cette chemise-ci.**   *Philippe is buying **this shirt** (over here).*
François achète **cette chemise-là.**   *François is buying **that shirt** (over there).*

4 À la Samaritaine

Marc and Nathalie are at the Samaritaine department store. Marc likes everything that Nathalie shows him. Play both roles.

▶ une robe (jolie)   NATHALIE: **Regarde cette robe!**
                MARC: **Elle est jolie!**

1. un imper (élégant)
2. des bottes (à la mode)
3. une cravate (chouette)
4. un survêtement (super)
5. des livres (amusants)
6. un ordinateur (super)
7. une télé (moderne)
8. une ceinture (jolie)
9. des sandales (jolies)

Expression pour la conversation

How to emphasize a question or remark:

Eh bien!   *Well!*   —**Eh bien,** est-ce que tu viens en ville avec nous?

                     —**Eh bien,** non!

5 Différences d'opinion

Whenever they go shopping together, Éric and Brigitte cannot agree on what they like. Play both roles.

▶ un short

J'aime ce short-ci.

Eh bien, moi, je préfère ce short-là.

1. une chemise
2. un blouson
3. des chaussures
4. des lunettes
5. des disques
6. une affiche
7. un stylo
8. un ordinateur

C. L'adjectif interrogatif *quel?*

The interrogative adjective **quel** *(what? which?)* is used in questions. It agrees with the noun it introduces and has the following forms:

	SINGULAR	PLURAL		
MASCULINE	quel	quels	**Quel** garçon?	**Quels** cousins?
FEMININE	quelle	quelles	**Quelle** fille?	**Quelles** copines?

➡ Note the liaison after **quels** and **quelles** when the next word begins with a vowel sound.

    Quelles affiches est-ce que tu préfères?

6 **Vêtements d'été**

You are shopping for the following items before going on a summer trip to France. A friend is asking you which ones you are buying. Identify each item by color.

J'achète une jupe.

Quelle jupe est-ce que tu achètes?

Cette jupe jaune.

une jupe/ jaune
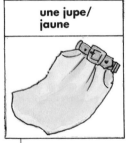

1. un maillot de bain/ bleu
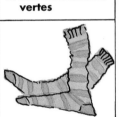

2. des chaussettes/ vertes

3. un pantalon/ noir

4. une veste/ bleue

5. des chaussures/ blanches

6. des sandales/ brunes

7. un sweat/ gris

8. une chemise/ orange

9. un pull/ rouge

7 **Questions personnelles**

1. À quelle école vas-tu?
2. Dans quel magasin achètes-tu tes vêtements?
3. Dans quel magasin achètes-tu tes chaussures?
4. Quels disques aimes-tu écouter?
5. Quels programmes aimes-tu regarder à la télé?
6. Quel est ton restaurant préféré?

D. Le verbe *mettre*

The verb **mettre** *(to put, place)* is irregular. Note its forms in the chart below.

INFINITIVE	**mettre**	
PRESENT	je **mets**	nous **mettons**
	tu **mets**	vous **mettez**
	il / elle **met**	ils / elles **mettent**

➡ In the singular forms, the "**t**" of the stem is silent. The "**t**" is pronounced in the plural forms.

➡ The verb **mettre** has several English equivalents:

to put, place	Je **mets** mes livres sur la table.
to put on, wear	Caroline **met** une robe rouge.
to turn on	Nous **mettons** la télé.

8 Où?

Say where the people of Column A put the objects of Column B, by choosing a place from Column C. Be logical!

▶ **Madame Arnaud met la voiture dans le garage.**

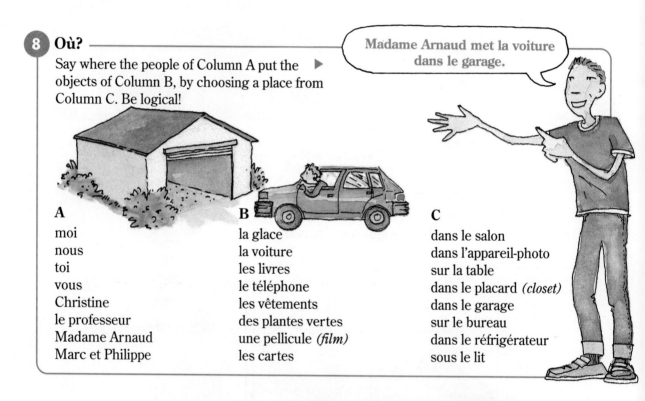

A	B	C
moi	la glace	dans le salon
nous	la voiture	dans l'appareil-photo
toi	les livres	sur la table
vous	le téléphone	dans le placard *(closet)*
Christine	les vêtements	dans le garage
le professeur	des plantes vertes	sur le bureau
Madame Arnaud	une pellicule *(film)*	dans le réfrigérateur
Marc et Philippe	les cartes	sous le lit

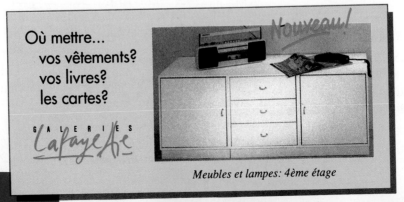

Où mettre...
vos vêtements?
vos livres?
les cartes?

Nouveau!

GALERIES
Lafayette

Meubles et lampes: 4ème étage

9 **Questions personnelles**

1. Est-ce que tu mets la radio quand tu étudies?
2. Chez vous, est-ce que vous mettez la télé quand vous dînez?
3. Est-ce que tu mets des lunettes de soleil quand tu vas à la plage?
4. Où est-ce que tes parents mettent leur voiture? (dans le garage? dans la rue?)
5. Quels programmes de télé est-ce que tu mets le dimanche? le samedi?
6. Quels disques (ou quelles cassettes) est-ce que tu mets quand tu vas à une boum?
7. Quels vêtements est-ce que tu mets quand il fait froid?
8. Quels vêtements est-ce que tu mets quand tu joues au basket?

Prononciation

Les lettres «e» et «è»

e = /ə/

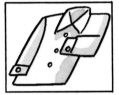

chemise

e = /ɛ/

chaussette

è = /ɛ/

chère

Practice pronouncing "**e**" within a word:

- /ə/ (as in **je**) [. . . "e" + *one* CONSONANT + VOWEL]
  Répétez: **ch_e_mise r_e_garder D_e_nise R_e_née p_e_tit v_e_nir**

  Note that in the middle of a word the /ə/ is sometimes silent.

  ach_e_ter ach_e_tons am_e_ner sam_e_di rar_e_ment av_e_nue

- /ɛ/ (as in **elle**) [. . . "e" + *two* CONSONANTS + VOWEL]
  Répétez: **chauss_e_tte v_e_ste qu_e_lle c_e_tte r_e_ster prof_e_sseur raqu_e_tte**

Now practice pronouncing "**è**" within a word:

- /ɛ/ (as in **elle**) [. . . "è" + *one* CONSONANT + VOWEL]
  Répétez: **ch_è_re p_è_re m_è_re ach_è_te am_è_nent esp_è_re deuxi_è_me**

NOS CHEMISES

MONOPRIX
UNIPRIX

25€

À votre tour!

1 La bonne réponse

Alice is talking to her cousin Jérôme. Match Alice's questions with Jérôme's answers. Act out the dialogue with a classmate.

Alice

1. Je vais à la soirée de Delphine. Et toi?
2. Tu amènes une copine?
3. Qu'est-ce que vous allez apporter?
4. Qu'est-ce que tu vas mettre?

Jérôme

a. Oui, Christine.

b. Mon pull jaune et mon blouson marron.

c. Nous allons acheter des pizzas.

d. Moi aussi.

2 Créa-dialogue

Ask your classmates what they think about the following. They will answer affirmatively or negatively.

▶ — Comment trouves-tu <u>cette fille</u>?
— <u>Quelle fille</u>?
— <u>Cette fille-là</u>!
— Eh bien, je pense qu'<u>elle</u> est <u>jolie</u>.
(<u>Elle</u> n'est pas <u>jolie</u>.)

jolie?

1. intéressants?

2. sympathique?

3. courte?

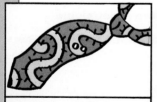

4. moche?

5. bon marché?

6. ??

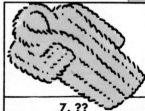

7. ??

3 Shopping

You and a friend are shopping by catalog. Choose an object and tell your friend what you are buying. Identify it by color and explain why you like it.

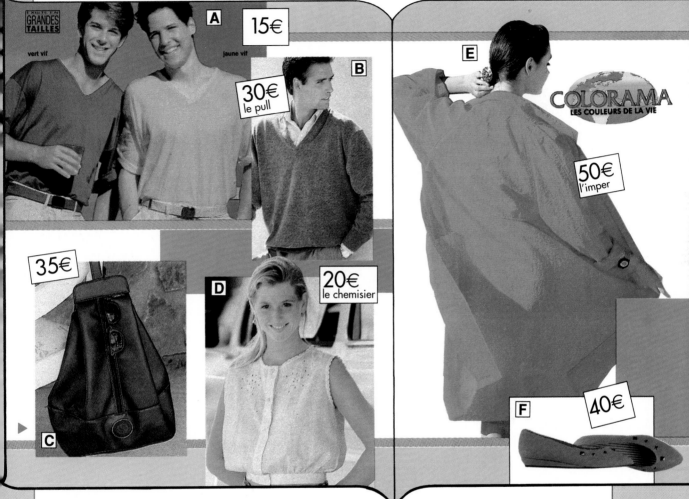

▶ —Je vais acheter un sac.
— Quel sac?
— Ce sac noir.
— Pourquoi?
— Parce qu'il est joli.

4 Composition: La soirée

You have been invited to a party by a French friend. In a short paragraph, describe ...

- what clothes you are going to wear
- whom you are going to bring along
- what things (food? records? cassettes?) you are going to bring

27

Un choix difficile

Dans un mois, Delphine va aller au mariage de sa cousine. Elle va acheter une <u>nouvelle</u> robe pour cette occasion. Pour cela, elle va dans une boutique de mode avec sa copine Véronique. Il y a beaucoup de jolies robes dans cette boutique.

new

Delphine <u>hésite</u> <u>entre</u> une robe jaune et une robe rouge. Quelle robe est-ce que Delphine va <u>choisir</u>? Ah là là, le <u>choix</u> n'est pas facile.

is hesitating / between
to choose / choice

Scène 1.

VÉRONIQUE: Alors, quelle robe est-ce que tu choisis?

DELPHINE: Eh bien, <u>finalement</u> je choisis la robe rouge. Elle est <u>plus jolie que</u> la robe jaune.

finally
prettier than

VÉRONIQUE: C'est vrai, elle est plus jolie . . . mais la robe jaune est <u>moins</u> chère et elle est <u>plus grande</u>. Regarde. La robe rouge est trop petite pour toi.

less / larger

DELPHINE: Mais non, elle n'est pas trop petite.

VÉRONIQUE: Bon, écoute, <u>essaie-la</u>!

try it!

■ NOTE ■
CULTURELLE

Le choix de vêtements

Since clothes are more expensive in France than in the United States and because budgets are limited, French teenagers are very careful when buying clothes. They spend a lot of time window shopping, comparing (brands, labels, and prices), and discussing with their friends what is in or out of fashion, before finally deciding what to buy. In general, French teenagers would rather buy one item of good quality than several of lesser quality. Of course, this item has to be the right one!

Scène 2.

Delphine <u>sort</u> de la <u>cabine d'essayage</u>.   *comes out / fitting room*

DELPHINE: C'est vrai, la robe rouge est <u>plus petite</u> mais ce   *smaller*
n'est pas un problème.

VÉRONIQUE: Pourquoi?

DELPHINE: Parce que j'ai un mois pour <u>maigrir</u>.   *to lose weight*

VÉRONIQUE: Et <u>si</u> tu <u>grossis</u>?   *if / gain weight*

DELPHINE: Toi, <u>tais-toi</u>!   *be quiet*

Compréhension

1. Où vont Delphine et Véronique?
2. Qu'est-ce que Delphine va acheter?
3. Pourquoi?
4. Delphine hésite entre deux robes. De quelle couleur sont-elles?
5. Quelle robe est-ce qu'elle choisit?
6. Pourquoi est-ce qu'elle préfère la robe rouge?
7. Selon (*According to*) Véronique, quel est le problème avec la robe rouge?
8. Qu'est-ce que Delphine doit *(must)* faire pour porter la robe?

A. Les verbes réguliers en *-ir*

Many French verbs end in *-ir*. Most of these verbs are conjugated like **finir** *(to finish)*. Note the forms of this verb in the present tense, paying special attention to the endings.

INFINITIVE	finir	STEM (infinitive minus **-ir**)	ENDINGS
PRESENT	Je **finis** à deux heures. Tu **finis** à une heure. Il/Elle **finit** à cinq heures. Nous **finissons** à midi. Vous **finissez** à une heure. Ils/Elles **finissent** à minuit.	fin-	-is -is -it -issons -issez -issent

➡ Note that all final consonants are silent.

1 Le marathon de Paris

Not everyone who enters the Paris marathon finishes. Say which of the following runners finish the marathon and which do not.

▶ Philippe (non)   **Philippe ne finit pas.**

1. moi (oui)
2. toi (non)
3. nous (oui)
4. vous (non)
5. Éric (oui)
6. Stéphanie (non)
7. Frédéric et Marc (non)
8. Anne et Cécile (oui)

Vocabulaire: Verbes réguliers en *-ir*

choisir	*to choose*	Quelle veste **choisis**-tu?
finir	*to finish*	Les classes **finissent** à midi.
grossir	*to gain weight, get fat*	Marc **grossit** parce qu'il mange beaucoup.
maigrir	*to lose weight, get thin*	Je **maigris** parce que je ne mange pas beaucoup.
réussir	*to succeed*	Tu vas **réussir** parce que tu travailles!
réussir à un examen	*to pass an exam*	Nous **réussissons à nos examens.**

---

2 Le régime (*Diet*)

Read about the following people. Then say whether they are gaining weight or losing weight. Use the verbs **grossir** and **maigrir**.

▶ Philippe mange beaucoup de pizzas.
Il grossit.

1. Vous faites des exercices.
2. Nous allons souvent au gymnase.
3. Vous êtes inactifs.
4. Je mange des carottes.
5. Monsieur Moreau adore la bonne cuisine.
6. Vous n'êtes pas très sportifs.
7. Ces personnes mangent trop *(too much)*.
8. Je nage, je joue au volley et je fais des promenades.

3 Questions personnelles ───────

1. À quelle heure finissent les classes aujourd'hui?
2. À quelle heure finit la classe de français?
3. Quand finit l'école cette année *(year)*?
4. Tu es invité(e) au restaurant ou au cinéma. Où choisis-tu d'aller?
5. Quand tu vas au cinéma avec ta famille, qui choisit le film?
6. En général, est-ce que tu réussis à tes examens? Est-ce que tu vas réussir à l'examen de français?
7. Est-ce que tes copains réussissent aussi?

B. Les adjectifs *beau, nouveau* et *vieux* ───────

The adjectives **beau** *(beautiful, good-looking)*, **nouveau** *(new)*, and **vieux** *(old)* are irregular. Note their forms and their position.

		beau	**nouveau**	**vieux**
SINGULAR	MASC.	le **beau** manteau (le **bel** imper)	le **nouveau** manteau (le **nouvel** imper)	le **vieux** manteau (le **vieil** imper)
	FEM.	la **belle** veste	la **nouvelle** veste	la **vieille** veste
PLURAL	MASC.	les **beaux** manteaux	les **nouveaux** manteaux	les **vieux** manteaux
	FEM.	les **belles** vestes	les **nouvelles** vestes	les **vieilles** vestes

➡ The adjectives **beau, nouveau,** and **vieux** usually come BEFORE the noun. If the noun begins with a vowel sound, there is liaison between the adjective and the noun.

les **nouveaux** ordinateurs   les **belles** affiches   les **vieux** impers

➡ In the masculine singular, the liaison forms **bel, nouvel,** and **vieil** are used before a vowel sound. Note that **vieil** is pronounced like **vieille:**

un **vieil** imper   une **vieille** robe

4 La collection de printemps ───────

Mod Boutique is presenting its spring collection. You are impressed by the new clothes and accessories. Point them out to a French friend, using the appropriate forms of **beau.**

▶ une chemise
Regarde la belle chemise!

1. une robe
2. un pantalon
3. des jeans
4. des blousons
5. un imper
6. des sandales
7. un manteau
8. un chapeau

5 Différences d'opinion ───────

François is showing the new things he bought to his sister Valérie. She prefers his old things. Play both roles.

▶ des chaussures

1. un polo
2. des lunettes de soleil
3. un imper
4. des affiches
5. une veste
6. une montre
7. un ordinateur
8. des baskets
9. un survêtement

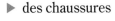

Tu aimes mes nouvelles chaussures?

Eh bien, non, je préfère tes vieilles chaussures.

C. La comparaison avec les adjectifs

Note how COMPARISONS are expressed in French.

Cet imper est **plus cher que** ce manteau.	*... more expensive than ...*
Cette jupe est **plus jolie que** cette robe.	*... prettier than ...*
Paul est **moins sportif que** Patrick.	*... less athletic than ...*
Il est **moins amusant que** lui.	*... less amusing than ...*
Je suis **aussi grand que** toi.	*... as tall as ...*
Tu **n'es pas aussi timide que** moi.	*... not as timid as ...*

To make comparisons with adjectives, the French use the following constructions:

+	**plus**		**plus cher (que)**	*more expensive (than)*
–	**moins**	+ ADJECTIVE (+ **que** ...)	**moins cher (que)**	*less expensive (than)*
=	**aussi**		**aussi cher (que)**	*as expensive (as)*

➡ Note the irregular **plus**-form of **bon** *(good):*

plus + bon(ne) → **meilleur(e)** *(better)*

> Ta cassette est **bonne,** mais ma cassette est **meilleure.**
>
> But: Cette cassette est **moins bonne que** ce disque.
> Est-ce que les Red Sox sont **aussi bons que** les Yankees?

➡ There is liaison after **plus** and **moins** when the next word begins with a vowel sound.

> Cette robe-ci est **plus élégante.** Ce livre-là est **moins intéressant.**

➡ In comparisons, the adjective always agrees with the noun (or pronoun) it describes.

> **La jupe** est plus **chère** que le chemisier.

> **Les vestes** sont moins **chères** que les manteaux.

➡ In comparisons with people, STRESS PRONOUNS are used after **que.**

> Paul est plus petit **que moi.** Je suis plus grand **que lui.**

6 Comparaisons

How much do you think the following pairs of items cost? Give your opinion, saying whether the first one is more expensive, less expensive, or as expensive as the second one.

▶ une guitare/une raquette **Une guitare est plus (moins, aussi) chère qu'une raquette.**

1. un vélo/un scooter
2. une mobylette/une moto
3. une pizza/un sandwich
4. une télé/un ordinateur
5. des chaussures/des sandales
6. un pantalon/une robe
7. des bottes/des tennis
8. un sweat/un maillot de bain
9. des chaussettes/des collants
10. des lunettes de soleil/une montre

Expression pour la conversation

How to introduce a personal opinion:

à mon avis ...   *in my opinion ...*   **À mon avis,** le français est facile.

7 Expression personnelle

Compare the following by using the adjectives suggested. Give your personal opinion.

▶ le tennis/intéressant/le ping-pong

À mon avis, le tennis est plus intéressant que le ping-pong.

(moins, aussi)

1. le basket/intéressant/le foot
2. l'anglais/facile/le français
3. la classe de français/amusant/ la classe d'anglais
4. la ville de New York/beau/ la ville de Chicago
5. la Floride/beau/la Californie
6. les Yankees/bon/les Red Sox
7. les Celtics/bon/les Lakers
8. les Cowboys/bon/les Saints
9. la cuisine américaine/bon/ la cuisine française
10. les voitures japonaises/bon/ les voitures américaines
11. les filles/intelligent/les garçons
12. les Américains/intelligent/ les Français

8 Et toi?

Use the appropriate stress pronouns in answering the questions below.

▶ —Es-tu plus grand(e) que ton copain?
—Oui, je suis plus grand(e) que lui.
(Non, je suis moins grand(e) que lui.)
(Je suis aussi grand(e) que lui.)

1. Es-tu plus grand(e) que ta mère?
2. Es-tu aussi riche que Donald Trump?
3. Es-tu plus sportif (sportive) que tes cousins?
4. Es-tu plus intelligent(e) qu'Einstein?

Prononciation

Les lettres «ill»   **ill   /j/**

In the middle of a word, the letters "**ill**" almost always represent the semi-vowel /j/ which is like the "**y**" of *yes*.

maill**ot**

Répétez: **mai**ll**ot trava**ill**ez ore**ill**e vie**ill**e
   fill**e fami**ll**e ju**ill**et**
   En juill**et, Mire**ill**e va trava**ill**er pour
   sa vie**ill**e tante.**

At the end of a word, the sound /j/ is sometimes spelled **il.**

Répétez: **appare**il**-photo vie**il** trava**il** (*job*)
   Mon oncle a un vieil** appare**il**-photo.**

EXCEPTION: The letters **ill** are pronounced /il/ in the following words:

Répétez: **vi**ll**e vi**ll**age mi**ll**e Li**ll**e**

▶▶▶▶▶▶▶▶▶▶▶▶▶▶▶▶▶▶▶▶▶

À votre tour!

1 La bonne réponse

François and Stéphanie are shopping. Match François's questions with Stéphanie's answers. You may act out the dialogue with a friend.

François

1 Tu aimes cette veste verte?

2 Combien est-ce qu'elle coûte?

3 Alors, qu'est-ce que tu vas choisir?

4 Et qu'est-ce que tu penses de cette veste rouge?

a 300 euros.

b À mon avis, elle est moins jolie.

c Oui, mais elle est très chère.

d La veste bleue. Elle est meilleur marché et elle est aussi élégante.

Stéphanie

2 Créa-dialogue

With a classmate, prepare a dialogue comparing the items in one of the following pictures. Use the suggested verb and some of the suggested adjectives.

▶ —Tu <u>choisis</u> <u>la voiture rouge</u> ou <u>la voiture noire</u>?
—Je <u>choisis</u> <u>la voiture rouge</u>.
—Pourquoi?
—Parce qu'<u>elle</u> est <u>plus petite</u> et <u>moins chère</u>.

▶

choisir

petit/grand/confortable/
rapide/cher

1. acheter

petit/grand/cher/bon

2. préférer

joli/confortable/cher/bon

3. choisir

petit/grand/mignon/joli

4. amener

ALICE   ANNE

mignon/amusant/intelligent
intéressant/sympathique

5. inviter

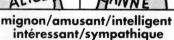
PAUL   PHILIPPE

??

3 **Choix personnels**

Select two people or two items in each of the
following categories and ask a classmate to
indicate which one he / she prefers. You may ask
your classmate to explain why.

▶ *2 actors*

Tu préfères
Tom Hanks ou
Brad Pitt?

Je préfère Brad Pitt.

Pourquoi?

Parce que Brad Pitt
est plus mignon que
Tom Hanks.

(plus beau, plus jeune . . .)

CATEGORIES:

▶ *2 actors*
• *2 actresses*
• *2 singers (male)*
• *2 singers (female)*
• *2 baseball teams*
• *2 cities*
• *2 restaurants in your town*
• *2 stores in your town*

4 **Composition:**
Portrait comparatif

Write a description of yourself,
comparing yourself to six other
people (your friends, your
family, well-known personalities,
etc.) You may use some of the
following adjectives:

> grand petit jeune vieux amusant
> intelligent bête sportif sympathique
> timide élégant beau joli mignon

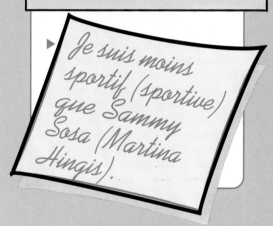

▶ Je suis moins
sportif (sportive)
que Sammy
Sosa (Martina
Hingis).

5 **Composition:**
Comparaisons personnelles

Choose a friend or relative
about your age. Give this
person's name and age. Then,
in a short paragraph, compare
yourself to that person in
terms of physical appearance
and personality traits.

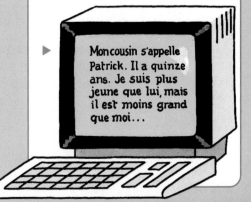

▶ Mon cousin s'appelle
Patrick. Il a quinze
ans. Je suis plus
jeune que lui, mais
il est moins grand
que moi...

Alice a un job

Alice a un nouveau job. Elle travaille dans un magasin hifi. Dans ce magasin, <u>on</u> <u>vend</u> <u>toutes</u> sortes de choses: des chaînes stéréo, des <u>mini-chaînes</u>, des radiocassettes . . . On vend aussi des cassettes et des compacts.

one, they / sell(s) / all
compact stereos

Un jour, son cousin Jérôme <u>lui rend visite</u>.

comes to visit her

JÉRÔME: Salut, ça va?

ALICE: Oui, ça va.

JÉRÔME: Et ce nouveau job?

ALICE: C'est super.

JÉRÔME: Qu'est-ce qu'on vend dans ton magasin?

ALICE: Eh bien, tu <u>vois</u>, on vend toutes sortes de matériel hifi. . . Moi, je vends des mini-chaînes.

see

JÉRÔME: Tu es bien <u>payée</u>?

paid

ALICE: Non, on n'est pas très bien payé, mais on a des réductions sur l'équipement stéréo et sur les compacts.

JÉRÔME: Qu'est-ce que tu vas faire avec ton <u>argent</u>?

money

ALICE: Je ne sais pas . . . J'ai <u>envie de</u> voyager cet été.

feel like

JÉRÔME: Tu <u>as de la chance</u>. Moi aussi, j'ai envie de voyager, mais je n'ai pas d'argent.

are lucky

ALICE: Écoute, Jérôme, si tu as <u>besoin</u> d'argent, <u>fais comme moi</u>.

need / do as I do

JÉRÔME: <u>Comment</u>?

What?

ALICE: <u>Cherche</u> un job!

Find

Compréhension

1. Où travaille Alice?
2. Qu'est-ce qu'elle vend?
3. Qu'est-ce qu'elle espère faire cet été?
4. Pourquoi est-ce que Jérôme ne va pas voyager?
5. Qu'est-ce que Jérôme doit *(must)* faire pour avoir de l'argent?

■ NOTE ■
CULTURELLE

L'argent des jeunes

Do you have a job? Do you have an older brother or sister who works in a supermarket or a restaurant? In the United States, many teenagers work to earn money. Because French labor laws restrict the type of work that young people can do, few French teenagers have regular jobs. (In addition, during the school year most families expect their children to concentrate on their studies.)

It is, however, more and more common for young people in France to earn money by babysitting or doing odd jobs in the neighborhood, such as washing cars or walking dogs. Some (lucky ones) work a few hours a week in stores owned by a relative or a friend of the family.

On the whole, most French teenagers must rely on the generosity of their parents for their spending money. How much they receive depends on particular circumstances, such as how well they do in school, how much they help at home, and obviously, how much their parents can afford. On the average, the allowance of a fifteen-year-old is about 40 euros per month.

Vocabulaire: L'argent

NOMS

l'argent *(m.)*	*money*	**une pièce**	*coin*
un billet	*bill, paper money*		

ADJECTIFS

riche ≠ **pauvre** *rich* ≠ *poor*

VERBES

dépenser	*to spend*	Je n'aime pas **dépenser** mon argent.
gagner	*to earn,*	Je **gagne** 10 dollars par *(per)* jour.
	to win	Tu joues bien. Tu vas **gagner** le match.
payer	*to pay, pay for*	Qui va **payer** aujourd'hui?

EXPRESSIONS

combien + VERB	*how much*	**Combien** coûte ce disque?
combien de + NOUN	*how much*	**Combien d'**argent as-tu?
	how many	**Combien de** disques as-tu?
avoir besoin de + NOUN	*to need*	J'**ai besoin de** 5 dollars.
+ INFINITIVE	*to need to, have to*	J'**ai besoin d'**étudier.
avoir envie de + NOUN	*to want*	J'**ai envie d'**une pizza.
+ INFINITIVE	*to feel like, want to*	J'**ai envie de** manger.

➡ Verbs like **payer** that end in **-yer,** have the following stem change:

  y → i in the **je, tu, il, ils** forms of the verb

	je **paie**	tu **paies**	il/elle **paie**	ils/elles **paient**
But:	nous payons	vous payez		

L'ARGENT NE FAIT PAS LE BONHEUR

Money does not buy happiness.

1 Combien?

Ask your classmates how many of the following they have.

▶ des disques   —Combien de disques as-tu?
              —J'ai vingt disques.
               (Je n'ai pas de disques.)

1. des frères	3. des compacts	5. des tee-shirts	7. des billets de un dollar
2. des soeurs	4. des affiches	6. des jeans	8. des pièces de dix cents

2 **Qu'est-ce que tu as envie de faire?**

Ask your classmates if they feel like doing the following things.

▶ aller au cinéma

1. aller au restaurant
2. manger une pizza
3. aller à la piscine
4. parler français
5. étudier
6. visiter Paris
7. jouer au Frisbee
8. acheter une moto
9. faire une promenade
10. aller à la bibliothèque

> Est-ce que tu as envie d'aller au cinéma?

> Oui, j'ai envie d'aller au cinéma.

> Et toi?

> Non, je n'ai pas envie d'aller au cinéma.

3 **Au restaurant**

The following students are in a restaurant in Quebec. Say what they feel like buying and estimate how much money they need.

▶ Hélène / une pizza
 Hélène a envie d'une pizza. Elle a besoin de cinq dollars.

1. Marc / un sandwich
2. nous / une glace
3. moi / un soda
4. toi / un jus d'orange
5. vous / une salade
6. mes copains / un steak

4 **Questions personnelles**

1. Est-ce que tu as un job? Où est-ce que tu travailles? Combien est-ce que tu gagnes par *(per)* heure? par semaine?
2. Quand tu vas au cinéma, qui paie? toi ou ton copain (ta copine)?
3. Combien est-ce que tu paies quand tu achètes un hamburger? une pizza? une glace?
4. Est-ce que tu as des pièces dans ta poche *(pocket)?* quelles pièces?
5. Qui est représenté sur le billet d'un dollar? sur le billet de cinq dollars? sur le billet de dix dollars?
6. Est-ce que tu préfères dépenser ou économiser *(to save)* ton argent? Pourquoi?
7. Est-ce que tu espères être riche un jour? Pourquoi?

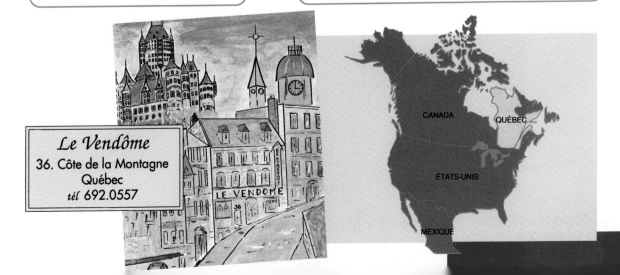

Le Vendôme
36. Côte de la Montagne
Québec
tél 692.0557

LE VENDÔME

CANADA   QUÉBEC

ÉTATS-UNIS

MEXIQUE

A. Le pronom *on*

Note the use of the subject pronoun **on** in the sentences below.

Qu'est-ce qu'**on** vend ici?   *What do **they** (do you) sell here?*

Où est-ce qu'**on** achète   *Where does **one** (do **people**) buy that*
    ce magazine?   *magazine?*

En France, **on** parle français.   *In France, **people (you, they)** speak French.*

The pronoun **on** is used in GENERAL statements, according to the construction:

on + il/elle- form of verb	**On** travaille beaucoup.	***One** works a lot.* ***They** work a lot.* ***You** work a lot.* ***People** work a lot.*

➡ There is liaison after **on** when the next word begins with a vowel sound.

    Est-ce qu'**on** invite Stéphanie à la boum?

➡ In conversation, **on** is often used instead of **nous**:

    —Est-ce qu'**on** dîne à la maison?   *Are **we** having dinner at home?*

      Non, **on** va au restaurant.   *No, **we** are going to the restaurant.*

5 Ici on parle . . .

Imagine you have won a grand prize of a world tour. Say which of the following languages is spoken in each of the cities that you will be visiting.

▶ Acapulco

À Acapulco, on parle espagnol.

1. Québec
2. Boston
3. Madrid
4. Bruxelles
5. Genève
6. Tokyo
7. Buenos Aires
8. Londres *(London)*
9. Rome
10. Beijing

anglais   français   espagnol   italien   japonais   chinois

Did you know that more and more French companies are investing in the United States? There may be places where you can use French right in your home state!

Expression pour la conversation

How to indicate approval:

C'est une bonne idée!   *That's a good idea!*

---

6 **Projets de weekend**

Suggest possible weekend activities to your classmates. They will let you know whether they think each idea is a good one or not.

▶ jouer au baseball?

1. étudier?
2. aller à la bibliothèque?
3. aller à la plage?
4. téléphoner au professeur?
5. faire une promenade à vélo?
6. aller dans les magasins?
7. acheter des vêtements?
8. écouter des disques?

> On joue au baseball?

> Oui, c'est une bonne idée!

> Non, ce n'est pas une bonne idée.

---

7 **En Amérique et en France**

A French student and an American student are comparing certain aspects of life in their own countries. Play both roles.

▶ jouer au baseball (au foot)

> En Amérique, on joue au baseball.

> En France, on joue au foot.

1. parler anglais (français)
2. étudier le français (l'anglais)
3. dîner à six heures (à huit heures)
4. manger des hamburgers (des omelettes)
5. voyager souvent en avion *(by plane)* (en train)
6. skier dans le Colorado (dans les Alpes)
7. aller à l'école le mercredi après-midi (le samedi matin)
8. chanter «la Bannière étoilée» *("The Star-Spangled Banner")* («la Marseillaise»)

---

8 **Expression personnelle**

Describe what you, your friends, and your relatives generally do. Complete the following sentences according to your personal routine.

1. À la maison, on dîne . . . (à quelle heure?)
2. À la télé, on regarde . . . (quel programme?)
3. À la cafétéria de l'école, on mange . . . (quoi?)
4. En été, on va . . . (où?)
5. Le weekend, avec mes copains, on va . . . (où?)
6. Avec mes copains, on joue . . . (à quel sport?)
7. On a une classe de français . . . (quels jours?)
8. On a un examen de français . . . (quel jour?)

B. Les verbes réguliers en -re

Many French verbs end in **-re**. Most of these are conjugated like **vendre** (to sell). Note the forms of this verb in the present tense, paying special attention to the endings.

INFINITIVE	vendre		STEM (infinitive minus **-re**)	ENDINGS
PRESENT	Je **vends** ma raquette. Tu **vends** ton scooter. Il/Elle/On **vend** son ordinateur. Nous **vendons** nos disques. Vous **vendez** vos cassettes. Ils/Elles **vendent** leur voiture.		**vend-**	**-s** **-s** **—** **-ons** **-ez** **-ent**

➡ The "**d**" of the stem is silent in the singular forms, but it is pronounced in the plural forms.

Vocabulaire: Verbes réguliers en -re

attendre	to wait, wait for	Pierre **attend** Michèle au café.
entendre	to hear	Est-ce que tu **entends** la radio?
perdre	to lose, waste	Jean-Claude **perd** le match.
rendre visite à	to visit (a person)	Je **rends visite à** mon oncle.
répondre à	to answer	Nous **répondons à** la question du prof.
vendre	to sell	À qui **vends**-tu ton vélo?

➡ There are two French verbs that correspond to the English verb *to visit.*

visiter (+ PLACES)	Nous **visitons** Québec.
rendre visite à (+ PEOPLE)	Nous **rendons visite à** nos cousins canadiens.

Visitez Québec ...
et la route des baleines.

Société écologique
des baleines
du Saint-Laurent

9 Rendez-vous

The following people have been shopping and are now waiting for their friends at a café. Express this, using the appropriate forms of the verb **attendre**.

▶ Jérôme (Michèle)   Jérôme attend Michèle.

1. nous (nos copains)
2. vous (vos cousines)
3. moi (Christophe)
4. toi (Anne)
5. Olivier et Éric (Claire et Sophie)
6. les étudiants (les étudiantes)
7. Jacques et moi, nous (Pauline et Hélène)
8. Annette et toi, vous (Jean-Marc)
9. on (notre copine)

10 Qui

Who is doing what? Answer the following questions, using the suggested subjects.

1. Qui perd le match? (toi, vous, Alice)
2. Qui rend visite à Pierre? (Patrick, Corinne et Hélène, toi)
3. Qui entend l'avion *(plane)*? (moi, vous, les voisins)
4. Qui vend des disques? (on, ce magasin, ces boutiques, moi)
5. Qui attend le bus? (les élèves, le professeur, on, vous)
6. Qui répond au professeur? (toi, nous, les élèves)

11 Qu'est-ce qu'ils font?

Read about the following people. Then complete each sentence with the appropriate form of one of the verbs from the list. Be logical!

1. Guillaume est patient. Il … ses amis.
2. Vous êtes à Paris. Vous … à vos cousins français.
3. Tu joues mal. Tu … le match.
4. Je suis dans ma chambre. J' … un bruit *(noise)* curieux.
5. Les élèves sont en classe. Ils … aux questions du professeur.
6. Jacqueline travaille dans une boutique. Elle … des robes.
7. On est au café. On … nos copains.

attendre   entendre   perdre   rendre visite   répondre   vendre

C. L'impératif

Compare the French and English forms of the imperative in the sentences below.

Écoute ce disque!   *Listen to this record!*
Ne vendez pas votre voiture!   ***Don't sell** your car!*
Allons au cinéma!   ***Let's go** to the movies!*

> **Learning about language**
> The IMPERATIVE is used to make suggestions and to give orders and advice. The commands or suggestions may be affirmative or negative.

Note the forms of the imperative in the chart below.

INFINITIVE	parler	finir	vendre	aller
IMPERATIVE (tu) (vous) (nous)	parle parlez parlons	finis finissez finissons	vends vendez vendons	va allez allons

For regular verbs and most irregular verbs, the forms of the imperative are the same as the corresponding forms of the present tense.

➡ EXCEPTION: For all -er verbs, including **aller,** the -s of the **tu-** form is dropped in the imperative. Compare.

Tu **parles** anglais.   **Parle** français, s'il te plaît!
Tu **vas** au café.   **Va** à la bibliothèque!

➡ The negative imperative is formed as follows:

ne + VERB + **pas** …	**Ne choisis pas** ce blouson.

12 Mais oui!

You have organized a party at your home. Juliette offers to do the following. You accept.

▶ apporter une pizza?

J'apporte une pizza?

Mais oui, apporte une pizza!

1. faire une salade?
2. inviter nos copains?
3. acheter des croissants?
4. apporter des cassettes?
5. choisir des disques de danse?
6. venir à huit heures?

13 L'ange et le démon

(The angel and the devil)

Véronique is wondering whether she should do certain things. The angel gives her good advice. The devil gives her bad advice. Play both roles.

▶ étudier les verbes
Étudie les verbes.
N'étudie pas les verbes.

1. téléphoner à ta tante
2. attendre tes copains
3. faire attention en classe
4. aller à l'école
5. finir la leçon
6. écouter tes professeurs
7. mettre *(set)* la table
8. inviter tes amis
9. rendre visite à ta grand-mère
10. choisir des copains sympathiques
11. acheter un cadeau *(gift)* pour ton frère
12. réussir à l'examen

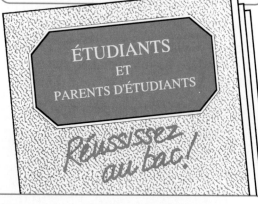

ÉTUDIANTS
ET
PARENTS D'ÉTUDIANTS

Réussissez au bac!

14 Oui ou non?

For each of the following situations, give your classmates advice as to what to do and what not to do. Be logical.

▶ Nous sommes en vacances. (étudier? voyager?)
N'étudiez pas! Voyagez!

1. Nous sommes à Paris. (parler anglais? parler français?)
2. C'est dimanche. (aller à la bibliothèque? aller au cinéma?)
3. Il fait beau. (rester à la maison? faire une promenade?)
4. Il fait froid. (mettre un pull? mettre un tee-shirt?)
5. Il est onze heures du soir. (rester au café? rentrer à la maison?)
6. Il fait très chaud. (aller à la piscine? regarder la télé?)

15 **L'esprit de contradiction** *(Disagreement)*

Make suggestions to your friends about things to do. Your
friends will not agree and will suggest something else.

▶ aller au cinéma (à la plage)

Allons au cinéma!

Non, n'allons pas au cinéma!
Allons à la plage!

1. jouer au tennis (au volley)
2. écouter la radio (des disques)
3. regarder la télé (un film vidéo)
4. dîner au restaurant (à la maison)
5. inviter Michèle (Sophie)

6. organiser un pique-nique (une boum)
7. faire des sandwichs (une pizza)
8. aller au musée (à la bibliothèque)
9. faire une promenade à pied (en voiture)
10. rendre visite à nos voisins (à nos copains)

Prononciation　　　　　**an, en** /ã/

Les lettres «an» et «en»

The letters "**an**" and "**en**"
represent the nasal vowel /ã/.
Be sure not to pronounce the
sound "**n**" after the vowel.

enf<u>an</u>t

Répétez:

/ã/ **enf<u>an</u>t <u>an</u> m<u>an</u>teau coll<u>an</u>ts gr<u>an</u>d élég<u>an</u>t**
　　　André m<u>an</u>ge un gr<u>an</u>d s<u>an</u>dwich.

/ã/ **enf<u>an</u>t <u>en</u> arg<u>en</u>t dép<u>en</u>ser att<u>en</u>ds <u>en</u>t<u>en</u>d**
　　　v<u>en</u>d <u>en</u>vie
　　　Vinc<u>en</u>t dép<u>en</u>se rarem<u>en</u>t son arg<u>en</u>t.

**André mange
un grand sandwich.**

À votre tour!

1 La bonne réponse

Anne is talking to Jean-François. Match Anne's questions with Jean-François's answers. You may act out the conversation with a classmate.

Anne

Jean-François

1. Est-ce que tu rends visite à tes cousins ce weekend?

2. Tu veux aller dans les boutiques avec moi?

3. Est-ce que tu as envie d'aller au cinéma?

4. Et après *(afterwards)* qu'est-ce qu'on fait?

a. Eh bien, allons au restaurant!

b. Bonne idée! Il y a un nouveau film au «Majestic».

c. Écoute! Je n'ai pas besoin de vêtements.

d. Non, je reste ici.

2 Créa-dialogue

When we are with our friends, it is not always easy to agree on what to do. With your classmates, discuss the following possibilities.

Qu'est-ce qu'on fait <u>samedi</u>?

<u>Allons au cinéma.</u>

Je n'ai pas envie <u>d'aller au cinéma.</u>

Eh bien, <u>rendons visite à nos amis.</u> D'accord?

Oui, c'est une bonne idée!

Quand?	Première suggestion	Deuxième suggestion
▶ samedi	aller au cinéma	rendre visite à nos amis
1. ce soir *(tonight)*	étudier	regarder la télé
2. dimanche	aller au café	dîner au restaurant
3. après *(after)* les classes	jouer au basket	faire une promenade
4. cet été	trouver un job	voyager
5. ce weekend	faire un pique-nique	??
6. demain	aller à la bibliothèque	??

3 Conseils

Your friends tell you what they would like to do. Give them appropriate advice, either positive or negative. Use your imagination.

▶ Je voudrais maigrir.   **Alors, mange moins.**
                        (Alors, ne mange pas de pizza.)

1. Je voudrais avoir un «A» en français.
2. Je voudrais gagner beaucoup d'argent.
3. Je voudrais organiser une boum.
4. Je voudrais préparer un pique-nique.

4 Que faire?

Give a classmate advice about what to do or not to do in the following circumstances.

Pendant *(During)* la classe	Après *(After)* la classe	Ce weekend	Pendant les vacances

écouter le prof
parler à tes copains
regarder les bandes
   dessinées *(comics)*
manger un sandwich
répondre en français
??
	étudier
	aller au cinéma
	préparer tes leçons
	rentrer chez toi
	regarder la télé
	??
		rester à la maison
		aller en ville
		dépenser ton argent
		organiser une boum
		faire une promenade
		   à pied
		??
			voyager
			travailler
			grossir
			oublier *(forget)*
			   ton français
			??

▶ **Pendant la classe, écoute le prof.**
Ne parle pas à tes copains.

5 Bon voyage!

Your French friend Ariane is going to visit the United States next summer with her cousin. They are traveling on a low budget and are asking you for advice as to how to save money. Make a list of suggestions, including five things they could do and five things they should not do. You may want to use some of the following ideas:

- voyager (comment?)
- rester (dans quels hôtels?)
- dîner (dans quels restaurants?)
- visiter (quelles villes?)
- aller (où?)
- acheter (quelles choses?)
- apporter (quelles choses?)

▶

Voyagez en bus.
Ne voyagez pas en train.

Petit test culturel
La mode et les vêtements

Aujourd'hui la mode° est internationale. Les jeunes Français adoptent le «look» américain ou anglais. Les Américains achètent des vêtements de style français ou italien.

Imaginez que vous habitez en France. Est-ce que vous pouvez° répondre aux questions suivantes?° Vérifiez° vos réponses au bas° de la page.

1 Vincent va en ville pour acheter des «tennis». Qu'est-ce qu'il va acheter?
a. une raquette
b. un short
c. des chaussures
d. des chemises

2 Monique habite à Paris. Elle a envie d'acheter un blouson. Où va-t-elle?
a. à la Villette
b. aux Galeries Lafayette
c. au Zénith
d. au Centre Pompidou

3 Dans ce magasin on vend des vêtements de marques° différentes. Voici quatre marques. Quelle est la marque qui n'est *pas* française?
a. Benetton
b. Christian Dior
c. Pierre Cardin
d. Yves Saint-Laurent

4 René Lacoste est un champion français de tennis. Aujourd'hui son nom° est associé° avec une marque de . . .
a. vêtements de sport
b. chaussures de ski
c. chocolats
d. vitamines

5 Jean Vuarnet est un champion olympique de ski. À quels produits° est-ce que son nom est associé?
a. des skis
b. des chaussures
c. des vêtements de sport
d. des lunettes de soleil

6 Coco Chanel est le nom d'une couturière° française très célèbre.° Son nom est aussi associé avec . . .
a. un parfum
b. un festival de cinéma
c. une compétition sportive
d. une eau minérale°

7 Les jeans sont faits° avec un coton spécial appelé° «denim». Ce mot vient du français «de Nîmes». Nîmes est le nom . . .
a. d'un textile
b. d'un vêtement
c. d'un couturier° français
d. d'une ville française

RÉPONSES:
1. c; 2. b; 3. a; 4. a; 5. d;
6. a; 7. d.

mode *fashion* **pouvez** *can* **suivantes** *following* **Vérifiez** *Check*
au bas *at the bottom* **marques** *designer labels* **nom** *name* **associé** *associated*
produits *products* **couturière** *fashion designer* **célèbre** *famous*
eau minérale *mineral water* **faits** *made* **appelé** *called* **couturier** *fashion designer*

EN FRANCE

Les Trois Suisses

La compagnie Les Trois Suisses vend des vêtements par correspondance. Voici une page de son catalogue.

PRÈS DE CHEZ VOUS
VOTRE RELAIS

GUADELOUPE
1 bis, rue de nozeres
97110 POINTE-A-PITRE.
Tél : 82.03.31.

MARTINIQUE
96, rue Moreau de Jonnes
97200 FORT DE FRANCE.
Tél : 63.93.60.

GUYANE
76, rue du lieutenant Becker
97300 CAYENNE.
Tél : 30.20.70.

REUNION
• 73, rue Monseigneur de Beaumont
97400 SAINT-DENIS.
Tél : 21.67.39.
• 202, rue M. Ary Leblond
97410 SAINT-PIERRE.
Tél : 25.91.78.

SAINT-PIERRE ET MIQUELON
17 bis, rue Mgr Delattre-de-Tassigny
B.P. 388
97500 SAINT-PIERRE ET MIQUELON.
Tél : 41.46.88.

NOUVELLE CALÉDONIE
11, rue du dr. Lescour
Quartier latin B.P. 4288
NOUMÉA.
Tél : 27.57.70.

CARACO
PAGE 15
PANTALON
PAGE 4
ACCESSOIRES
PAGES 14 ET 20

catalogue printemps-été

3 SUISSES

le Chouchou

Prix garantis jusqu'au 15 août

Promo!
20 €
le sweat

noir
jaune vif
blanc
gris chiné
pêche
rouge vif
vert vif
bleu vif

DU
34
AU
52

Promo!
15 €
les tennis

Promo!
25 €
le pantalon jogging

vert menthe

3 SUISSES 113

> 🔲 Sur cette page, trois articles sont en «promo».° Quels sont ces trois articles?
>
> 🔲 Combien coûte le pantalon jogging?
>
> 🔲 Combien coûtent les tennis en euros? et en dollars? Est-ce que c'est cher? Quelles couleurs est-ce qu'on peut choisir? Quelle couleur préférez-vous?
>
> 🔲 Combien coûte le sweat? Quelles couleurs est-ce qu'on peut° choisir? Quelle couleur préférez-vous?

promo = promotion *special sale*
peut *can*

Entre amis: Les jeunes Français et la mode

Est-ce que vous aimez être à la mode?° Où est-ce que vous achetez vos vêtements? Et qu'est-ce qui compte° le plus° pour vous? le style? la qualité? le prix? Nous avons posé° ces questions à cinq jeunes Français. Voilà leurs réponses.

Florence (16 ans)
J'aime être à la mode. Malheureusement,° mon budget est limité. La solution? Le samedi après-midi je travaille dans une boutique de mode. Là, je peux acheter mes jupes et mes pulls à des prix très avantageux.° Pour le reste, je compte sur la générosité de mes parents.

Jean-Marc (15 ans)
Aujourd'hui la présentation extérieure° est très importante. Mais il n'est pas nécessaire d'être à la mode pour être bien habillé.° Pour moi, la qualité des vêtements est aussi importante que leur style. En général, j'attends les soldes.° J'achète peu de° vêtements mais je fais attention à la qualité.

Chloé (15 ans)
Pour moi, le style, c'est tout.° Hélas, la mode n'est pas bon marché. Heureusement° j'ai une cousine qui a une machine à coudre° et qui est très très adroite.° Alors, nous faisons nos propres° robes! Nous choisissons le tissu,° la couleur, le style … Ainsi, nous sommes toujours à la mode. C'est chouette, non?

Antoine (12 ans)
Moi, je n'ai pas le choix!° C'est ma mère qui choisit mes vêtements. En ce qui concerne° la mode, elle n'est pas dans le coup.° Elle achète tout dans les grandes surfaces. C'est pas° drôle!

Julien (14 ans)
Vous connaissez° le proverbe: «L'habit ne fait pas le moine».° Eh bien, pour moi les vêtements n'ont aucune° importance. Avec mon argent je préfère acheter des compacts. Quand j'ai besoin de jeans ou de tee-shirts, je vais aux Puces.* C'est pas cher et c'est marrant!°

*Marché aux puces *flea market*

à la mode *in style*   **compte** *counts*   **le plus** *the most*
avons posé *asked*   **Malheureusement** *Unfortunately*
avantageux *reasonable*
présentation extérieure *outward appearance*   **habillé** *dressed*
soldes *sales*   **peu de** *few*   **tout** *everything*
Heureusement *Fortunately*   ***machine à coudre*** *sewing machine*
adroite *skillful*   **propres** *own*   **tissu** *fabric*   **choix** *choice*
En ce qui concerne *As for*   **dans le coup** *"with it"*
C'est pas = Ce n'est pas   **connaissez** *know*   **moine** *monk*
aucune *no*   **marrant** *fun*

■ NOTES ■
CULTURELLES

1 Les grandes surfaces

Les grandes surfaces sont des magasins en libre-service° où on peut acheter toutes° les marchandises nécessaires à la vie quotidienne.° En général les prix ne sont pas très élevés,° mais la qualité est moyenne.°

Comment lire
DIFFERENCES IN SPOKEN AND WRITTEN LANGUAGE

The interviews you read were conducted orally. Notice how casual speech is different from standard written language.

- Spoken language often contains slang expressions.

  Elle n'est pas dans le coup!   **C'est marrant!**   **C'est chouette!**

- Spoken French sometimes drops the **ne** in **ne . . . pas.**

  C'est pas cher. = Ce n'est pas cher.

Enrichissez votre vocabulaire
MORE COGNATE PATTERNS

Here are a few common cognate patterns to help you recognize new words more easily.

FRENCH	ENGLISH	FRENCH	ENGLISH
-x	*-ce*	**le prix**	*price*
-eux	*-ous*	**avantageux**	*advantageous, reasonable*
-eur	*-or*	**la couleur**	*color*
-aire	*-ary*	**nécessaire**	*necessary*

Activité
Can you identify the English equivalents of the following French words?

- **le choix   la voix** • **courageux   sérieux   dangereux   curieux**
- **un acteur   une odeur   un docteur   supérieur   une erreur**
- **un salaire   le vocabulaire   un commentaire   un anniversaire**

Activité: Et toi?

Voici ce que disent les jeunes Français. Est-ce que c'est vrai pour vous aussi?

Oui, c'est vrai pour moi.

Non, ce n'est pas vrai pour moi.

OUI OU NON?
- [?] 1. J'aime être à la mode.
- [?] 2. Mon budget est limité.
- [?] 3. J'attends les soldes.
- [?] 4. Je fais attention à la qualité.

OUI OU NON?
- [?] 5. J'achète le tissu et je fais mes vêtements.
- [?] 6. Ma mère choisit mes vêtements.
- [?] 7. Je préfère acheter des compacts.
- [?] 8. J'achète mes vêtements aux Puces.

2 Les soldes

En général, les boutiques de vêtements ont des soldes° deux ou trois fois° par an. On peut alors acheter des vêtements de bonne qualité à des prix avantageux. Certaines boutiques ont des soldes toute l'année.°

libre-service *self-service*   **toutes** *all*   **quotidienne** *daily*   **élevés** *high*
moyenne *average*   **soldes** *sales*   **fois** *times*   **toute l'année** *all year long*

Variétés

L'argent et vous

Nous avons tous° besoin d'argent. L'argent est nécessaire, mais l'argent crée° aussi des problèmes. Quelle est votre attitude envers° l'argent? Répondez aux questions suivantes.°

1 Que représente l'argent pour vous?

   a. l'indépendance
   b. la possibilité d'acheter beaucoup de choses
   c. la possibilité d'aider vos amis

2 Selon vous, quel est le rapport° entre l'argent et le bonheur?°

   a. L'argent est nécessaire.
   b. L'argent est utile.°
   c. Il n'y a pas de rapport.

3 Vous avez trois possibilités de job ce weekend. Qu'est-ce que vous choisissez?

   a. faire du baby-sitting (3 dollars par heure pour 4 heures)
   b. laver° la voiture des voisins (5 dollars au total)
   c. vendre des hot dogs à un match de football (un pourcentage de 10% sur les ventes°)

4 C'est votre anniversaire. Vos grands-parents vous donnent° cinquante dollars. Qu'est-ce que vous faites?

   a. J'invite mes copains à un concert.
   b. J'achète des vêtements.
   c. Je mets mon argent à la banque.°

5 Pendant les vacances vous avez le choix entre les trois possibilités suivantes. Qu'est-ce que vous choisissez?

   a. faire un grand voyage avec la famille
   b. travailler comme volontaire° dans un hôpital
   c. travailler dans un supermarché

6 Selon vous, quel est l'aspect le plus° important quand on cherche un travail?°

   a. avoir un bon salaire
   b. avoir un travail intéressant
   c. avoir la possibilité de travailler avec des gens sympathiques

tous *all* **crée** *creates* **envers** *toward* **suivantes** *following*
rapport *relationship* **bonheur** *happiness* **utile** *useful*
laver *wash* **ventes** *sales* **vous donnent** *give you* **banque** *bank*
comme volontaire *as a volunteer* **le plus** *the most* **travail** *job*

INTERPRÉTATION

Comptez° vos points en utilisant° la grille° suivante.

Questions		1	2	3	4	5	6
Options	a	3	3	2	1	1	3
	b	2	2	1	2	2	1
	c	1	1	3	3	3	2

Combien de points avez-vous?

15 points ou plus:

Vous avez beaucoup d'énergie. Pour vous, l'argent est important et vous êtes prêt(e)° à travailler dur° pour gagner votre argent.

entre 9 et 14 points:

Vous êtes réaliste. Pour vous l'argent est un moyen° et pas un but.°

8 points ou moins:

Vous êtes idéaliste et généreux (généreuse). Entre l'amitié° et l'argent, vous préférez l'amitié.

Comptez *Count* **en utilisant** *by using*
grille *grid* **prêt(e)** *ready* **dur** *hard* **moyen** *means*
but *end* **amitié** *friendship*

NIVEAU C

Le monde

Salut et félicitations!

Greetings again and congratulations! Now you are able to carry on a real conversation in French: greeting people, talking about yourself and your family, and discussing things you plan to do. You can go shopping for clothes and discuss fashion. Now in this last part of your program, you will learn more about getting around in **Le monde des jeunes** — the world of French young people.

In this part of your French program, you will learn ...

- how to talk about weekend and holiday plans
- how to discuss summer and winter sports
- how to order in a restaurant
- how and where to buy food in France
- how to plan leisure activities such as picnics and parties

You will also be able ...

- to talk about things you did yesterday, last week, or last month
- to make suggestions
- to ask people to do things for you

Along the way, you will learn a little more about how the French language works.

Et maintenant, continuons!

Jean-Paul Valette   Rebecca M. Valette

des jeunes

Beginning with the next lesson, the direction lines to most of the activities are in French. Here are a few of the verbs you will be encountering:

décrire *to describe*
Décrivez votre ville.

Describe your town.

demander *to ask*
Demandez ce que vos camarades vont faire.

Ask what your classmates are going to do.

dire *to say*
Dites si vous êtes d'accord.

Say if you agree.

expliquer *to explain*
Expliquez ce que vous allez faire.

Explain what you are going to do.

indiquer *to indicate*
Indiquez la bonne réponse.

Indicate the correct answer.

lire *to read*
Lisez le paragraphe suivant.

Read the following paragraph.

poser une question *to ask a question*
Posez les questions suivantes.

Ask the following questions.

utiliser *to use*
Utilisez les verbes suivants.

Use the following verbs.

UNITÉ

8

Le temps libre

THÈME ET OBJECTIFS

Leisure-time activities

As students, you probably study very hard in school. You also help at home and you may have an outside job to earn spending money. But life is not all work. It also includes leisure time for pursuing one's favorite activities.

In this unit, you will learn . . .
- to discuss your weekend activities
- to talk about individual summer and winter sports
- to describe what you do to help around the house
- to describe your vacation and travel plans

You will also be able . . .
- to talk about what you do and what you never do
- to describe what you did and where you went yesterday, last week, or last summer
- more generally, to narrate what happened at any time in the past

Le weekend et les vacances

Accent sur ... Les loisirs

If you had to decide between earning more money or having more free time, what would you choose? When asked this question on a survey, French people indicated their overwhelming preference for more leisure time.

For the French, leisure plays an important role in what they call **la qualité de la vie** *(quality of life)*. In fact, they consider leisure time to be not only a necessity but a right. By law, French workers are entitled to five weeks of paid vacation, as compared to two weeks for the average American.

French teenagers also place great value on their leisure time. Because they have so much homework and need to study so hard for their exams, they have no real time — and also little opportunity — to take an outside job. Instead, they try to make the most of their leisure hours. What are their favorite activities? Here is how French young people answered the question "What do you do when you have a free evening?"

Qu'est-ce que tu aimes faire le soir?	GARÇONS	FILLES
Je regarde la télé.	24%	18%
Je sors° avec mes copains.	20%	18%
Je vais au cinéma.	16%	14%
Je lis.°	14%	20%
Je vais au concert ou au théâtre.	10%	12%
Je vais danser.	8%	12%
Je fais du sport.	6%	4%
Je bricole.°	2%	2%

sors *go out*   **lis** *read*
bricole *do things around the house*

 Je regarde la télé.

Je sors avec mes copains.

Je vais au cinéma.

Je lis.

Je fais du sport.

A. Le weekend

How to plan your weekend activities:

> Qu'est-ce que tu vas faire samedi?

> Je vais rester chez moi pour réparer mon vélo.

Qu'est-ce que tu vas faire | samedi?
samedi **matin**
dimanche **après-midi**   **le matin** *morning*
demain **soir**   **l'après-midi** *afternoon*
ce **weekend**   **le soir** *evening*
le weekend **prochain** *(next)*

Je vais rester chez moi **pour** *(in order to)* | faire mes **devoirs** *(homework)*.
réparer *(to fix)* mon vélo
préparer le dîner
aider *(to help)* mes parents
laver *(to wash)* ma mobylette
nettoyer *(to clean)* ma chambre

Je vais aller ... | pour ...
en ville   **faire des achats**
dans les magasins   *(go shopping)*.
au **centre commercial** *(mall)*

au cinéma   **voir** *(to see)* **un film**
au café   **rencontrer** *(to meet)* mes copains
au stade   **assister à** *(to go to, attend)*
       un match de foot
à la campagne *(countryside)*   **faire un pique-nique** *(to have a picnic)*

> Moi, je vais aller en ville pour faire des achats.

Je vais aller à une boum.
Avant *(Before)* la boum, je vais faire des achats.
Pendant *(During)* la boum, je vais écouter des cassettes.
Après *(After)* la boum, je vais faire mes devoirs.

➡ The verb **nettoyer** is conjugated like **payer**:
     je **nettoie**   tu **nettoies**   il / elle / on **nettoie**   ils / elles **nettoient**
     but: nous nettoyons   vous nettoyez

1 Et toi?

Décris tes activités. Pour cela, complète les phrases suivantes.

1. En général, je vais
   au cinéma . . .

   - le vendredi soir
   - le samedi soir
   - le dimanche après-midi
   - . . . ?

2. En général, je rencontre
   mes copains . . .

   - chez moi
   - chez eux
   - dans un café
   - . . . ?

3. En général, je fais
   mes devoirs . . .

   - avant le dîner
   - après le dîner
   - pendant la classe
   - . . . ?

4. Je préfère assister à . . .

   - un match de foot
   - un match de baseball
   - un concert de rock
   - . . . ?

5. En général, je préfère faire
   mes achats . . .

   - seul(e) (by myself)
   - avec mes copains
   - avec mes frères et mes soeurs
   - . . . ?

6. En général, quand je rentre
   chez moi après les classes, . . .

   - je fais mes devoirs
   - je regarde la télé
   - j'aide ma mère ou mon père
   - . . . ?

7. En été, je préfère faire
   un pique-nique . . .

   - dans mon jardin
   - à la campagne
   - à la plage
   - . . . ?

8. Si (If) je dois aider mes
   parents à la maison et si j'ai
   le choix (choice), je préfère . . .

   - nettoyer le salon
   - laver la voiture
   - faire la vaisselle (dishes)
   - . . . ?

2 Qu'est-ce qu'ils font?

Informez-vous sur les personnes suivantes. Décrivez
ce qu'elles font ou ce qu'elles vont faire. Pour cela,
complétez les phrases avec une expression du
vocabulaire à la page 298.

▶ Sandrine est au garage.
  Elle <u>répare son vélo</u> (<u>sa mobylette</u>).

1. Mme Jolivet est dans la cuisine. Elle . . .
2. Vincent Jolivet est aussi dans la cuisine. Il . . .
3. Anne et Sylvie sont au Bon Marché. Elles . . .
4. Je suis dans ma chambre et je regarde mon livre
   de français. Je . . .
5. Olivier et ses copains achètent des billets (tickets)
   de cinéma. Ils vont . . .
6. Mes amis vont à Yankee Stadium. Ils vont . . .
7. Tu vas au café. Tu vas . . .
8. Vous faites des sandwichs. Vous allez . . . à la campagne.

3 Mon calendrier personnel

Décrivez ce que vous allez
faire.

MERCREDI

1. Après la classe, je vais . . .
2. Avant le dîner, . . .
3. Après le dîner, . . .
4. Demain soir, . . .
5. Vendredi soir, . . .
6. Samedi après-midi, . . .
7. Samedi soir, . . .
8. Dimanche après-midi, . . .
9. Pendant les vacances, . . .

B. Les vacances

How to plan your vacation activities:

Qu'est-ce que tu vas faire cet été?

Je vais aller à la mer.

Qu'est-ce que tu vas faire	à **Noël?**	**Noël** Christmas
	à **Pâques**	**Pâques** Easter
	pendant les vacances de printemps	**les vacances** vacation
	pendant **les grandes vacances**	**les grandes vacances**
	cet été	summer vacation

| Je vais aller | à **la mer** (ocean, shore). |
| | à **la montagne** (mountains) |

Je vais voyager en avion.

Je vais voyager	en avion.	**un avion** plane
	en train	**un train** train
	en autocar	**un autocar, un car** touring bus
	en bateau	**un bateau** boat, ship
	en voiture	

| Je vais voyager | **seul(e)** (alone). |
| | avec ma famille |

Je vais **passer**	dix jours	là-bas.	**un jour** day
(to spend)	six semaines		**une semaine** week
	deux mois		**un mois** month

| J'aime | **le ski** (skiing). | En hiver, je vais à la montagne pour **faire du ski** (to ski). |
| | **le ski nautique** (waterskiing) | En été, je vais à la mer pour **faire du ski nautique** (to waterski). |

J'aime le ski!

Moi, à La Plagne je fais vraiment du ski

Activités sportives

le sport	sport(s)	Je **fais du sport.**	I practice sports.
le jogging	jogging	Nous **faisons du jogging.**	We jog.
le ski	skiing	Tu **fais du ski?**	Do you ski?
le ski nautique	waterskiing	Anne **fait du ski nautique.**	Anne waterskis.
la voile	sailing	Paul **fait de la voile.**	Paul sails.
la planche à voile	windsurfing	Vous **faites de la planche à voile?**	Do you windsurf?
la natation	swimming	Tu **fais de la natation** en été?	Do you go swimming in (the) summer?
l'alpinisme *(m.)*	mountain climbing	J'aime **faire de l'alpinisme.**	I like to go mountain climbing.

➡ To describe participation in individual sports or other activities, the French use the construction:

$$\text{faire} \begin{cases} \textbf{du} \\ \textbf{de la} \\ \textbf{de l'} \end{cases} + \begin{array}{l} \text{SPORT} \\ \text{or} \\ \text{ACTIVITY} \end{array}$$

le camping	→	**faire du camping**
la voile	→	**faire de la voile**
l'alpinisme	→	**faire de l'alpinisme**

NOTE CULTURELLE

Le calendrier des fêtes françaises

Voici les principales fêtes *(holidays)* en France:

le jour de l'an	*New Year's Day*
Mardi Gras	*Shrove Tuesday*
Pâques	*Easter*
le premier mai	*Labor Day*
la Pentecôte	*Pentecost*
le 14 juillet	*Bastille Day (French National Holiday)*
la Toussaint	*All Saints' Day (November 1)*
le 11 novembre	*Armistice Day*
Noël	*Christmas (December 25)*

Mardi Gras

Le 14 juillet

liberté égalité fraternité
14 juillet

4 Et toi?

Indique tes préférences personnelles en complétant les phrases suivantes.

1. Mes vacances préférées sont . . .
   - les vacances de Noël
   - les vacances de printemps
   - les grandes vacances
   - . . . ?

2. Pendant les vacances de Noël, je préfère . . .
   - rester avec ma famille
   - rendre visite à mes grands-parents
   - faire du ski
   - . . . ?

3. Pendant les grandes vacances, je préfère . . .
   - aller à la mer
   - aller à la montagne
   - aller à la campagne
   - . . . ?

4. Quand je voyage pendant les vacances, je préfère voyager . . .
   - seul(e)
   - avec mes copains
   - avec ma famille
   - . . . ?

5. Quand je vais loin, je préfère voyager . . .
   - en train
   - en avion
   - en car
   - . . . ?

5 Leurs activités favorites

Les personnes suivantes ont certaines activités favorites.
Lisez où elles sont et dites ce qu'elles font. Pour cela
choisissez une activité appropriée de la liste à droite.

▶ Je suis à la plage.

1. Jean-Pierre est au stade.
2. Anne et Marie sont dans un studio de danse.
3. En juillet, nous allons dans le Colorado.
4. Tu passes les vacances de Noël en Suisse.
5. Mes copains passent les vacances à la campagne.
6. Pauline est à la salle *(room)* de gymnastique.
7. Vous êtes à la mer.
8. Nous sommes à Tahiti.
9. Avant le dîner, nous allons au parc municipal.
10. Je suis à la Martinique.

Je fais de la planche à voile.

6. En été, je vais à la plage spécialement *(especially)* pour . . .
   - nager
   - faire du ski nautique
   - bronzer *(to get a tan)*
   - . . . ?

7. Je voudrais être un champion (une championne) de . . .
   - ski
   - ski nautique
   - planche à voile
   - . . . ?

8. Je voudrais aller à la Guadeloupe principalement *(mainly)* pour . . .
   - nager
   - parler français
   - faire de la planche à voile
   - . . . ?

9. Je voudrais aller dans le Colorado pour . . .
   - faire du ski
   - faire des promenades à pied
   - faire de l'alpinisme
   - . . . ?

10. Je voudrais aller à Paris et rester là-bas pendant . . .
    - dix jours
    - trois semaines
    - six mois
    - . . . ?

- la gymnastique
- la danse moderne
- le sport
- le jogging
- le camping
- la voile
- la planche à voile
- le ski
- le ski nautique
- l'alpinisme

6 **Questions personnelles**

1. En général, qu'est-ce que tu fais pendant les vacances de Noël?
2. Est-ce que tu vas voyager pendant les grandes vacances? Où vas-tu aller? Combien de temps *(How long)* est-ce que tu vas rester là-bas?
3. Qu'est-ce que tu aimes faire quand tu es à la plage?
4. Est-ce que tu voyages souvent? Comment voyages-tu?

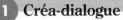

À votre tour!

1 Créa-dialogue

Des amis parlent de leurs projets. Avec un(e) camarade de classe,
choisissez une scène et composez le dialogue correspondant.

vendredi	en ville	

▶ —Où vas-tu <u>vendredi</u>?
—Je vais <u>en ville</u>.
—Qu'est-ce que tu vas faire là-bas?
—Je vais <u>faire des achats</u>.

1. samedi matin		2. samedi après-midi		3. à Noël	à Aspen	
4. pendant les vacances de printemps	en Floride 	5. en juillet		6. en août		
7. demain matin		8. dimanche après-midi		9. cet été		

2 Conversation dirigée

Avec un(e) camarade, composez un dialogue basé sur les instructions suivantes. Jean-Pierre
demande à Hélène si elle a des projets de vacances.

Jean-Pierre			**Hélène**
asks Hélène where she is going this summer	→ ↙	says that she is going to the ocean with friends	
asks her if they are going to travel by car	→ ↗	answers that they are going to travel by train because they do not have a car	
asks her if she is going to go sailing	→ ↙	answers yes and says that she is also going to windsurf	
says good-bye to Hélène and wishes her a good vacation (**Bonnes vacances!**)	→	answers good-bye	

3 Composition: Le weekend prochain

Make plans for next weekend. Prepare a list of activities describing …

- four things that you are going to do at home
- four things that you are going to do outside

4 Au club de vacances

Avec qui passez-vous vos vacances? On peut passer ses vacances avec sa famille ou avec des copains. On peut aussi aller dans un club de vacances. Là on peut faire du sport et rencontrer d'autres jeunes.

Lisez le document suivant.

Ce club de vacances offre la possibilité d'aller dans différents «villages de mer». Choisissez un des villages de mer proposés par le club.

- Dans quel pays est situé ce village?
- Quels sports est-ce qu'on peut pratiquer *(participate in)* dans ce village?
- Pourquoi est-ce que vous choisissez ce village?
- En général, quels sports pratiquez-vous?

VILLAGES DE MER	AGADIR MAROC	LES ALMADIES SÉNÉGAL	ASSINIE CÔTE-D'IVOIRE	BORA BORA TAHITI-POLYNÉSIE FR.SE	LES BOUCANIERS MARTINIQUE	CANCÚN MEXIQUE	CAP SKIRRING SÉNÉGAL	LA CARAVELLE GUADELOUPE	LES CORAUX EILAT-ISRAËL	DJERBA TUNISIE
Village-hôtel, bungalow	🏠	🏠	🏠	🏠	🏠	🏠	🏠	🏠	🏠	🏠
Ski nautique, planche à voile		✓	✓	✓	✓	✓	✓	✓	✓	✓
Voile		✓		✓	✓	✓	✓	✓	✓	✓
Plongée libre				✓	✓	✓			✓	✓
Plongée scaphandre						✓	✓		✓	✓
Piscine	✓	✓	✓				✓	✓		
Équitation	✓	✓	✓	✓	✓	✓	✓	✓	✓	✓
Tennis	✓	✓	✓					✓	✓	✓
Tir à l'arc				PIROGUE ✓	✓	✓		✓		✓
Promenades en mer		✓				✓	PÊCHE À LA TRAÎNE			
Pêche en haute mer							✓	✓	✓	✓
Arts appliqués	✓	✓								

LEÇON 30

Vive le weekend!

Le weekend, nous avons nos occupations préférées. Certaines personnes aiment aller en ville et rencontrer leurs amis.
D'autres préfèrent rester à la maison et bricoler. Qu'est-ce que les personnes suivantes ont fait le weekend dernier?

Others / do things
around the house
did . . . do / last

Le weekend	**Le weekend dernier**

J'aime acheter des vêtements.

J'ai acheté des vêtements.

bought

Tu aimes réparer ton vélo.

Tu as réparé ton vélo.

fixed

M. Lambert aime travailler dans le jardin.

Il a travaillé dans le jardin.

worked

Nous aimons organiser des boums.

SILENCE!

SILENCE OU J'APPELLE LA POLICE!

Nous avons organisé une boum.

organize

Le weekend

Vous aimez jouer au foot.

Pluton et Philibert aiment rencontrer leurs amis.

Le weekend dernier

Vous <u>avez joué</u> au foot.   *played*

Ils <u>ont rencontré</u> leurs amis.   *met*

Et toi?

Indique si oui ou non tu as fait les choses suivantes le weekend dernier. Pour cela complète les phrases suivantes.

1. (J'ai / Je n'ai pas) … acheté des vêtements.
2. (J'ai / Je n'ai pas) … réparé mon vélo.
3. (J'ai / Je n'ai pas) … travaillé dans le jardin.

4. (J'ai / Je n'ai pas) … organisé une fête.
5. (J'ai / Je n'ai pas) … joué au foot.
6. (J'ai / Je n'ai pas) … rencontré mes amis.

■ NOTE ■
CULTURELLE

Le weekend

Le weekend ne commence pas° le vendredi soir pour tout le monde.° Dans beaucoup d'écoles françaises, les élèves ont classe le samedi matin. Pour eux, le weekend commence seulement° le samedi à midi.

Que font les jeunes Français le samedi? Ça dépend. Beaucoup° vont en ville. Ils vont dans des magasins pour écouter les nouveaux disques ou pour regarder, essayer° et parfois° acheter des vêtements. Ils vont au café ou au cinéma avec leurs copains. Certains° préfèrent rester chez eux ou aller chez des copains. Parfois ils vont à une soirée. Là on écoute de la musique, on mange des sandwichs et on danse . . .

En général, le dimanche est réservé aux activités familiales.° Un weekend, on invite des cousins. Un autre° weekend, on rend visite aux grands-parents . . . Le dimanche, on déjeune° et on dîne en famille.° Le soir, on regarde la télé et souvent on fait ses devoirs pour les classes du lundi matin.

ne commence pas *does not begin*   **tout le monde** *everyone*   **seulement** *only*   **Beaucoup** *Many*   **essayer** *try on*
parfois *sometimes*   **Certains** *Some of them*   **activités familiales** *family activities*   **Un autre** *Another*
déjeune *has lunch*   **en famille** *at home (with the family)*

A. Les expressions avec *avoir*

Note the use of **avoir** in the following sentences:

J'**ai faim.**	*I **am** hungry.*
Brigitte **a soif.**	*Brigitte **is** thirsty.*

French speakers use **avoir** in many expressions where English speakers use the verb *to be*.

Vocabulaire: Expressions avec *avoir*

avoir chaud	to be (feel) warm	Quand j'**ai chaud** en été, je vais à la plage.
avoir froid	to be (feel) cold	Est-ce que tu **as froid?** Voici ton pull.
avoir faim	to be hungry	Tu **as faim?** Est-ce que tu veux une pizza?
avoir soif	to be thirsty	J'**ai soif.** Je voudrais une limonade.
avoir raison	to be right	Est-ce que les profs **ont** toujours **raison?**
avoir tort	to be wrong	Marc n'étudie pas. Il **a tort!**
avoir de la chance	to be lucky	J'**ai de la chance.** J'ai des amis sympathiques.

avoir sommeil — sleepy
avoir peur — scared

---

1 Tort ou raison?

Informez-vous sur les personnes suivantes et dites si, à votre avis, elles ont tort ou raison.

▶ Les élèves n'étudient pas.
   Ils ont tort!

▶ Tu écoutes le prof.
   Tu as raison!

1. Catherine est généreuse avec ses copines.
2. Nous aidons nos parents.
3. Tu fais tes devoirs.
4. Vous êtes très impatients avec vos amis.
5. Mes copains étudient le français.
6. Jean-François dépense son argent inutilement *(uselessly)*.
7. M. Legros mange trop *(too much)*.
8. Alain et Nicolas sont impolis *(impolite)*.
9. Vous nettoyez votre chambre.

2 De bonnes questions

Étudiez ce que font les personnes suivantes. Ensuite, posez une question logique sur chaque personne. Pour cela, utilisez l'une des expressions suivantes:

avoir faim	avoir soif	avoir chaud
avoir froid	avoir de la chance	

▶ Philippe va au restaurant.
   Est-ce que Philippe a faim?

1. Tu veux un soda.
2. Jean-Pierre mange une pizza.
3. Cécile porte un manteau.
4. Vous gagnez à la loterie.
5. Vous faites des sandwichs.
6. Tu mets ton blouson.
7. Mes copains vont aller à la piscine.
8. Ces élèves n'étudient pas beaucoup, mais ils réussissent toujours à leurs examens.
9. Tu as des grands-parents très généreux.

B. Le passé composé des verbes en *-er*

The sentences below describe past events. In the French sentences, the verbs are in the PASSÉ COMPOSÉ. Note the forms of the passé composé and its English equivalents.

Hier j'**ai réparé** mon vélo.   *Yesterday I **fixed** my bicycle.*
Le weekend dernier, Marc **a organisé** une boum.   *Last weekend, Marc **organized** a party.*
Pendant les vacances, nous **avons visité** Paris.   *During vacation, we **visited** Paris.*

FORMS

The PASSÉ COMPOSÉ is composed of two words. For most verbs, it is formed as follows:

> PRESENT of **avoir** + PAST PARTICIPLE

Note the forms of the passé composé for **visiter.**

PASSÉ COMPOSÉ	PRESENT of **avoir** + PAST PARTICIPLE	
J'**ai visité** Québec.	j' **ai**	
Tu **as visité** Paris.	tu **as**	
Il/Elle/On **a visité** Montréal.	il/elle/on **a**	**visité**
Nous **avons visité** Genève.	nous **avons**	
Vous **avez visité** Strasbourg.	vous **avez**	
Ils/Elles **ont visité** Fort-de-France.	ils/elles **ont**	

➡ For all **-er** verbs, the past participle is formed by replacing the `-er` of the infinitive by `-é`.

jou`er`	→	jou`é`	Nous **avons joué** au tennis.
parl`er`	→	parl`é`	Éric **a parlé** à Nathalie.
téléphon`er`	→	téléphon`é`	Vous **avez téléphoné** à Cécile.

> ### *Learning about language*
> The PASSÉ COMPOSÉ, as its name indicates, is a "past" tense "composed" of two parts. It is formed like the present perfect tense in English.
>
> AUXILIARY VERB + PAST PARTICIPLE of the main verb
> Nous **avons**   **travaillé.**
> *We have*   *worked.*

Bonjour de MONTRÉAL

USES

The passé composé is used to describe past actions and events. It has several English equivalents.

J'**ai visité** Montréal. ⎰ *I **visited** Montreal.*
⎱ *I **have visited** Montreal.*
⎱ *I **did visit** Montreal.*

3 Achats

Samedi dernier *(Last Saturday)*, les personnes suivantes ont fait des achats. Dites ce que chaque personne a acheté.

▶ Philippe (des compacts)
  Philippe a acheté des compacts.

Philippe		
	1. Pauline	**2. moi**

4 Vive la différence!

Caroline et Jean-Pierre sont des copains, mais ils aiment faire des choses différentes. Ils parlent de ce qu'ils ont fait ce weekend.

▶ jouer au volley (au tennis)

Eh bien, moi, j'ai joué au tennis.

J'ai joué au volley.

1. acheter des cassettes (des magazines)
2. dîner au restaurant (chez moi)
3. inviter mon cousin (un ami)
4. téléphoner à ma tante (à mon grand-père)
5. aider ma mère (mon père)
6. nettoyer ma chambre (le garage)
7. réparer ma mobylette (mon vélo)
8. assister à un match de foot (à un concert de rock)
9. laver mes tee-shirts (mes jeans)

5 La boum

Anne et Éric organisent une boum ce weekend. Florence demande à Philippe s'il a fait les choses suivantes. Il répond oui.

▶ acheter des sodas?

Tu as acheté des sodas?

Mais oui, j'ai acheté des sodas.

1. acheter des jus de fruit
2. préparer les sandwichs
3. nettoyer le salon
4. réparer la chaîne stéréo
5. apporter des CD
6. inviter nos copains

6 Un jeu

Décrivez ce que certaines personnes ont fait samedi dernier. Pour cela, faites des phrases logiques en utilisant les éléments des Colonnes A, B et C. Combien de phrases est-ce que vous pouvez *(can)* faire en cinq minutes?

▶ **Vous avez assisté à un concert de jazz.**

A	B	C
nous	acheter	une boum
vous	assister	un musée
Marc	dîner	des vêtements
Hélène et Juliette	jouer	un film à la télé
Éric et Stéphanie	organiser	au Monopoly
mes copains	regarder	dans le jardin
les voisins	travailler	dans un restaurant vietnamien
	visiter	à un concert de jazz

NICE, L'ARÈNE DU JAZZ

3. toi	4. vous	5. nous	6. Stéphanie et Isabelle	7. Patrick et Jean-Paul	8. M. et Mme Dupont

Expressions pour la conversation

How to indicate the order in which actions take place:

d'abord	*first*	**D'abord,** nous avons invité nos copains à la boum.
après	*after, afterwards*	**Après,** tu as préparé des sandwichs.
ensuite	*then, after that*	**Ensuite,** Jacques a acheté des jus de fruit.
enfin	*at last*	**Enfin,** vous avez décoré le salon.
finalement	*finally*	**Finalement,** j'ai apporté mes cassettes.

7 Dans quel ordre?

Décrivez ce que les personnes suivantes ont fait dans l'ordre logique.

▶ nous (manger/préparer la salade/acheter des pizzas)
  D'abord, nous avons acheté des pizzas.
  Après, nous avons préparé la salade.
  Ensuite, nous avons mangé.

1. Alice (travailler/trouver un job/ acheter une moto)
2. les touristes canadiens (voyager en avion/visiter Paris/réserver les billets [*tickets*])
3. tu (assister au concert/acheter un billet/ acheter le programme)
4. vous (danser/apporter des disques/ inviter des copains)
5. nous (payer l'addition [*check*]/dîner/ trouver un restaurant)

D' abord, la protection des ressources naturelles . . .

Ensuite, la jouissance des générations futures . . .

Parcs Canada

C. Le passé composé: forme négative

Compare the affirmative and negative forms of the passé composé in the sentences below.

AFFIRMATIVE   NEGATIVE

Alice **a travaillé**.   Éric **n'a pas travaillé**.   *Éric **has not worked**.*
                                             *Éric **did not work**.*

Nous **avons visité** Paris.   Nous **n'avons pas visité** Lyon.   *We **have not visited** Lyon.*
                                             *We **did not visit** Lyon.*

In the negative, the passé composé follows the pattern:

> negative form of **avoir** + PAST PARTICIPLE

Note the negative forms of the passé composé of **travailler.**

PASSÉ COMPOSÉ (NEGATIVE)	PRESENT of **avoir** (NEGATIVE) + PAST PARTICIPLE	
Je **n'ai pas travaillé.** Tu **n'as pas travaillé.** Il/Elle/On **n'a pas travaillé.**	je **n'ai pas** tu **n'as pas** il/elle/on **n'a pas**	
Nous **n'avons pas travaillé.** Vous **n'avez pas travaillé.** Ils/Elles **n'ont pas travaillé.**	nous **n'avons pas** vous **n'avez pas** ils/elles **n'ont pas**	**travaillé**

8 Oublis *(Things forgotten)*

Éric a décidé de faire certaines choses, mais il a oublié *(forgot)*. Sabine demande s'il a fait les choses suivantes.

▶ nettoyer ta chambre?

1. réparer ta chaîne stéréo?
2. apporter tes livres?
3. étudier?
4. téléphoner à ta tante?
5. inviter tes copains?
6. acheter *Paris-Match*?
7. laver tes chemises?

Tu as nettoyé ta chambre?

Euh, non . . . Je n'ai pas nettoyé ma chambre.

9 Quel mauvais temps!

Le weekend, il a fait mauvais et les personnes suivantes sont restées *(stayed)* chez elles. Dites qu'elles n'ont pas fait les choses suivantes.

▶ nous / nager
Nous n'avons pas nagé.

1. vous / jouer au tennis
2. Philippe / rencontrer ses copains à la plage
3. Nathalie / dîner en ville
4. les voisins / travailler dans le jardin
5. Mlle Lacaze / laver sa voiture
6. mes copains / organiser un pique-nique
7. nous / assister au match de foot
8. toi / visiter le musée

LA MÉTÉO au Québec dimanche PLUIE

10 Une question d'argent

Les personnes suivantes n'ont pas beaucoup d'argent. Décrivez leur choix. Pour cela, dites ce qu'elles ont fait et ce qu'elles n'ont pas fait.

▶ nous / dîner au restaurant ou chez nous?
Nous avons dîné chez nous. Nous n'avons pas dîné au restaurant.

1. Philippe / acheter un tee-shirt ou une chemise?
2. vous / manger un steak ou un sandwich?
3. nous / assister au concert ou au match de foot?
4. les touristes / voyager en car ou en avion?
5. mes voisins / acheter une Mercedes ou une Ford?
6. Marc / passer dix jours ou trois semaines à Paris?

11 Impossibilités

Sans *(Without)* certaines choses il n'est pas possible de faire certaines activités. Expliquez cela logiquement en choisissant une personne de la Colonne A, un objet de la Colonne B et une activité de la Colonne C.

▶ **Je n'ai pas d'aspirateur. Je n'ai pas nettoyé le salon.**

A	B	C
je	une raquette	écouter les disques
vous	un billet *(ticket)*	voyager en Europe
nous	un passeport	nettoyer le salon
Frédéric	une chaîne stéréo	regarder la comédie
Éric et Olivier	une télé	assister au concert
Claire et Caroline	un aspirateur *(vacuum cleaner)*	jouer au tennis

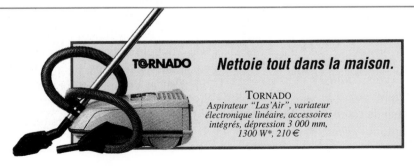

TORNADO *Nettoie tout dans la maison.*

TORNADO
Aspirateur "Las'Air", variateur électronique linéaire, accessoires intégrés, dépression 3 000 mm, 1300 W*, 210 €

D. Les questions au passé composé

Compare the statements and questions in the passé composé.

STATEMENT	QUESTION	
Tu as travaillé.	Tu as travaillé?	*Did you work?*
	Est-ce que tu as travaillé?	
Philippe a voyagé cet été.	**Quand est-ce que** Philippe a voyagé?	*When did Philippe travel?*
	Où est-ce qu'il a voyagé?	*Where did he travel?*

For most verbs, questions in the passé composé are formed as follows:

> PRESENT of **avoir** (interrogative form) + PAST PARTICIPLE

	YES/NO QUESTIONS	INFORMATION QUESTIONS
WITH INTONATION	Tu as voyagé? Paul a téléphoné?	— —
WITH est-ce que	**Est-ce que** tu as voyagé? **Est-ce qu'**Alice a téléphoné?	**Avec qui est-ce que** tu as voyagé? **À qui est-ce qu'**Alice a téléphoné?

➡ When the subject is a pronoun, questions in the passé composé can also be formed by inversion.

As-tu assisté au match de foot?   *Did you go to the soccer game?*
Avec qui **avez-vous joué** au foot?   *With whom did you play soccer?*
                             Who(m) did you play soccer with?

---

12 Expériences personnelles

Demandez à vos camarades s'ils ont déjà *(already)* fait les choses suivantes.

▶ visiter Paris?

Est-ce que tu as visité Paris?

Oui, j'ai visité Paris.

(Non, je n'ai pas visité Paris.)

1. visiter le Tibet?
2. voyager en Alaska?
3. piloter un avion?
4. dîner dans un restaurant vietnamien?
5. manger des escargots *(snails)*?
6. gagner à la loterie?
7. assister à un match de catch *(wrestling)*?
8. rencontrer un fantôme *(ghost)*?

---

13 Curiosité

Lisez ce que les personnes suivantes ont fait et posez des questions sur leurs activités.

▶ Paul a joué au tennis. (avec qui?)
Avec qui est-ce qu'il a joué au tennis?

1. Thomas a visité Québec. (quand?)
2. Corinne a téléphoné. (à quelle heure?)
3. Nathalie a voyagé en Italie. (comment?)
4. Marthe a acheté une robe. (où?)
5. Michèle a visité Genève. (avec qui?)
6. Philippe a trouvé un job. (où?)
7. Éric et Véronique ont dîné en ville. (dans quel restaurant?)
8. Les voisins ont téléphoné. (quand?)

14 **Jérôme et Valérie**

Jérôme est très curieux. Il veut toujours savoir ce que Valérie a fait. Valérie répond à ses questions.

▶ où/ dîner? (dans un restaurant italien)
JÉRÔME: **Où est-ce que tu as dîné?**
VALÉRIE: **J'ai dîné dans un restaurant italien.**

1. avec qui / jouer au tennis? (avec Marc)
2. quand / assister au concert? (samedi après-midi)
3. qui / inviter au café? (ma copine Nathalie)
4. où / rencontrer Pierre? (dans la rue)
5. où / acheter ta veste? (au Bon Marché)
6. combien / payer ce disque? (10 euros)
7. à qui / téléphoner? (à ma grand-mère)
8. chez qui / passer le weekend? (chez une amie)

15 **Conversation**

Demandez à vos camarades ce qu'ils ont fait hier.

▶ à quelle heure/ dîner?

J'ai dîné à six heures.

Dis, Hélène, à quelle heure est-ce que tu as dîné?

1. avec qui / dîner?
2. à qui / téléphoner?
3. quel programme / regarder à la télé?
4. quel programme / écouter à la radio?
5. qui / rencontrer après les classes?
6. quand / étudier?

Prononciation

Les lettres «ain» et «in»

ain /ɛ̃/

sa main

aine /ɛn/

semaine

in /ɛ̃/

magasin

ine /in/

magazine

When the letters "**ain**," "**aim**," "**in**," "**im**" are at the end of a word or are followed by a *consonant*, they represent the nasal vowel / ɛ̃ /.

REMEMBER: Do not pronounce an /n/ after the nasal vowel /ɛ̃/.

Répétez: /ɛ̃/ dem**ain** f**aim** tr**ain** m**ain** vois**in** cous**in** jard**in** magas**in**
m**ain**tenant **in**telligent **in**téressant **im**portant

When the letters "**ain**," "**aim**," "**in(n)**," "**im**" are followed by a *vowel*, they do NOT represent a nasal sound.

Répétez: /ɛn/ sem**aine** améric**aine**
/ɛm/ j'**aime**

/in/ vois**ine** cous**ine** cuis**ine** magaz**ine** c**iné**ma Cor**inne** f**in**ir
/im/ t**im**ide d**im**anche M**im**i cent**ime**

Al**ain** M**in**ime a un rendez-vous **im**portant dem**ain** mat**in**, avenue du M**aine**.

À votre tour!

1 Allô!

Reconstituez la conversation entre Alain et Christine. Pour cela, faites correspondre les réponses de Christine avec les questions d'Alain.

1. À quelle heure est-ce que tu as dîné hier soir?
2. Et après, tu as regardé la télé?
3. Qu'est-ce que tu as regardé après?
4. Qui a gagné?
5. Dis, tu as préparé la leçon pour demain?

a. Le match Marseille–Nice.

b. Nice. Par un score de trois à un.

c. Mais oui! J'ai étudié avant le dîner.

d. Oui, mais d'abord j'ai aidé ma mère.

e. À sept heures et demie.

2 Dis-moi . . .

I will tell you a few things that I did yesterday after school and a few things that I did not do, then you will tell me what you did and did not do.

- J'ai étudié.
- J'ai dîné avec mes parents.
- J'ai téléphoné à une copine.

- Je n'ai pas nettoyé ma chambre.
- Je n'ai pas rencontré mes copains.
- Je n'ai pas regardé la télé.

Et maintenant, dis-moi . . .

3 Créa-dialogue

Demandez à vos camarades s'ils ont fait les choses suivantes le weekend dernier. En cas de réponse affirmative, continuez la conversation.

▶ — Est-ce que tu as <u>dîné au restaurant</u>?
— Oui, j'ai <u>dîné au restaurant</u>.
— <u>Avec qui?</u>
— <u>Avec mes cousins</u>.
— <u>Où</u> est-ce que <u>vous avez dîné</u>?
— <u>Nous avons dîné Chez Tante Lucie</u> (<u>à McDonald's, etc.</u>).

MENU
avec qui?
où?

1 — avec qui? quand?
2 — quand? où?

3 — quand? pourquoi?
4 — quand? où?
5 — quand? avec qui?

4 Situation

Avec un(e) camarade, composez un dialogue correspondant à la situation suivante. Jouez ce dialogue en classe.

You are spending a week in Paris with your best friend. Up to now you have been touring the city together, but today you both decided to go out on your own. At the end of the day, you both meet back at your hotel room. Discuss . . .
• what monuments you visited
• what things you bought
• whom you met
• what you ate at noon
• where you had dinner

5 Conversation libre *(free)*

Avec un(e) camarade analysez la situation suivante. Composez un dialogue original basé sur cette situation. Jouez le dialogue en classe.

Last weekend, you stayed home and your friend went into town. Now you are both trying to find out what the other one did. Ask each other questions, using the passé composé of **-er** verbs that you know. (Do not use **aller** or **rester**, since they have special passé composé forms that you have not learned yet.)

▶ — Moi, j'ai nettoyé ma chambre. Et toi?
— J'ai assisté à un concert, mais d'abord j'ai dîné avec des copains.

6 Composition: Vive les vacances!

Vacations are for fun, not for work. Write a brief composition in the passé composé about what you did on a recent vacation, describing . . .
• four things that you did   • four things that you did not do

You may want to use some of the verbs in the box. (Do not use **aller** or **rester**.)

jouer	**inviter**	**nager**	**parler**	**travailler**	**voyager**	**visiter**
téléphoner	**rencontrer**		**acheter**	**trouver**	**dépenser**	**gagner**

Comment dit-on . . . ?

How to wish somebody a nice time:

Bon weekend! *(Have a nice weekend!)*

Bonnes vacances! *(Have a good vacation!)*

Bonne journée! *(Have a nice day!)*

Bon voyage! *(Have a good trip!)*

LEÇON 31

L'alibi

l'inspecteur Leflic

Êtes-vous bon (bonne) détective? <u>Pouvez</u>-vous trouver la solution du mystère <u>suivant</u>?

Can
following

Samedi dernier à deux heures de l'après-midi, <u>il y a eu</u> une <u>panne d'électricité</u> dans la petite ville de Marcillac-le-Château. La panne <u>a duré</u> une heure. <u>Pendant</u> la panne, un <u>cambrioleur</u> <u>a pénétré</u> dans la Banque Populaire de Marcillac-le-Château. Bien sûr, l'alarme n'a pas fonctionné et c'est <u>seulement</u> lundi matin que le directeur de la banque <u>a remarqué</u> le <u>cambriolage</u>: un million d'euros.

there was / power
  failure
lasted / During /
  burglar / entered

only

noticed / burglary

Lundi après-midi, l'<u>inspecteur</u> Leflic a interrogé quatre suspects, mais <u>chacun</u> a un alibi.

police detective

each one

Sophie Filou

Euh, ... excusez-moi, Monsieur l'Inspecteur.
Ma mémoire n'est pas très bonne.
<u>Voyons</u>, qu'est-ce que <u>j'ai fait</u> samedi après-midi?
Ah oui, <u>j'ai fini</u> un livre.
Le <u>titre</u> du livre? *Le crime ne paie pas!*

Let's see / did I do

I finished
title

Marc Laroulette

Qu'est-ce que j'ai fait samedi?
J'<u>ai rendu visite</u> à mes copains.
Nous avons joué aux cartes.
C'est moi qui ai gagné!

visited

Patrick Lescrot

Voyons, samedi dernier ...
Ah oui ... J'ai invité des amis chez moi.
Nous avons regardé la télé.
Nous <u>avons vu</u> le match de foot France-<u>Allemagne</u>.
Quel match! <u>Malheureusement</u>, c'est la France qui <u>a perdu</u>!
Dommage!

saw / Germany
Unfortunately / lost

Pauline Malin

Ce n'est pas moi, Monsieur l'Inspecteur!
Samedi j'ai fait un pique-nique à la campagne avec une copine.
Nous <u>avons choisi</u> un <u>coin</u> près d'une rivière.
Ensuite, nous avons fait une promenade à vélo.
Nous <u>avons eu de la chance</u>!
<u>Il a fait un temps extraordinaire</u>!

chose / spot

were lucky
The weather was
  great!

Lisez <u>attentivement</u> les quatre déclarations. À votre avis, qui est le cambrioleur ou la cambrioleuse? Pourquoi? (Vous pouvez comparer votre réponse avec la réponse de l'inspecteur à la page 325.)

carefully

Compréhension

Certains événements ont eu lieu *(took place)* samedi dernier. Indiquez si oui ou non les événements suivants ont eu lieu.

1. Le directeur de la banque a vu *(saw)* le cambrioleur.
2. Un cambriolage a eu lieu *(took place)* à Marcillac-le-Château.
3. L'inspecteur Leflic a arrêté *(arrested)* quatre personnes.
4. Sophie Filou a vu le film *Le crime ne paie pas* à la télé.
5. Marc Laroulette a perdu un million d'euros.
6. L'Allemagne a gagné un match de foot.
7. Pauline Malin a fait une promenade à vélo à la campagne.
8. Il a fait beau.

Et toi?

Dis si oui ou non tu as fait les choses suivantes le weekend dernier.

1. (J'ai / Je n'ai pas) … rendu visite à mes copains.
2. (J'ai / Je n'ai pas) … vu un match de foot à la télé.
3. (J'ai / Je n'ai pas) … fini un livre.
4. (J'ai / Je n'ai pas) … fait une promenade à vélo.
5. (J'ai / Je n'ai pas) … fait un pique-nique.

TF1   **MARDI 20.35**
FOOTBALL - COUPE DE FRANCE: SEIZIÈME DE FINALE

■ NOTE ■ CULTURELLE

Les jeunes Français et la télé

Combien d'heures par° jour est-ce que tu regardes la télé? Une heure? deux heures? trois heures? plus? moins? En général, les jeunes Français regardent la télé moins souvent et moins longtemps° que les jeunes Américains: en moyenne° 1 heure 15 les jours d'école et 2 heures 15 les autres° jours (mercredi, samedi et dimanche). Dans beaucoup de familles, les parents contrôlent l'usage° de la télé. Souvent ils exigent° que leurs enfants finissent leurs devoirs avant de regarder la télé. Ainsi,° beaucoup de jeunes regardent la télé seulement° après le dîner.

Quels sont leurs programmes favoris? Les jeunes Français aiment surtout° les films, les programmes de sport, les variétés et les jeux télévisés,° comme «La roue° de la fortune» et «Le prix est juste».° Les séries américaines (comme «Les Simpson» et «Chicago Hope») sont aussi très populaires.

par *per*   **moins longtemps** *for a shorter time*   **en moyenne** *on an average of*   **autres** *other*   **usage** *use*
exigent *insist*   **Ainsi** *Thus*   **seulement** *only*   **surtout** *especially*   **jeux télévisés** *TV games*   **roue** *wheel*
juste *right*

A. Le verbe *voir*

The verb **voir** *(to see)* is irregular. Note the forms of **voir** in the present tense.

INFINITIVE	voir	
PRESENT	Je **vois** Marc. Tu **vois** ton copain. Il/Elle/On **voit** un accident.	Nous **voyons** un film. Vous **voyez** un match de baseball. Ils/Elles **voient** le professeur.

1 Weekend à Paris

Les personnes suivantes passent le weekend à Paris. Décrivez ce que chacun voit.

▶ Olivier   **Olivier voit Notre-Dame.**

Notre-Dame

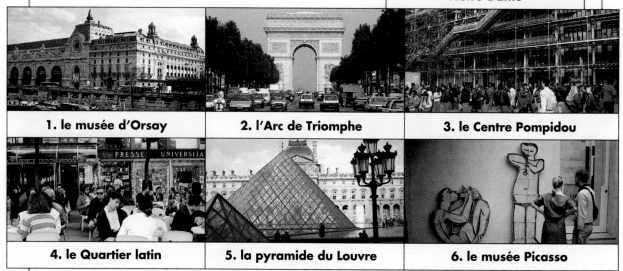

1. le musée d'Orsay	2. l'Arc de Triomphe	3. le Centre Pompidou
4. le Quartier latin	5. la pyramide du Louvre	6. le musée Picasso

1. nous   3. moi   5. vous
2. toi   4. Sophie   6. les touristes japonais

2 Questions personnelles

1. Est-ce que tu vois bien? Est-ce que tu portes des lunettes?
2. Est-ce que tu vois tes amis pendant les vacances? Est-ce que tu vois tes professeurs?
3. Est-ce que tu vois souvent tes cousins? Est-ce que tu vois tes cousins pendant les vacances? à Noël?
4. Qu'est-ce que tu préfères voir à la télé? un match de football ou un match de baseball?
5. Quand tu vas au cinéma, quels films aimes-tu voir? les comédies? les films d'aventures? les films policiers *(detective movies)*?

B. Le passé composé des verbes réguliers en *-ir* et *-re*

Note the passé composé of the verbs below, paying special attention to the ending of the past participle.

choisir	J'ai **choisi** ce disque.	Je **n'ai pas choisi** cette cassette.
finir	Nous **avons fini** le magazine.	Nous **n'avons pas fini** le livre.
vendre	Tu **as vendu** ton vélo.	Tu **n'as pas vendu** ta moto.
attendre	Jacques **a attendu** Paul.	Il **n'a pas attendu** François.
répondre	J'ai **répondu** au professeur.	Tu **n'as pas répondu** à la question.

The past participle of regular **-ir** and **-re** verbs is formed as follows:

-ir → -i	-re → -u
chois**ir** → chois**i**	vend**re** → vend**u**
fin**ir** → fin**i**	attend**re** → attend**u**

3 Besoins d'argent *(Money needs)*

Parce qu'elles ont besoin d'argent, les personnes suivantes ont vendu certains objets. Dites ce que chaque personne a vendu.

▶ Philippe/sa guitare
Philippe a vendu sa guitare.

1. M. Roche/sa voiture
2. mes copains/leur chaîne stéréo
3. moi/mon appareil-photo
4. toi/ton vélo
5. les voisins/leur piano
6. nous/nos livres
7. vous/votre ordinateur
8. François et Victor/leurs disques

4 Bravo!

Les personnes suivantes méritent *(deserve)* des félicitations *(congratulations)*. Expliquez pourquoi.

▶ les élèves/réussir à l'examen
Les élèves ont réussi à l'examen.

1. M. Bedon/maigrir
2. Mlle Legros/perdre dix kilos
3. Florence/gagner le match de tennis
4. ces enfants/finir leur soupe
5. nous/choisir une classe difficile
6. toi/finir les exercices
7. Marc/rendre visite à un copain à l'hôpital
8. vous/attendre vos copains
9. les élèves/répondre en français

— À vendre —
INSTRUMENTS DE MUSIQUE

5 Non!

Jean-Louis répond négativement aux questions de Béatrice. Jouez les deux rôles.

▶ gagner le match / perdre

Tu as gagné le match?

Non! J'ai perdu.

1. étudier ce weekend / rendre visite à un copain
2. acheter une cassette / choisir un compact
3. finir ce livre / regarder la télé
4. vendre ta guitare / vendre mon appareil-photo
5. téléphoner à Marc / rendre visite à son cousin
6. maigrir / grossir
7. répondre à la lettre / téléphoner

6 Aujourd'hui et hier

Dites ce que les personnes suivantes font aujourd'hui et ce qu'elles ont fait hier.

▶ Paul / acheter un blouson / un pantalon
Aujourd'hui, Paul achète un blouson.
Hier, il a acheté un pantalon.

1. moi / téléphoner à mon cousin / à mes copains
2. toi / finir ce livre / ce magazine
3. nous / manger des sandwichs / une pizza
4. Mélanie / choisir une jupe / un chemisier
5. les élèves / réussir à l'examen de français / à l'examen d'anglais
6. Philippe / vendre sa chaîne stéréo / ses disques
7. Philippe et Jean-Pierre / rendre visite à leurs cousins / à leur grand-mère
8. les touristes / attendre le train / le car

7 Excuses

Quand Olivier ne fait pas une chose, il a toujours une excuse. Jouez le dialogue entre Olivier et sa soeur Caroline.

▶ étudier / perdre mon livre

Tu as étudié?

Pourquoi est-ce que tu n'as pas étudié?

Non, je n'ai pas étudié.

Parce que j'ai perdu mon livre.

1. jouer au tennis / perdre ma raquette
2. acheter une veste / choisir un blouson
3. finir le livre / regarder la télé
4. rendre visite à Marc / étudier
5. réussir à l'examen / perdre mes notes
6. écouter tes disques / vendre ma chaîne stéréo

C. Le passé composé des verbes *être, avoir, faire, mettre* et *voir*

The verbs **être, avoir, faire, mettre,** and **voir** have irregular past participles.

être	→	**été**	Nous **avons été** à Paris.
avoir	→	**eu**	M. Lambert **a eu** un accident.
faire	→	**fait**	Qu'est-ce que tu **as fait** hier?
mettre	→	**mis**	Nous **avons mis** des jeans.
voir	→	**vu**	J'ai **vu** un bon film.

"On n'a jamais fait quelque chose d'aussi appétissant avec des petits pois."

MONOPRIX
UNIPRIX

➡ In the passé composé, the verb **être** has two different meanings:

Mme Lebrun **a été** malade.　　*Mme Lebrun **has been** sick.*
Elle **a été** à l'hôpital.　　*She **was** in the hospital.*

8 Dialogue

Demandez à vos camarades s'ils ont fait les choses suivantes récemment *(recently)*.

▶ faire une promenade?
　—**Est-ce que tu as fait une promenade récemment?**
　—**Oui, j'ai fait une promenade. (Non, je n'ai pas fait de promenade.)**

1. faire un pique-nique?
2. faire une promenade en voiture?
3. être malade *(sick)?*
4. avoir la grippe *(flu)?*
5. avoir une dispute *(fight)* avec ton copain?

6. avoir une bonne surprise?
7. avoir un «A» en français?
8. voir un film?
9. voir tes cousins?
10. mettre des affiches dans ta chambre?

9 Pourquoi?

Avec vos camarades de classe, parlez des personnes suivantes.

▶ Éric est content.
　(avoir un «A» à l'examen)

1. Mes copains sont furieux.
　(avoir un «F» à l'examen)
2. Pauline est très contente. (voir son copain)
3. Mon père n'est pas content. (avoir une dispute avec son chef [*boss*])
4. Philippe est pâle. (voir un accident)
5. Juliette est fatiguée *(tired)*. (faire du jogging)
6. Alice et Laure sont bronzées *(tanned)*. (être à la mer)
7. Mon frère est fatigué. (faire des exercices de gymnastique)
8. Patrick et Marc sont contents. (voir un bon film)
9. Isabelle est très élégante. (mettre une jolie robe)

Éric est content.

Ah, bon? Pourquoi?

Il a eu un «A» à l'examen.

10 Vive les vacances!

Dites où les personnes suivantes ont été pendant les vacances. Dites aussi si oui ou non elles ont fait les choses entre parenthèses. Soyez logique *(Be logical)*.

▶ Christophe: à la piscine (étudier / nager)
  Christophe a été à la piscine. Il n'a pas étudié. Il a nagé.

1. Sylvie: à la montagne (nager / faire de l'alpinisme)
2. nous: à la campagne (visiter des monuments / faire du camping)
3. vous: à Paris (parler italien / voir la tour Eiffel)
4. moi: à la mer (faire de la planche à voile / travailler)
5. mes parents: en Égypte (voir les pyramides / visiter Paris)
6. vous: dans un club de sport (faire de la gymnastique / grossir)
7. Christine: à la plage (mettre des lunettes de soleil / jouer au tennis)

Vocabulaire: *Quand?*

	maintenant	avant	après
le jour	**aujourd'hui**	**hier**	**demain**
le matin	**ce matin**	**hier matin**	**demain matin**
l'après-midi	**cet après-midi**	**hier après-midi**	**demain après-midi**
le soir	**ce soir**	**hier soir**	**demain soir**
le jour	**samedi**	**samedi dernier** *(last)*	**samedi prochain** *(next)*
le weekend	**ce weekend**	**le weekend dernier**	**le weekend prochain**
la semaine	**cette semaine**	**la semaine dernière**	**la semaine prochaine**
le mois	**ce mois-ci**	**le mois dernier**	**le mois prochain**

---

11 Quand?

Demandez à vos camarades quand ils ont fait les choses suivantes. Ils vont répondre en utilisant une expression du **Vocabulaire.**

▶ faire tes devoirs?

1. faire des achats?
2. nettoyer ta chambre?
3. rencontrer tes voisins?
4. voir ton copain?
5. voir un film?
6. avoir un examen?
7. faire une promenade à pied?
8. être en ville?
9. mettre *(set)* la table?

> Quand est-ce que tu as fait tes devoirs?

> J'ai fait mes devoirs hier après-midi.

(vendredi soir, le weekend dernier, . . .)

12 **Le passé et le futur**

Décrivez ce que vous avez fait (phrases 1 à 5) et ce que vous allez faire (phrases 6 à 10). Dites la vérité … ou utilisez votre imagination!

1. Ce matin, j'ai … ✓
2. Hier matin, j'ai … ✓
3. Samedi après-midi, j'ai … ✓
4. La semaine dernière, j'ai … ✓
5. Le mois dernier, j'ai … ✓

6. Ce soir, je vais … ____
7. Demain soir, je vais … ____
8. Vendredi soir, je vais … ____
9. Le weekend prochain, je vais … ____
10. La semaine prochaine, je vais … ____

13 **Questions personnelles**

1. En général, est-ce que tu étudies avant ou après le dîner?
2. En général, est-ce que tu regardes la télé avant ou après le dîner?
3. À quelle heure est-ce que tu as dîné hier soir?
4. Quel programme de télé est-ce que tu as regardé hier après-midi?
5. Qu'est-ce que tu vas faire le weekend prochain?
6. Où vas-tu aller le weekend prochain?

Prononciation

Les lettres «gn»

gn /ɲ/

The letters "**gn**" represent a sound similar to the "**ny**" in *canyon*. First, practice with words you know.

Répétez: **espagnol   gagner   mignon
la montagne   la campagne
un magnétophone**

espagnol

Now try saying some new words. Make them sound French!

Répétez: **Champagne   Espagne** (Spain)   **un signe
la vigne** (vineyard)   **la ligne** (line)   **un signal
la dignité   ignorer   magnétique   magnifique   Agnès**

Agnès Mignard a gagné son match. C'est magnifique!

(L'alibi, p. 318)

La réponse de l'inspecteur:

C'est Patrick Lescrot le cambrioleur. Samedi après-midi, il y a eu une panne d'électricité. Patrick Lescrot n'a pas pu *(was not able to)* regarder la télé. Son alibi n'est pas valable *(valid)*.

À votre tour!

1 **Allô!**

Reconstituez la conversation entre Robert et Julien. Pour cela, faites correspondre les réponses de Julien avec les questions de Robert.

1. Tu as fini tes devoirs de français?

2. Qu'est-ce que tu as fait alors?

3. Tu as gagné?

4. Mais d'habitude *(usually)* tu joues bien?

5. Peut-être que Caroline a joué mieux *(better)* que toi?

a. Non, j'ai perdu!

b. Non, je n'ai pas étudié cet après-midi.

c. C'est vrai, mais aujourd'hui, je n'ai pas eu de chance . . .

d. J'ai joué au tennis avec Caroline.

e. Tu as raison. Elle a joué comme une championne.

2 **Dis-moi . . .**

I will tell you about some nice things that happened to me recently; then you will tell me about three nice things that happened to you.

- J'ai réussi à mon examen d'anglais. (J'ai eu un «A».)
- J'ai eu un rendez-vous avec une personne très intéressante.
- J'ai vu un très bon film.

Et maintenant, dis-moi . . .

3 **Créa-dialogue**

Avec vos camarades, discutez de ce que vous avez fait récemment *(recently)*. Vous pouvez utiliser les expressions et les activités suggérées. Continuez la conversation avec des questions supplémentaires.

Quand?		Quoi?	
dimanche après-midi	lundi dernier	jouer au tennis	dîner au restaurant
hier soir	la semaine dernière	faire des achats	voir un film
samedi soir	le mois dernier	faire une promenade	avoir un rendez-vous
le weekend dernier		à la campagne	rendre visite à un
		voir mes cousins	copain

▶ —Qu'est-ce que tu as fait <u>dimanche après-midi</u>?
—<u>J'ai joué au tennis avec ma soeur.</u>
—<u>Est-ce que tu as gagné</u>?
—<u>Non, j'ai perdu.</u>
—<u>Dommage!</u>

4 Situation

Avec un(e) camarade, composez un dialogue original correspondant à la situation suivante. Jouez ce dialogue en classe.

Your friend Michèle (played by a classmate) went to Canada for spring vacation.

Ask Michèle . . .

- how she traveled (by plane? by car?)
- if she visited Montreal
- whom she visited (**rendre visite à**)
- if she saw Quebec City (**Québec**)
- if she went skiing and with whom
- if she went shopping and what she bought

5 Conversation libre

Avec un(e) camarade, composez un dialogue basé sur la situation suivante. Jouez ce dialogue en classe.

Philippe spent spring vacation in Nice, on the French Riviera (**la Côte d'Azur**). Juliette spent her vacation in a small village high in the Alps (**les Alpes**). They meet and compare what they did. (In your dialogue, try to use several expressions with **faire**.)

▶ PHILIPPE: **J'ai été à Nice. J'ai fait de la voile.**
JULIETTE: **Moi, j'ai été dans les Alpes. J'ai fait du ski.**

6 Composition: Quand?

Describe two things that you or people you know have done at each of the times indicated below:

La semaine dernière, ...   *Le mois dernier, ...*   *L'an dernier (Last year), ...*

▶ **La semaine dernière, mon père a vendu sa voiture.**
La semaine dernière, mes cousins ont acheté une moto.

Comment dit-on . . . ?

How to wish someone good luck or give encouragement:

Bonne chance!   **Bon courage!**

32

LEÇON

Qui a de la chance?

Vendredi après-midi

Anne et Valérie parlent de leurs projets pour le weekend.

ANNE: Qu'est-ce que tu vas faire samedi soir?

VALÉRIE: Je vais aller au cinéma avec Jean-Pierre.

ANNE: Tu as de la chance! Moi, je dois rester à la maison.

VALÉRIE: Mais pourquoi?

ANNE: Les amis de mes parents viennent chez nous ce weekend. Mon père insiste <u>pour que</u> je reste pour le dîner. <u>Quelle barbe!</u>   *that / What a pain!*

VALÉRIE: C'est vrai! Tu n'as pas de chance!

Lundi matin

Anne et Valérie parlent de leur weekend.

ANNE: Alors, tu as passé un bon weekend?

VALÉRIE: Euh non, pas très bon.

ANNE: Mais tu <u>es sortie</u> avec Jean-Pierre!   *went out*

VALÉRIE: C'est vrai. Je <u>suis allée</u> au cinéma avec lui . . .   *went*

Nous avons vu un très, très mauvais film! Après le film, j'ai eu une <u>dispute</u> avec   *quarrel*
Jean-Pierre. Et, <u>en plus</u>, j'ai perdu   *in addition*
mon <u>porte-monnaie</u> . . . et je <u>suis rentrée</u>   *wallet / went back*
chez moi à pied! Et toi, tu <u>es restée</u>   *stayed*
chez toi?

ANNE: Non.

VALÉRIE: Comment? Les amis de tes parents <u>ne sont pas venus</u>?   *didn't come*

ANNE: Si, si, ils sont venus . . . avec leur fils!

VALÉRIE: Et alors?

ANNE: Eh bien, c'est un garçon très <u>sympa</u> et très amusant . . .   *sympa = sympathique*
Après le dîner, nous <u>sommes allés</u> au   *went*
Zénith.* Nous avons assisté à un concert
de rock absolument extraordinaire. Après,
nous sommes allés dans un café et nous
avons fait des projets pour le weekend
prochain.

VALÉRIE: Qu'est-ce que vous allez faire?

ANNE: Nous allons faire une promenade à la campagne dans
la nouvelle voiture de sport de Thomas. (C'est le nom de
mon nouveau copain!)

VALÉRIE: Toi, vraiment, tu as de la chance!

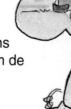

* Une salle *(hall)* de concert à Paris, parc de la Villette.

Compréhension

1. Qu'est-ce que Valérie va faire samedi soir?
2. Pourquoi est-ce qu'Anne doit *(must)* rester à la maison?
3. Est-ce que Valérie a aimé le film?
4. Qu'est-ce qu'elle a perdu?
5. Comment est-ce qu'elle est rentrée chez elle?
6. Où et avec qui est-ce qu'Anne a dîné?
7. Où est-ce qu'elle est allée après le dîner?
8. Qu'est-ce qu'elle va faire le weekend prochain?
9. Comment s'appelle son nouveau copain?

Et toi?

Dis si oui ou non tu as fait les choses suivantes samedi dernier.

1. (Je suis / Je ne suis pas) … allé(e) en ville.
2. (Je suis / Je ne suis pas) … allé(e) au cinéma.
3. (Je suis / Je ne suis pas) … allé(e) à un concert.
4. (Je suis / Je ne suis pas) … rentré(e) chez moi pour le dîner.
5. (Je suis / Je ne suis pas) … resté(e) chez moi le soir.

NOTE CULTURELLE

Les jeunes Français et la musique

«Pour moi, la musique c'est tout!»° déclare Anne, une jeune Française de quinze ans. Sa copine Hélène est d'accord:° «Aujourd'hui, on ne peut pas° vivre° sans° musique.»

Comme les jeunes Américains, les jeunes Français sont des «fanas»° de musique. Quel type de musique est-ce qu'ils préfèrent? D'abord le rock. Ils aiment aussi la chanson° française et la chanson étrangère,° la musique classique, la musique folk et le jazz.

Les jeunes Français ont l'équipement nécessaire pour écouter leur musique favorite: 70% ont une radio, 58% une chaîne stéréo, 42% un lecteur CD et 39% un walkman. Dans les grandes villes, les jeunes vont au concert. À Paris, ils vont à Bercy ou au Zénith écouter les grandes vedettes° de la chanson française et de la musique anglaise et américaine.

Les jeunes Français ne se contentent pas° d'écouter la musique. Beaucoup jouent d'un instrument. Ils jouent du piano, de la flûte, de la guitare et du synthétiseur° . . . Et toi, est-ce que tu peux vivre sans musique? Est-ce que tu joues d'un instrument? De quel instrument joues-tu?

tout *everything*   **est d'accord** *agrees*   **ne peut pas** *cannot*
vivre *live*   **sans** *without*   **fanas** = **fanatiques**
chanson *song*   **étrangère** *foreign*   **vedettes** *stars*
ne se contentent pas *do not limit themselves*
synthétiseur *keyboard*

PARIS BERCY

A. Le passé composé avec *être*

Note the forms of the passé composé of **aller** in the sentences below, paying attention to the endings of the past participle **(allé).**

Jean-Paul **est allé** au cinéma.	*Jean-Paul **went** to the movies.*
Mélanie **est allée** à la plage.	*Mélanie **went** to the beach.*
Éric et Patrick **sont allés** en ville.	*Éric and Patrick **went** downtown.*
Mes copines **sont allées** à la campagne.	*My friends **went** to the country.*

The passé composé of **aller** and certain verbs of motion is formed with **être** according to the pattern:

> PRESENT of **être** + PAST PARTICIPLE

➡ When the passé composé of a verb is conjugated with **être** (and not with **avoir**), the PAST PARTICIPLE *agrees* with the SUBJECT in gender and number.

INFINITIVE	aller	
PASSÉ COMPOSÉ	je **suis allé** tu **es allé** il **est allé** nous **sommes allés** vous **êtes allés** ils **sont allés**	je **suis allée** tu **es allée** elle **est allée** nous **sommes allées** vous **êtes allées** elles **sont allées**
NEGATIVE	je **ne suis pas allé**	je **ne suis pas allée**
INTERROGATIVE	est-ce que tu **es allé?** tu **es allé?** (es-tu **allé?**)	est-ce que tu **es allée?** tu **es allée?** (es-tu **allée?**)

➡ When **vous** refers to a single person, the past participle is in the singular:

Mme Mercier, est-ce que vous êtes **allée** au concert hier soir?

1 À Paris

Des amis sont allés à Paris samedi dernier. Chacun est allé à un endroit différent. Dites qui est allé aux endroits suivants. Complétez chaque phrase avec le sujet approprié et la forme correspondante du verbe **aller.**

Olivier   Claire   Éric et Jacques   Anne et Monique

▶ <u>Anne et Monique</u> sont allées au Louvre.

1. ... allée à la tour Eiffel.
2. ... allé au Centre Pompidou.
3. ... allés à l'Opéra.
4. ... allées aux Galeries Lafayette.
5. ... allé à la Villette.
6. ... allés au Zénith.
7. ... allé au musée d'Orsay.
8. ... allées au Quartier latin.

Musée d'Orsay petit guide

2 Conversation

Demandez à vos camarades s'ils sont allés aux endroits suivants.

▶ ce matin / à la bibliothèque?

Ce matin, est-ce que tu es allé à la bibliothèque?

Oui, je suis allé à la bibliothèque.

(Non, je ne suis pas allé à la bibliothèque.)

1. hier matin/à l'école?
2. hier soir/au cinéma?
3. dimanche dernier/au restaurant?
4. samedi dernier/dans les magasins?
5. l'été dernier/chez tes cousins?
6. le weekend dernier/à la campagne?
7. le mois dernier/à un concert?
8. la semaine dernière/chez le coiffeur *(barber, hairdresser)*?
9. les vacances dernières/à la mer?

3 Le weekend dernier

Dites ce que les personnes de la Colonne A ont fait en choisissant une activité de la Colonne B. Puis dites où ces personnes sont allées en choisissant un endroit de la Colonne C. Soyez logiques!

A	B	C
je	voir des clowns	à la campagne
tu	nager	au zoo
nous	dîner en ville	dans un magasin de chaussures
Catherine	regarder les éléphants	à la bibliothèque
vous	choisir des livres	à la plage
mon petit frère	faire une promenade	au restaurant
André et Thomas	acheter des sandales	au cirque *(circus)*
les filles		

▶ **J'ai nagé. Je suis allé(e) à la plage.**

4 Weekend

Des amis parlent de leur weekend.
Jouez ces dialogues.

▶ en ville / acheter des vêtements

1. au stade / regarder un match de foot
2. à la plage / jouer au volley
3. à une boum / danser
4. à la campagne / faire une promenade
   à pied
5. au Bon Marché / acheter des cassettes
6. dans un restaurant italien / manger des
   spaghetti

Vocabulaire: Quelques verbes conjugués avec *être* au passé composé

INFINITIVE	PAST PARTICIPLE		
aller	**allé**	*to go*	Nous **sommes allés** en ville.
arriver	**arrivé**	*to arrive*	Vous **êtes arrivés** à midi.
rentrer	**rentré**	*to return, go back, come back*	Nous **sommes rentrés** à la maison à onze heures.
rester	**resté**	*to stay*	Les touristes **sont restés** à l'hôtel Ibis.
venir	**venu**	*to come*	Qui **est venu** hier?

---

5 Qui est resté à la maison?

Samedi après-midi, les personnes suivantes ont fait certaines choses. Dites si oui ou non elles sont restées à la maison.

▶ Paul a regardé la télé.   Il est resté à la maison.
▶ Mélanie a fait des achats.   Elle n'est pas restée à la maison.

1. Mlle Joly a lavé sa voiture.
2. Nous avons fait une promenade à vélo.
3. Tu as nettoyé le garage.
4. Éric et Olivier ont joué au volley.
5. Christine et Isabelle ont travaillé dans le jardin.
6. Vous avez fait une promenade en voiture.
7. Mes cousins ont fait de la voile.
8. J'ai fait du jogging.

6 **La journée de Nathalie**

Pendant les vacances, Nathalie travaille dans une agence de tourisme. Le soir, elle raconte *(tells about)* sa journée à son père.

Je suis allée au bureau.

▶ aller au bureau *(office)*

1. arriver à neuf heures
2. téléphoner à un client anglais
3. parler avec des touristes japonais
4. aller au restaurant à midi et demi
5. rentrer au bureau à deux heures
6. copier des documents
7. préparer des billets *(tickets)* d'avion
8. rester jusqu'à *(until)* six heures
9. dîner en ville
10. rentrer à la maison à neuf heures

7 **Une question de circonstances** *(A matter of circumstances)*

Nos activités dépendent souvent des circonstances. Dites si oui ou non les personnes suivantes ont fait les choses indiquées.

▶ On est mardi aujourd'hui.
  • les élèves / rester à la maison?
    Les élèves ne sont pas restés à la maison.

1. On est dimanche.
   • M. Boulot / travailler?
   • nous / aller à l'école?
   • vous / dîner à la cantine *(school cafeteria)*?

2. Il fait très beau aujourd'hui.
   • moi / aller à la campagne?
   • mes copines / regarder la télé?
   • toi / venir à la piscine avec nous?

3. Il fait très mauvais!
   • Marc / faire un pique-nique?
   • Hélène et Juliette / rester à la maison?
   • ma mère / rentrer à la maison à pied?

4. Mes copains et moi, nous n'avons pas beaucoup d'argent.
   • toi / aller dans un restaurant cher?
   • mes copains / venir chez moi en taxi?
   • moi / acheter des vêtements?

B. La construction négative *ne ... jamais*

Compare the following negative constructions.

Éric **ne** parle **pas** à Paul.	*Éric does **not** speak to Paul.*
Éric **ne** parle **jamais** à Paul.	*Éric **never** speaks to Paul.*
Nous **n'**étudions **pas** le dimanche.	*We do **not** study on Sundays.*
Nous **n'**étudions **jamais** le dimanche.	*We **never** study on Sundays.*

To say that one NEVER does something, French speakers use the construction **ne ... jamais**, as follows:

SUBJECT	+	**ne**	+	VERB	+	**jamais** ...
Nous		**ne**		regardons		**jamais** la télé.

➡ **Ne** becomes **n'** before a vowel sound.

Nous **n'**allons **jamais** à l'opéra.

➡ Note the use of **ne ... jamais** in the passé composé:

Nous **n'**avons **jamais** visité Québec.	*We **never** visited Quebec.*
Je **ne** suis **jamais** allé à Genève.	*I **never** went to Geneva.*

8 Jamais le dimanche

Le dimanche les personnes suivantes ne font jamais ce qu'elles font pendant la semaine. Exprimez cette situation.

▶ François va à l'école.
Le dimanche, il ne va jamais à l'école.

1. Anne étudie.
2. Marc travaille.
3. Nous parlons français.
4. Vous allez à la bibliothèque.
5. M. Bernard va en ville.
6. Les élèves mangent à la cantine.
7. Tu rends visite à tes copains.
8. Vous dînez chez vous.
9. Je nettoie ma chambre.
10. Je lave la voiture.

9 Questions personnelles

Dans tes réponses, utilise les expressions **souvent, rarement** ou **ne ... jamais.**

▶ Est-ce que tu vas souvent au zoo?
Oui, je vais souvent au zoo.
(Non, je vais rarement au zoo.)
(Non, je ne vais jamais au zoo.)

1. Est-ce que tu parles souvent français à la maison?
2. Est-ce que tu mets *(set)* la table?
3. Est-ce que tu fais souvent ton lit?
4. Est-ce que tu téléphones souvent au professeur?
5. Est-ce que tu nages souvent en hiver?
6. Est-ce que tu vas souvent à l'opéra?
7. Est-ce que tu vois souvent des matchs de boxe?
8. Est-ce que tu voyages souvent en limousine?

Do you like cars? Then you must know about Michelin radial tires. But did you know that Michelin employs over 16,000 people in its North American plants in South Carolina, Alabama, and Nova Scotia?

C. Les expressions *quelqu'un, quelque chose* et leurs contraires

Compare the affirmative and negative constructions in heavy print.

—Tu attends **quelqu'un?**　　　　　　*Are you waiting for **someone (anyone)?***
—Non, je **n'**attends **personne.**　　　*No, I'm **not** waiting for **anyone.***

—Vous faites **quelque chose** ce soir?　*Are you doing **something (anything)** tonight?*
—Non, nous **ne** faisons **rien.**　　　　*No, we're **not** doing **anything.***
　　　　　　　　　　　　　　　　　　*No, we're doing **nothing.***

To refer to unspecified people or things, French speakers use the following expressions:

quelqu'un	someone, anyone somebody, anybody	**ne ... personne**	no one, not anyone nobody, not anybody
quelque chose	something, anything	**ne ... rien**	nothing, not anything

➡ Like all negative expressions, **personne** and **rien** require **ne** before the verb. Remember that **ne** becomes **n'** before a vowel sound.

➡ In short answers, **personne** and **rien** may be used alone.

　Qui est là? **Personne.**
　Qu'est-ce que tu fais? **Rien.**

Tu dînes avec quelqu'un?

Non, je ne dîne avec personne.

10 **Florence est malade** —————

Florence est malade *(sick)* aujourd'hui. Elle répond négativement aux questions de Paul.

▶ dîner avec quelqu'un?

1. inviter quelqu'un?
2. faire quelque chose ce soir?
3. manger quelque chose à midi?
4. regarder quelque chose à la télé?
5. attendre quelqu'un ce matin?

6. voir quelqu'un cet après-midi?
7. préparer quelque chose pour le dîner?
8. rencontrer quelqu'un après le dîner?

Prononciation　　　　　　　　　　　　　**qu** /k/

Les lettres «qu»

The letters **"qu"** represent the sound /k/. First, practice with words you know.

un bouquet

Répétez:　**qui　quand　quelque chose　quelqu'un　quatre　quatorze　Québec
　　　　　Monique　Véronique　sympathique　un pique-nique　le ski nautique**

Now try reading some new words. Make them sound French!

Répétez:　**un bouquet　un banquet　la qualité　la quantité　la conséquence
　　　　　une équipe** *(team)* **l'équipement　fréquent　la séquence**

　　　　　Véronique pense que Monique aime la musique classique.

À votre tour!

1 Allô!

Reconstituez la conversation entre Sophie et Charlotte. Pour cela, faites correspondre les réponses de Charlotte avec les questions de Sophie.

1 Tu es restée chez toi samedi soir?

2 Qu'est-ce que vous avez vu?

3 Qu'est-ce que vous avez fait ensuite?

4 Vous avez mangé quelque chose?

5 À quelle heure es-tu rentrée chez toi?

a Oui, des sandwichs.

b À onze heures et demie.

c Un vieux western avec Gary Cooper.

d Nous sommes allées dans un café sur le boulevard Saint Michel.

e Non! J'ai téléphoné à une copine et nous sommes allées au cinéma.

2 Dis-moi ...

I will tell you a few things that I did Saturday; then you will tell me where you went on Saturday and what you did.

- Le matin, je suis resté(e) à la maison. J'ai nettoyé ma chambre.
- L'après-midi, je suis allé(e) au cinéma avec mon copain Jean-Claude. Nous avons vu une comédie. Après, je suis rentré(e) chez moi.
- Le soir, j'ai dîné avec mes parents. Après, je suis resté(e) dans ma chambre et j'ai écouté mes cassettes.

Et maintenant, dis-moi ...

3 Créa-dialogue

Avec vos copains, discutez de ce que vous avez fait récemment *(recently)*. Utilisez les suggestions suivantes.

▶ —Tu es resté(e) chez toi hier matin?
  —Oui, je suis resté(e) chez moi.
  —Qu'est-ce que tu as fait?
  —J'ai nettoyé ma chambre.

▶ —Tu es resté(e) chez toi hier matin?
  —Non, je ne suis pas resté(e) chez moi.
  —Qu'est-ce que tu as fait?
  —Je suis allé(e) à l'école.

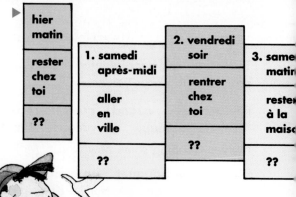

hier matin	1. samedi après-midi	2. vendredi soir	3. same matin
rester chez toi	aller en ville	rentrer chez toi	reste à la maiso
??	??	??	??

4 Situation

Avec un(e) camarade, composez un dialogue correspondant à la situation suivante. Jouez ce dialogue en classe.

Your French friend Marie-Hélène (played by your classmate) has just come back from a vacation with a great suntan. Try to find out . . .
- where she went
- how long **(combien de temps)** she stayed there
- what she did
- when she came back

5 Conversation libre

Avec un(e) camarade, composez un dialogue original basé sur la situation suivante.

You and your cousin Valérie have not seen each other for a while. Talk about what you did either . . .
- last night **(hier soir),** or
- during spring vacation **(pendant les vacances de printemps),** or
- during summer vacation **(pendant les vacances d'été)**

You will each ask the other at least three different questions to find out where your cousin went and what she saw or did, etc.

6 Composition: Un voyage

Write a short paragraph describing a trip you took — real or imaginary! You may want to use some of the following suggestions.

aller (où?)
voyager (comment?)
arriver (quel jour?)
rester (où? combien de temps?)
visiter (quoi?)

voir (quoi?)
rencontrer (qui?)
acheter (quoi?)
faire (quoi?)
rentrer (quel jour?)

▶ **L'été dernier, je suis allé(e) à Montréal . . .**

Comment dit-on . . . ?

How to celebrate a happy occasion:

Bon anniversaire!

Bonne année!

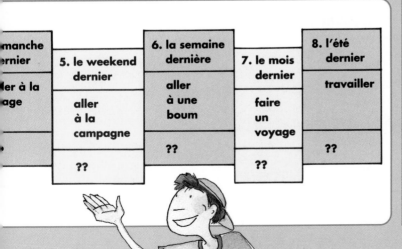

manche ernier	5. le weekend dernier	6. la semaine dernière	7. le mois dernier	8. l'été dernier
er à la age	aller à la campagne	aller à une boum	faire un voyage	travailler
	??	??	??	??

Petit test culturel

Sports, vacances et tourisme

Quand on est en vacances, on aime voyager. Est-ce que vous pouvez répondre aux questions suivantes? Vérifiez vos réponses au bas° de la page.

1 Christèle habite à Paris. Elle va passer les vacances à Nice chez des cousins. Où est-ce qu'elle va passer les vacances?
   a. à la mer
   b. à la montagne
   c. à la campagne
   d. chez elle

2 Les Dupont adorent passer les vacances à la montagne. Cette année ils ont réservé une chambre d'hôtel. Dans quelle ville?
   a. à Bordeaux
   b. à Marseille
   c. à Grenoble
   d. à Tours

3 En hiver, beaucoup de touristes vont à la Martinique. Quel sport est-ce qu'on ne peut° pas pratiquer là-bas?
   a. le ski
   b. le ski nautique
   c. la voile
   d. la planche à voile

4 Nous sommes en février. Un copain revient de vacances bien bronzé.° Il dit:° «J'ai passé d'excellentes vacances dans une île° où on parle français.» Où est-il allé?
   a. aux Bermudes
   b. à Tahiti
   c. à Puerto Rico
   d. à la Jamaïque

5 Madame Gilbert travaille pour une agence de tourisme. Samedi dernier, elle est allée de Paris à New York. Elle dit: «J'ai fait la traversée° de l'Atlantique en trois heures!» Quel avion est-ce qu'elle a pris?°
   a. un Boeing 747
   b. un DC-10
   c. un Airbus
   d. un Concorde

6 Quand il est rentré de vacances, Jean-François a dit:° «J'ai passé un mois magnifique chez mon oncle en Bretagne.» Dans quelle partie de la France est-ce qu'il est allé?
   a. à l'ouest°
   b. à l'est
   c. au sud
   d. au nord

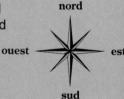

RÉPONSES:

1a. Nice est une ville située sur la mer Méditerranée.   2c. Grenoble est une ville située dans les Alpes.   3a. La Martinique est une île tropicale. On ne peut pas faire de ski à la Martinique.   4b. Tahiti est une île française située dans l'océan Pacifique sud.   5d. Le Concorde est un avion supersonique.   6a. La Bretagne est une région située dans l'ouest de la France.

au bas *at the bottom*   **peut** *can*   **bronzé** *tanned*   **dit** *says*   **île** *island*   **traversée** *crossing*   **a pris** *did . . . take*
a dit *said*   **ouest** *west*

EN FRANCE

Vive le sport!

Quels sports pratiquez-vous pendant les vacances? Où allez-vous pour pratiquer votre sport favori? Voici plusieurs possibilités:

- Quels sports est-ce qu'on peut pratiquer dans ce club?
- En quelle saison?
- Quel est le numéro de téléphone du club?

TENNIS ACTION — DE MAI À SEPTEMBRE — GOLF ACTION

STAGES CET ÉTÉ À PARIS!

01 47 34 36 36

Vous aimez...
le SKI NAUTIQUE...
la PLANCHE À VOILE ?

C'est maintenant à 10 min.
du Centre-Ville !!!

SKI NAUTIQUE et PLANCHE À VOILE ?

C'est, maintenant, sur la belle plage
du PLM *La Batelière*
les skis nautiques,
les 8 Dufour et
les 4 Windglider de

SPORTS LOISIRS

LOCATION OUVERTE TOUTE LA SEMAINE ET LE DIMANCHE de 9h à 17h sans interruption

- Comment s'appelle ce club?
- Quels sports est-ce qu'on peut pratiquer dans ce club?

- Comment s'appelle ce centre de loisirs?°
- Quels sports est-ce qu'on peut pratiquer?
- Quelles autres° activités sont offertes?

LE STADIUM CENTRE DE LOISIRS

VACANCES DE PÂQUES

PATINAGE
SKATE
NATATION

BOWLING
JUDO et
sports de combat
DANSE

SAMEDI SOIR - Animation
SPÉCIALE AVEC L'ORCHESTRE
SQUAD - 21 h à 24 h

66, AVENUE D'IVRY (M°PORTE D'IVRY) **05.45.83.11.00**

Vous avez la possibilité d'aller dans un des endroits mentionnés plus haut.° Quel endroit est-ce que vous allez choisir? Pourquoi?

loisirs *leisure activities*   **autres** *other*   **plus haut** *above*

Entre amis: Le weekend

Qu'est-ce que vous faites le weekend? Qu'est ce que vous avez fait le weekend dernier? Voici les réponses de cinq jeunes du monde° francophone.°

Carole, 15 ans, France

Le weekend dernier, j'ai fait une promenade en mobylette avec une copine. Nous sommes allées à la campagne.
À midi, on a fait un pique-nique. Après, on a visité un vieux château en ruines. Malheureusement,° j'ai eu une crevaison.° Je suis rentrée chez moi seulement° pour le dîner. Après le dîner, j'ai regardé la télé et j'ai fait mes devoirs pour lundi.

Pierre, 16 ans, la Martinique

Le samedi, je joue généralement au foot. Je fais partie de° l'équipe° junior de mon village. Le week-end dernier, nous avons fait un match. Nous avons bien joué, mais nous avons perdu! Après le match, je suis allé à la plage. Le soir, je suis allé chez des copains. Nous avons mis de la musique et nous avons dansé.

Yvan, 14 ans, Québec

Le matin, je suis allé à la patinoire° avec des copains, mais je ne suis pas resté très longtemps.° À midi, je suis rentré chez moi. L'après-midi, j'ai aidé mes parents à repeindre° la cuisine. Pour le dîner, nous sommes allés au restaurant.

Élisabeth, 15 ans, Belgique

Samedi matin, j'ai fait des achats. J'ai choisi un cadeau° pour l'anniversaire de mon père. (J'ai acheté une cravate en soie.°) L'après-midi, je suis allée au ciné-club avec un copain. Nous avons vu *Les Temps modernes*, un vieux film de Charlie Chaplin. Après, nous sommes allés dans un café et nous avons rencontré d'autres° copains. J'ai passé la soirée° en famille.

Djemila, 16 ans, Algérie

Samedi dernier, nous avons eu une grande réunion de famille chez mon oncle Karim. Une centaine° de personnes sont venues. Nous avons fait un «méchoui». (C'est un repas° où on rôtit° un mouton° entier à la broche.°) J'ai eu l'occasion° de voir tous° mes cousins et cousines. On s'est bien amusé!°

monde *world* francophone *French-speaking*
Malheureusement *Unfortunately* crevaison *flat tire*
seulement *just* cadeau *present* soie *silk* d'autres *other*
soirée *evening* fais partie de *am a member of* équipe *team*
Une centaine *About a hundred* repas *meal* rôtit *roasts*
mouton *sheep* à la broche *on the spit* occasion *chance*
tous *all* On s'est bien amusé! *We had a good time!*
patinoire *skating rink* très longtemps *for a very long time*
repeindre *to repaint*

■ NOTES ■ CULTURELLES

Alger

1 L'Algérie

L'Algérie est un pays° d'Afrique du Nord. C'est une ancienne° colonie française. Aujourd'hui beaucoup de familles d'origine algérienne habitent en France. Dans ces familles, on parle généralement français et arabe.

Comment lire
WORDS WITH SEVERAL MEANINGS

Sometimes a word may have several meanings. For example, the French word
temps can mean:

weather	Quel beau **temps!**
time	Je n'ai pas le **temps** d'aller au cinéma.

Enrichissez votre vocabulaire
MORE COGNATE PATTERNS

Here are two important cognate patterns that will help you read French more easily.

- French verbs in **-er** sometimes correspond to English verbs in *-ate*.
  situer   *to situate*
  Note also how this pattern works in past participles:
  situé   *situated*

- The circumflex accent on a vowel often indicates that the English cognate
  contains an "*s.*"
  rôtir   *to roa̲st*
  coûter   *to co̲st*

Activité

Can you identify the English equivalents of the following French words?

- **séparer   indiquer   associer   apprécier   opérer
  décoré   créé   libéré   illustré   agité   animé**

- **un hôpital   une forêt   honnête   en hâte   une hôtesse   une île**

2 La Belgique

La Belgique est un petit pays
situé au nord-est° de la France.
Sa capitale, Bruxelles, est
un centre européen important.
La Belgique est un pays
trilingue. Les langues
officielles sont le français, le
néerlandais *(dutch)* et l'allemand.

pays *country* **ancienne** *former*
nord-est *northeast*

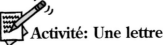

Activité: Une lettre

Imaginez que vous avez passé le weekend
avec l'une des cinq personnes. Choisissez
cette personne (Carole, Élisabeth, Pierre,
Djemila ou Yvan). Dans une lettre,
décrivez ce weekend de votre point de vue
personnel.

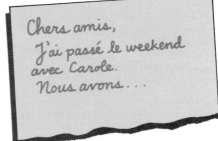

▶ Chers amis,
J'ai passé le weekend
avec Carole.
Nous avons...

Variétés

Les quatre erreurs d'Hélène

Pendant les vacances, Hélène Ladoucette, une jeune étudiante québécoise, est allée en France. Là, elle a voyagé et elle a visité beaucoup d'endroits différents. Pendant son voyage, elle a écrit des cartes postales à ses copains. Dans chaque° carte postale, Hélène a fait une erreur.° (Les erreurs d'Hélène concernent l'histoire ou la géographie.) Pouvez-vous° trouver ces erreurs? Lisez° attentivement chaque carte et découvrez° l'erreur qui s'y trouve.°

Paris, le 2 juillet

Cher Alain,

Je suis arrivée à Paris samedi dernier. Avant-hier,° j'ai visité Notre-Dame et le musée d'Orsay. Hier, j'ai rendu visite à une copine parisienne. Nous avons fait une promenade sur la Saône en bateau-mouche.° Après, nous sommes allées dans un restaurant qui s'appelle la "Petite Marmite". J'ai mangé des escargots!°

Amitiés,
Hélène

PARIS

Deauville, le 8 juillet

Ma chère Pauline,

Je suis maintenant en Normandie. Je suis venue ici avec Véronique, ma copine parisienne. Il y a beaucoup de choses à faire ici. Hier, nous avons visité le Havre, un grand port sur l'Atlantique. Aujourd'hui, nous sommes allées sur les plages où les soldats° canadiens et américains ont débarqué° en 1844. C'est très impressionnant!°

Amicalement, Hélène

NORMANDIE

chaque *each*   erreur *mistake*
Pouvez-vous *Can you*   **Lisez** *Read*   **découvrez** *discover*
qui s'y trouve *that is there*   **Avant hier** *The day before yesterday*
bateau-mouche *sight-seeing boat*   **escargots** *snails*
soldats *soldiers*   **ont débarqué** *landed*   **impressionnant** *impressive*

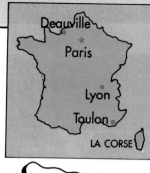

Lyon, le 10 juillet

Mes chers cousins,

Un grand bonjour de Lyon! Je suis arrivée ici hier matin. J'ai voyagé en TGV. Le TGV est un train très confortable et très rapide. (Je suis allée de Paris à Lyon en moins de° deux heures!) Lyon est une ville très moderne et très ancienne aussi. Elle a été fondée en 43 avant Jésus-Christ°. Ce matin, j'ai visité le musée du Louvre. Là, j'ai admiré les antiquités romaines.°

Affectueusement, Hélène

LYON

TOULON

Toulon, le 15 juillet

Ma chère Michèle,

Je suis arrivée ici hier, 14 juillet, pour la fête nationale française. Le matin, j'ai vu un défilé° militaire. Le soir, j'ai assisté aux feux d'artifice° et j'ai dansé dans les rues. Toulon est situé sur la Méditerranée. Demain, je vais aller en Corse° en bateau. La Corse est une île italienne très célèbre° parce que c'est là que Napoléon est né.°

Je t'embrasse,

Hélène

LES QUATRE ERREURS D'HÉLÈNE:

1. Paris est situé sur la Seine, et non sur la Saône. 2. Les soldats canadiens et américains ont débarqué en Normandie en 1944, et non en 1844. 3. Le musée du Louvre est à Paris, pas à Lyon. 4. La Corse est une île française, et non italienne.

---

moins de *less than*   **43 avant Jésus-Christ** *43 B.C.*   **romaines** *Roman*
défilé *parade*   **feux d'artifices** *fireworks*   **Corse** *Corsica*   **célèbre** *famous*
est né *was born*

UNITÉ 9

Les repas

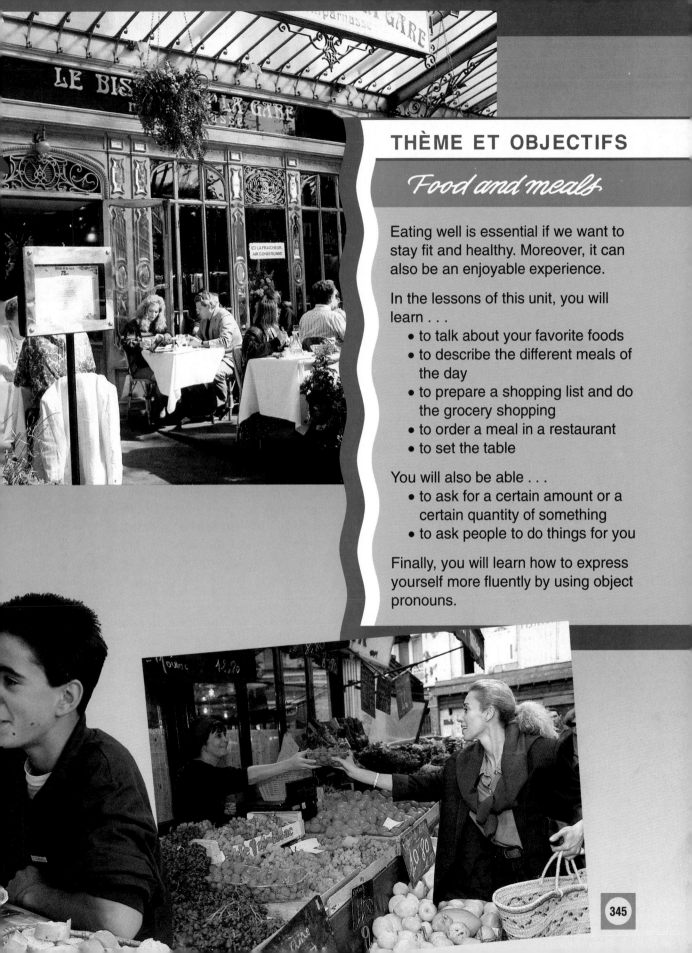

THÈME ET OBJECTIFS

Food and meals

Eating well is essential if we want to stay fit and healthy. Moreover, it can also be an enjoyable experience.

In the lessons of this unit, you will learn . . .
- to talk about your favorite foods
- to describe the different meals of the day
- to prepare a shopping list and do the grocery shopping
- to order a meal in a restaurant
- to set the table

You will also be able . . .
- to ask for a certain amount or a certain quantity of something
- to ask people to do things for you

Finally, you will learn how to express yourself more fluently by using object pronouns.

33 Les repas et la nourriture

LE FRANÇAIS PRATIQUE

Accent sur ... Les repas français

For French people, a meal is more than just food served on a plate. It is a social occasion in which family and friends sit down together to enjoy one another's company. French meals are different from American meals not only in terms of the foods and beverages that are served, but also in the way these foods are presented and in the order in which they are served.

- **Le petit déjeuner** (*Breakfast*)
  The French **petit déjeuner** is simpler and not as abundant as the American breakfast. Usually it consists of bread, warm toast **(du pain grillé)** or dry toast **(des biscottes),** eaten with butter and jam. Children drink hot milk with coffee **(du café au lait)** or hot chocolate served in deep bowls. On Sundays or special occasions, the first person up may go out to buy fresh croissants.

- **Le déjeuner** (*Lunch*)
  The French **déjeuner** is traditionally the main meal of the day. It begins with one or several appetizers **(les hors-d'oeuvre),** such as salami, cucumber salad, radishes, and grated carrots. Next, comes the main course **(le plat principal),** which may be a meat or fish dish accompanied by vegetables. This is followed by a green salad, a cheese course, and a dessert. Children drink water, mineral water, apple cider, or carbonated fruit juices. Adults drink mineral water and sometimes may enjoy a glass of wine. When coffee is served, it always comes at the very end of the meal.

• **Le goûter** (*Afternoon snack*)
When children come back from school, they often have a light snack which traditionally consists of bread and a piece of chocolate. Some days they may stop at the pastry shop **(la pâtisserie)** for a **pain au chocolat** (a croissant-like pastry with chocolate inside).

• **Le dîner** (*Supper*)
In France, supper is served between seven and eight o'clock. It is traditionally a simpler meal than lunch, consisting of soup, a light main course (such as a slice of ham, an omelet, pasta, or a light meat dish), and then a green salad and a simple dessert (yogurt or fruit).

Supper is a sit-down meal, served once everyone is home. This is the occasion for parents and children to spend time together and talk about the events of the day. (In France, children are not allowed to go to the refrigerator and fix their own meals. They are expected to sit down at the table and are not excused until everyone is finished.)

A. Les repas et la table

À quelle heure est-ce que tu prends le petit déjeuner?

Je prends le petit déjeune à sept heures et demie.

▶ *How to talk about meals:*

—En général, à quelle heure est-ce que tu **prends le petit déjeuner** *(have breakfast)*?
—Je prends le petit déjeuner à sept heures et demie.
—Où est-ce que tu vas **déjeuner** *(to have lunch)* aujourd'hui?
—Je vais déjeuner à **la cantine de l'école** *(school cafeteria)*.

Les repas et la nourriture

NOMS		VERBES	
un repas	*meal*		
le petit déjeuner	*breakfast*	**prendre le petit déjeuner**	*to have breakfast*
le déjeuner	*lunch*	**déjeuner**	*to have lunch*
le dîner	*dinner*	**dîner**	*to have dinner*
la nourriture	*food*		
la cuisine	*cooking, cuisine*		

—Tu peux **mettre** *(set)* la table?
—D'accord. Je vais mettre la table.

un verre • une tasse • une cuillère • une assiette • une serviette • une fourchette • un couteau

1 Et toi?

Exprime tes préférences. Pour cela complète les phrases suivantes.

1. Mon repas préféré est …

- le petit déjeuner
- le déjeuner
- le dîner

2. Je préfère déjeuner …

- chez moi
- à la cantine de l'école
- dans un fast-food
- … ?

3. En général, la nourriture de la cantine de l'école est …

- excellente
- bonne
- mauvaise
- … ?

4. Je préfère dîner …

- chez moi
- chez mes copains
- au restaurant
- … ?

5. Je préfère la nourriture …

- mexicaine
- italienne
- chinoise
- … ?

6. Quand je dois aider avec le dîner, je préfère …

- préparer la salade
- mettre la table
- laver les assiettes
- … ?

2 Questions personnelles

1. À quelle heure est-ce que tu prends ton petit déjeuner le lundi? Et le dimanche?
2. En général, à quelle heure est-ce que tu dînes?
3. Où est-ce que tu déjeunes pendant la semaine? le samedi? le dimanche?
4. Où est-ce que tu as déjeuné hier? Avec qui?
5. Où est-ce que tu vas dîner ce soir? Avec qui?
6. Est-ce que tu vas souvent au restaurant? Quand? Avec qui? Quel est ton restaurant préféré?
7. Est-ce que tu as jamais *(ever)* déjeuné dans un restaurant français? (dans un restaurant mexicain? dans un restaurant italien? dans un restaurant chinois? dans un restaurant vietnamien?) Quand et avec qui?
8. Est-ce que tu mets la table chez toi? Qui a mis la table pour le petit déjeuner? Et pour le dîner?

3 Au restaurant

Vous êtes dans un restaurant français. Vous avez commandé *(ordered)* les choses suivantes. Le serveur a oublié *(forgot)* d'apporter le nécessaire (les ustensiles, etc.).

▶ pour le jus d'orange

Monsieur, je voudrais un verre pour le jus d'orange.

Pardon. Voici un verre.

1. pour l'eau minérale *(mineral water)*
2. pour le thé
3. pour la soupe
4. pour les frites
5. pour le steak
6. pour le gâteau *(cake)*

B. La nourriture et les boissons

▶ *How to express food preferences:*

— Est-ce que tu aimes **le poisson** *(fish)*?
— Oui, j'aime le poisson mais je préfère **la viande** *(meat)*.
— Quelle viande est-ce que tu aimes?
— J'aime **le rosbif** *(roast beef)* et **le poulet** *(chicken)*.

Quelle viande est-ce que tu aimes?

Les plats (m.)
(Dishes)

Les Plats

Pour le déjeuner et le dîner

Les hors-d'oeuvre (m.)
(appetizers)

la soupe

le jambon
(ham)

le saucisson
(salami)

la sole

Le poisson
(fish)

La viande
(meat)

le thon
(tuna)

le veau
(veal)

Pour le petit déjeuner

le rosbif

le pain

la confiture

le poulet

le beurre

Les autres plats
(other dishes)

les céréales (f.)

un oeuf

les frites (f.)
(French fries)

le riz
(rice)

les spaghetti (m.)

J'aime le rosbif et le poulet.

aimer	to like	Alice **aime** le poulet.
préférer	to prefer	Philippe **préfère** le rosbif.
détester	to hate	Paul **déteste** le poisson.

Les Plats

Les ingrédients (m.)

la mayonnaise

le ketchup

le sucre
(sugar)

le sel
(salt)

La salade et le fromage

le fromage
(cheese)

la salade
(lettuce)

le yaourt

Le dessert

le gâteau
(cake)

la glace
(ice cream)

la tarte
(pie)

Les boissons (une boisson)
(drink, beverage)

le jus d'orange

le thé glacé
(iced tea)

le lait
(milk)

l'eau (f.)
(water)

l'eau minérale

le jus de pomme
(apple juice)

4 Vous aimez ça?

Dites si oui ou non vous
aimez les choses suivantes.

- J'aime …
- J'aime beaucoup …
- Je n'aime pas …
- Je déteste …

Je n'aime pas
le fromage.

J'aime le fromage.

5 Dîner avec André

Vous dînez avec André, un
ami canadien. Demandez
à André de passer les
choses suivantes.

▶ —S'il te plaît, André,
  passe-moi le pain.
  —Tiens. Voilà
  le pain.
  —Merci.

6 La Petite Marmite

Vous dînez au restaurant français La Petite Marmite. Le
garçon demande ce que vous préférez. Répondez-lui.

Vous
avez choisi?

Oui, j'ai choisi
la soupe.

La Petite Marmite
menu

- soupe / saucisson
- viande / poisson
- poulet / veau
- sole / thon
- frites / spaghetti
- fromage / salade
- yaourt / glace
- tarte / gâteau
- thé / café

7 Dans le réfrigérateur ou sur la table?

Choisissez un produit et demandez à vos camarades où est le produit. Ils vont dire
si le produit est dans le réfrigérateur ou sur la table.

▸ Où est la confiture?

Elle est sur la table.

8 Les préférences

Indiquez les préférences
culinaires des personnes
suivantes en complétant
les phrases.

1. J'aime . . .
2. Je déteste . . .
3. Ma mère aime . . .
4. Mon petit frère (ma
   petite soeur) déteste . . .
5. Mon copain aime . . .
6. Ma copine déteste . . .
7. Les enfants aiment . . .
8. En général, les Italiens
   aiment . . .
9. En général, les Japonais
   aiment . . .

9 Les courses *(Food shopping)*

Vous passez les vacances en France avec votre famille.
Faites la liste des courses pour les repas suivants.

▸ un repas végétarien

LISTE

*Un repas
végétarien:*

– œufs
– salade
– fromage
– pain
– yaourt
– eau minérale

1. un pique-nique à la
   campagne
2. un bon petit déjeuner
3. un repas d'anniversaire
4. le dîner de ce soir
5. le déjeuner de demain
6. un repas de régime *(diet)*

C. Les fruits et les légumes *(Fruits and vegetables)*

How to shop for food:

À la maison

— Où vas-tu?
— Je vais au **marché.**
  Je vais **faire les courses** *(to do the food shopping).*
— Qu'est-ce que tu vas acheter?
— Je vais acheter des **tomates** et des **oranges.**

Au marché

— Pardon, madame. Combien coûtent les **pommes?**
— Elles coûtent trois euros le kilo.
— Donnez-moi deux **kilos de** pommes, s'il vous plaît.
— Voilà. Ça fait six euros.

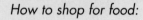

> Où vas-tu?

> Je vais au marché.

> Pardon, madame. Combien coûtent les pommes?

> Elles coûtent trois euros le kilo.

---

10 **Qu'est-ce que vous préférez?**

Indiquez vos préférences.

▶ pour le petit déjeuner: un oeuf ou des céréales? **Je préfère des céréales.**

1. pour le petit déjeuner: un pamplemousse ou une banane?
2. après le déjeuner: une pomme ou une poire?
3. avec le poulet: des haricots verts ou des petits pois?
4. avec le steak: des pommes de terre ou des carottes?
5. comme *(as)* salade: une salade de tomates ou une salade de concombres *(cucumbers)*?
6. pour le dessert: une tarte aux cerises ou une tarte aux poires?
7. comme glace: une glace à la vanille ou une glace à la fraise?

---

11 **Les achats**

Vos copains reviennent du marché. Demandez ce qu'ils ont acheté.

▶ —Qu'est-ce que tu as acheté au marché?
  — J'ai acheté des carottes et des tomates.

Les fruits (un fruit)

une orange

une banane

une pomme

une poire

une fraise

une cerise

un pamplemousse

Les légumes (un légume)

une tomate

une pomme de terre

une carotte

une salade

des petits pois (m.)
(peas)

des haricots verts (m.)

■ NOTE ■
CULTURELLE

Le marché

In France, as in the United States, most people do their food shopping at the supermarket **(le supermarché)**. However, to have fresher fruits and vegetables, many people still go to the local open-air market **(le marché)** where farmers come to sell their produce.

LES QUANTITÉS

une livre (de)	*pound*	
un kilo (de)	*kilo (2.2 pounds)*	
une douzaine (de)	*dozen*	

Donnez-moi
- **une livre de** tomates.
- **un kilo de** pommes.
- **une douzaine d'**oeufs.

---

12 **Au marché**

Vous êtes au marché. Demandez au vendeur combien coûtent certaines choses. Dites aussi quelle quantité vous voulez acheter.

Pardon, monsieur. Combien coûtent les pommes de terre?

Elles coûtent deux euros le kilo.

Alors, donnez-moi deux kilos de pommes de terre, s'il vous plaît.

Voici. Ça fait quatre euros.

2 euros le kilo

3 euros la douzaine

3 euros la livre

4 euros la douzaine

3,50 euros la livre

3,50 euros la livre

3 euros le kilo

2,50 euros le kilo

4 euros la livre

2 kilos

1 douzaine

1 livre

2 douzaines

2 livres

1 livre

3 kilos

1 kilo

1 livre

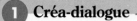

À votre tour!

1 Créa-dialogue

Vous êtes à Deauville avec un(e) ami(e).
Essayez de découvrir *(try to discover)* ce que
votre ami(e) aime manger. Proposez à
votre ami(e) de déjeuner dans le restaurant
correspondant à ses préférences.

▶ —Tu aimes <u>la viande</u>?
—Non, je n'aime pas <u>la viande</u>.
—Tu aimes <u>les légumes</u>?
—Non, je n'aime pas <u>les légumes</u>.
—Tu aimes <u>le poisson</u>?
—Oui, j'aime beaucoup <u>le poisson</u>.
—On déjeune <u>à La Marine</u>?
—D'accord.

La marine
spécialités
de la mer

CHEZ RIGOLETTO
spécialités italiennes
1

AU
PALAIS
DES GLACES
spécialités
de glaces
2

À la
Normandie
spécialités
de fromages
3

À LA CAMPAGNE
Restaurant végétarien
4

L'Auvergnat
spécialités
de jambon
5

CHEZ OBÉLIX
spécialités
de bonnes
viandes
6

Au petit
gourmand
ses glaces et ses gâteaux
7

2 Conversation dirigée

Avec un(e) camarade, composez un dialogue basé sur les instructions suivantes. C'est
samedi aujourd'hui. Ce matin Marc et Juliette ont fait des achats en ville. Il est midi et demi
maintenant.

Marc		Juliette
asks Juliette if she is hungry	⇄	says she is very hungry
asks her if she wants to have lunch	→	answers yes
asks if she likes Italian cooking (**la cuisine italienne**)	→	says that she prefers French cooking
asks her if she likes meat	→	says she does, but that she also likes vegetables
suggests they go to La Campagne	→	accepts

3 Composition: À la pension

This summer you are going to spend two weeks in France with your family. There are five people in your family and you are going to stay in a **pension** *(an inn offering a room and all meals)*. Write a letter to the owner saying what each family member likes or does not like to eat. Use your imagination.

le 18 mai

Chère Madame,
J'aime . . .
Je n'aime pas . . .
Mon père aime . . .
Il n'aime pas . . .
Ma mère . . .
Mon frère . . .
Ma sœur . . .

4 Au «Départ»

Vous êtes à Paris avec des copains. Il est une heure et vous avez faim. Vous allez déjeuner dans le café suivant.

Regardez bien les illustrations.

- Comment s'appelle le café?
- Où est-il situé?

Regardez le menu et choisissez un sandwich ou une salade et un dessert (crêpe ou pâtisserie).

- Qu'est-ce que vous avez choisi?
- Combien coûte le sandwich ou la salade? le dessert?
- Quel est le prix total de votre repas?

LE DÉPART

1, Place Saint-Michel
75005 PARIS

Salades Composées

SALADE NIÇOISE ....7€
Salade, thon, olives, tomates, oeuf dur, anchois, poivron
Lettuce, tuna, olives, tomatoes, hard-boiled egg, anchovies, sweet pepper

SALADE 4 SAISONS ....6€
Crudités de saison
Vegetables in season

SALADE SAINT-MICHEL ....6€
Salade, jambon épaule, comté, pomme fruit
Lettuce, ham, Comté cheese, apples

SALADE MIXTE ....5€
Salade, tomates, oeuf dur
Lettuce, tomatoes, hard-boiled egg

SALADE DE POULET ....7€
Salade, poulet, comté, mayonnaise
Lettuce, chicken, Comté cheese, mayonnaise

SALADE CAMPAGNARDE.........7€
Salade, pommes de terre l'huile, cantal, jambon cru
Lettuce, potato salad, Cantal cheese, country ham

SALADE VERTE ....4€
Green salad

Sandwichs

Rillettes paysannes ....3€
Country minced potted pork

Paté du Quercy ....3€
Quercy style meat pie

Jambon de Paris ....3€
Paris ham

Saucisson d'Auvergne ....3€
Dry sausage from Auvergne

Le Végétarien ....5€
Salade tomate, oeuf dur
Lettuce, tomato, hard-boiled egg

Fromage ....3€
Cheese

Mixte (jambon et gruyére) ....5€
Combination (ham and Gruyère cheese)

Club Sandwich ....6€
Poulet, tomate, oeuf dur, salade, mayonnaise
Chicken, tomato, hard-boiled egg, lettuce, mayonnaise

Saucisses chaudes ....5€
Hot sausages

Crêpes Maison

Crêpe au sucre ....3€
Pancake sprinkled with sugar

Crêpe à la confiture ....4€
Groseille, abricot, fraise
Pancake with red currant, apricot, or strawberry jam

Crêpe aux noix et crème de cassis ....6€
Pancake with nuts and black currant cream

Crêpe aux marrons et Chantilly ....6€
Pancake with chestnuts and whipped cream

Crêpe au miel..................5€
Pancake with honey

Crêpe au Grand-Marnier .....6€
Pancake with Grand-Marnier

Crêpe Belle-Époque...........7€
Banane fruit, glace vanille, noisettes, Chantilly
Pancake with bananas, vanilla ice cream, hazelnuts, whipped cream

Crêpe au chocolat............5€
Pancake with chocolate sauce

Pâtisseries

Tarte du jour ....5€
Tart of the day

Tarte aux pommes ....5€
Apple tart

Tarte aux fraises (selon saison) ....6€
Strawberry tart (in season)

Salade de fruits rafraîchis.........................5€
Cold fruit salad

Gâteau du jour ....5€
Cake of the day

Tarte Tatin chaude ....6€
Hot Tatin tart

Tarte Tatin chaude, crème fraîche ....7€
Hot Tatin tart with cream

PRIX SERVICE COMPRIS (15%)

À la cantine

Il est midi et demi. Sophie va à la cantine. Elle rencontre Jean-Paul.

SOPHIE: Est-ce que tu veux déjeuner avec moi?

JEAN-PAUL: Ça dépend. Qu'est-ce qu'il y a aujourd'hui?

SOPHIE: Il y a du poisson!

JEAN-PAUL: Du poisson?

SOPHIE: Oui, du poisson.

JEAN-PAUL: Quelle horreur! Bon, aujourd'hui,   *How disgusting!*
je ne veux pas déjeuner.

SOPHIE: Il y a aussi du gâteau.

JEAN-PAUL: Du gâteau! Hm . . .

SOPHIE: Et de la glace!

JEAN-PAUL: Une minute . . . je vais prendre un plateau.   *to take/tray*

Compréhension

1. À quelle heure est-ce que Sophie va déjeuner?

2. Qui est-ce qu'elle rencontre?

3. Est-ce que Jean-Paul aime le poisson?

4. Qu'est-ce qu'il aime?

5. Est-ce qu'il va déjeuner avec Sophie? Pourquoi?

Et toi?

1. En général, où est-ce que tu déjeunes?
2. À quelle heure est-ce que tu déjeunes?
3. En général, est-ce que tu aimes la nourriture de la cantine?
4. Qu'est-ce que tu fais quand tu n'aimes pas la nourriture de la cantine?

NOTE CULTURELLE

À la cantine

Où est-ce que tu déjeunes pendant la semaine? Quand on habite près de l'école, on peut° rentrer à la maison. Quand on habite loin, on déjeune à la cantine. À midi, beaucoup de jeunes Français déjeunent à la cantine de leur école.

À la cantine, chacun° prend° un plateau et va chercher° sa nourriture. Cette nourriture est généralement bonne, abondante° et variée. Le menu change chaque° jour de la semaine. Un repas typique inclut° les plats suivants:

- **un hors-d'oeuvre**
  salade de concombres,
  salade de pommes de terre,
  carottes râpées,° jambon . . .

- **un plat principal° chaud**
  poulet, steak, côtelette de porc°

- **une garniture°**
  spaghetti, frites, petits pois,
  purée de pommes de terre°

- **une salade verte**

- **du fromage**

- **un dessert**
  glace ou fruit

- **une boisson**
  eau minérale, limonade, jus de fruit

Où est-ce que tu préférerais° déjeuner?
À ton école ou dans une école française?

peut *can* **chacun** *each one* **prend** *takes* **chercher** *to get* **abondante** *plentiful* **chaque** *each*
inclut *includes* **râpées** *grated* **principal** *main* **côtelette de porc** *pork chop* **garniture** *side dish*
purée de pommes de terre *mashed potatoes* **est-ce que tu préférerais** *would you prefer*

A. Le verbe *vouloir*

Note the forms of the irregular verb **vouloir** *(to want)*.

INFINITIVE	**vouloir**	
PRESENT	Je **veux** aller au café.	Nous **voulons** une glace.
	Tu **veux** déjeuner.	Vous **voulez** des spaghetti.
	Il/Elle/On **veut** dîner.	Ils/Elles **veulent** des frites.
PASSÉ COMPOSÉ	J'**ai voulu** dîner chez Maxim's.	

➡ When making a request, French people often use
je voudrais *(I would like)*, which is more polite than **je veux** *(I want)*.

Je voudrais un café.   ***I would like*** *a cup of coffee.*
Je voudrais dîner.   ***I would like*** *to have dinner.*

Où vous voulez.
Quand vous voulez.
EXPRESS
AIR CANADA ⊕ CARGO

➡ When accepting an offer, the French often use the expression **je veux bien.**

— Est-ce que tu veux déjeuner avec moi?   *Do you want to have lunch with me?*
— Oui, **je veux bien.**   *Yes, **I do.** (Yes, I want to.)*

❶ Vive la différence!

Nous sommes samedi. Des amis vont en ville. Pour le déjeuner, chacun veut faire des choses différentes.

▶ Cécile/aller dans un café
Cécile veut aller dans un café.

1. nous/manger des frites
2. toi/manger une pizza
3. vous/aller dans un restaurant italien
4. moi/aller dans un restaurant chinois
5. Patrick et Alain/déjeuner à midi
6. Isabelle/déjeuner à une heure

❷ Oui ou non?

Dites si oui ou non les personnes entre parenthèses veulent faire les choses indiquées.

▶ Il est midi. (nous/déjeuner?)
Oui, nous voulons déjeuner.

▶ C'est samedi. (les élèves/étudier?)
Non, les élèves ne veulent pas étudier.

1. Il fait froid. (Éric/jouer au foot?)
2. Il fait beau. (mes copains/aller à la plage?)
3. La nourriture est mauvaise. (vous/déjeuner à la cantine?)
4. Il y a des spaghetti. (moi/dîner?)
5. Il y a une excellente comédie. (toi/regarder la télé?)
6. C'est dimanche. (nous/travailler)

❸ Expression personnelle

Complétez les phrases suivantes avec une expression personnelle.

1. Ce weekend, je voudrais …
   Je ne veux pas …
2. Cet été, je voudrais …
   Je ne veux pas …
3. Après l'école, je voudrais …
   Je ne veux pas …
4. Dans la vie *(life)*, je voudrais …
   Je ne veux pas …

B. Le verbe *prendre*

Note the forms of the irregular verb **prendre** *(to take)*.

INFINITIVE	**prendre**	
PRESENT	Je **prends** une pizza. Tu **prends** un sandwich. Il / Elle / On **prend** une salade.	Nous **prenons** le train. Vous **prenez** l'avion. Ils / Elles **prennent** des photos.
PASSÉ COMPOSÉ	J'**ai pris** un steak.	

➡ The singular forms of **prendre** follow the pattern of regular **-re** verbs. The plural forms are irregular.

Vocabulaire: Verbes comme *prendre*

prendre	*to take* *to have (food)*	Nous **prenons** le métro. Est-ce que tu **prends** un café?
apprendre	*to learn*	Nous **apprenons** le français.
apprendre à + *inf.*	*to learn how to*	Sophie **apprend à** jouer de la guitare.
comprendre	*to understand*	Est-ce que vous **comprenez** quand le professeur parle français?

---

4 Qu'est-ce qu'ils prennent?

Dites ce que les personnes suivantes prennent. Pour cela, choisissez une expression logique de la liste.

▶ Philippe a faim.
Il prend un steak et des frites.

1. J'ai très soif.
2. Vous n'avez pas très faim.
3. Hélène a un nouvel appareil-photo.
4. Tu vas à l'aéroport.
5. Nous allons à l'école.
6. Les touristes vont à la Statue de la Liberté.

un bateau	**une salade**
un taxi	**une limonade**
le bus	**un steak et des frites**
des photos	

5 Questions personnelles

1. À quelle heure est-ce que tu prends le petit déjeuner le lundi? Et le dimanche?
2. Est-ce que tu prends le bus pour aller à l'école? Et tes copains?
3. Est-ce que tu prends des photos? Avec quel appareil?
4. Quand tu fais un grand voyage, est-ce que tu prends l'autocar? le train? l'avion?
5. Est-ce que tu apprends le français? l'italien? l'espagnol? Et ton copain?
6. Est-ce que tu apprends à jouer du piano? à jouer de la guitare? à faire du ski? à faire de la planche à voile?
7. Où est-ce que tu as appris à nager? À quel âge?
8. Est-ce que tu comprends bien quand le professeur parle français? Et les autres *(other)* élèves?
9. À ton avis, est-ce que les adultes comprennent les jeunes? Est-ce que les jeunes comprennent les adultes?

C. L'article partitif: *du, de la*

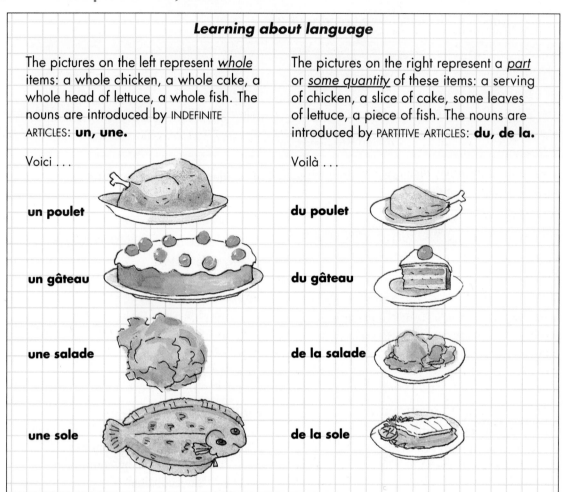

Learning about language

The pictures on the left represent *whole* items: a whole chicken, a whole cake, a whole head of lettuce, a whole fish. The nouns are introduced by INDEFINITE ARTICLES: **un, une.**

The pictures on the right represent a *part* or *some quantity* of these items: a serving of chicken, a slice of cake, some leaves of lettuce, a piece of fish. The nouns are introduced by PARTITIVE ARTICLES: **du, de la.**

Voici . . .

un poulet

un gâteau

une salade

une sole

Voilà . . .

du poulet

du gâteau

de la salade

de la sole

FORMS

The PARTITIVE ARTICLE is used to refer to A CERTAIN QUANTITY or A CERTAIN AMOUNT OF SOMETHING and corresponds to the English *some* or *any.* It has the following forms:

MASCULINE	**du** *some*	**du** fromage, **du** pain
FEMININE	**de la** *some*	**de la** salade, **de la** limonade

➡ Note that **du** and **de la** become **de l'** before a vowel sound.
   de l'eau minérale

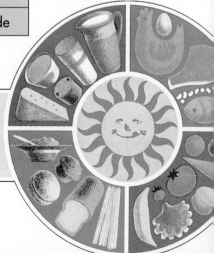

Mangez chaque jour...
du fromage, de la viande,
des fruits et du pain.

🇨🇦 Santé et Bien-être social   Health and Welfare
   Canada   Canada

USES

Note how the partitive article is used in the sentences below.

Philippe mange **du** fromage.   *Philippe is eating (some) cheese.*
Nous prenons **de la** salade.   *We are having (some) salad.*

—Est-ce que tu veux **du** lait?   *Do you want (any, some) milk?*
—Non, mais je voudrais **de l'**eau.   *No, but I would like some water.*

➡ While the words *some* or *any* are often omitted in English, the articles **du** and **de la** must be used in French.

➡ Partitive articles may also be used with nouns designating things other than foods and beverages. For example:

Tu as **de l'argent?**   *Do you have (any) money?*

Partitive articles are often, but not always, used after the following expressions and verbs.

voici	**Voici du** pain.	*Here is (some) bread.*
voilà	**Voilà de la** mayonnaise.	*Here is (some) mayonnaise.*
il y a	Est-ce qu'**il y a de la** salade?	*Is there (any) salad?*
acheter	Nous **achetons du** fromage.	*We are buying (some) cheese.*
avoir	Est-ce que tu **as de la** limonade?	*Do you have (any) lemon soda?*
manger	Marc **mange du** rosbif.	*Marc is eating (some) roast beef.*
prendre	Est-ce que vous **prenez du** café?	*Are you having (any) coffee?*
vouloir	Est-ce que tu **veux de la** glace?	*Do you want (any) ice cream?*

Voici un gâteau.

Voici du gâteau.

6 Le menu ────────────

Vous avez préparé un dîner pour le Club Français. Dites à un(e) camarade ce qu'il y a au menu.

▶ la viande   Il y a de la viande.

1. le rosbif   3. la salade   5. la glace   7. l'eau minérale
2. le poulet   4. le fromage   6. la tarte   8. le jus d'orange

7 Au choix

Vous déjeunez avec votre famille. Offrez aux membres de votre famille le choix entre les choses suivantes. Ils vont indiquer leurs préférences.

▶ le lait ou l'eau minérale?

Tu veux du lait ou de l'eau minérale?

Je voudrais de l'eau minérale.

1. la soupe ou la salade?
2. le poisson ou la viande?
3. le rosbif ou le poulet?
4. le ketchup ou la mayonnaise?
5. le fromage ou le yaourt?
6. le beurre ou la margarine?
7. le gâteau ou la tarte?
8. le jus d'orange ou le jus de pomme?

8 Qu'est-ce qu'on met?

Dites quels produits de la liste on met dans ou sur les choses suivantes.

▶ On met <u>du beurre</u> (<u>de la confiture</u>) sur le pain.

1. On met ... dans le café.
2. On met ... dans le thé.
3. On met ... dans la soupe.
4. On met ... dans un sandwich.
5. On met ... sur un hamburger.
6. On met ... sur un hot dog.
7. On met ... dans les céréales.
8. On met ... sur un toast.

> **le fromage**
> **le jambon**
> **le beurre**
> **la confiture**
> **le ketchup**
> **la mayonnaise**
> **le sel**
> **la crème**
> **le sucre**
> **la moutarde** (mustard)
> **le lait**

9 Les courses

M. Simon a fait les courses. Dites ce qu'il a acheté.

▶ **Il a acheté de la viande.**

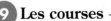

10 Le cochon d'or

Jacqueline est allée au restaurant. Voici l'addition. Dites ce qu'elle a pris.

▶ **Jacqueline a pris de la salade de tomates.**

RESTAURANT *Le Cochon d'Or*	
salade de tomates	3€
jambon	3€
poulet	4€
salade	3€
fromage	3€
glace	3€50
eau minérale	2€50
café	2€
	24€

11 Au café

Au café, une cliente demande
les choses suivantes. Le serveur
apporte ces choses.

> S'il vous plaît, monsieur,
> je voudrais du café.

> Voici du café,
> mademoiselle.

12 Menus

Préparez des menus pour les personnes suivantes. Dites ce que vous allez acheter
pour chaque personne.

▶ une personne qui aime manger
  Je vais acheter du rosbif, du fromage, de la glace . . .

1. une personne malade *(sick)*
2. un(e) athlète
3. un petit enfant
4. un végétarien (une végétarienne)

5. une personne qui veut maigrir
6. un invité *(guest)* japonais
7. une invitée française

D. L'article partitif dans les phrases négatives

Note the forms of the partitive articles in the negative sentences below.

AFFIRMATIVE	NEGATIVE	
Tu manges **du jambon?**	Non, je **ne** mange **pas de jambon.**	*No, I don't eat ham.*
Tu veux **de la salade?**	Non, merci, je **ne** veux **pas de salade.**	*Thanks, I don't want any salad.*
Est-ce qu'il y a **de l'eau minérale?**	Non, il **n'**y a **pas d'eau minérale.**	*No, there is no mineral water.*

In negative sentences, the PARTITIVE ARTICLE follows the pattern:

du, de la (de l')	→	ne . . . pas de (d')
Marc prend **du** café.		Éric **ne** prend **pas de** café.
Sophie prend **de la** limonade.		Alain **ne** prend **pas de** limonade.
Anne prend **de l'**eau.		Nicole ne prend **pas d'**eau.

13 Un mauvais restaurant

Une cliente demande au serveur s'il y a certaines choses au menu. Le serveur répond négativement.

▶ le rosbif

Est-ce que vous avez du rosbif?

Je regrette mademoiselle, mais nous n'avons pas de rosbif.

1. le jambon
2. le melon
3. le thon
4. la sole
5. le veau
6. le yaourt
7. le jus de pamplemousse
8. l'eau minérale
9. le champagne

14 Au régime *(On a diet)*

Les personnes suivantes sont au régime parce qu'elles veulent maigrir. Répondez négativement aux questions suivantes.

▶ — Est-ce qu'Anne mange du pain?
— Non, elle ne mange pas de pain.

1. Est-ce que Marc prend de la mayonnaise?
2. Est-ce que Pauline veut du gâteau?
3. Est-ce que Jean-Pierre mange de la glace?
4. Est-ce qu'Alice prend du beurre?
5. Est-ce que Monsieur Ledodu veut de la tarte?
6. Est-ce que Mademoiselle Poix met de la crème dans son café?

15 Conversation

Demandez à vos camarades s'ils mangent souvent les choses suivantes.

Est-ce que vous mangez souvent du poisson?

Oui, je mange souvent du poisson

Non, je ne mange pas souvent de poisson.

▶ du poisson

1. de la glace
2. du veau
3. du pain français
4. du fromage français
5. de la tarte aux fraises
6. de la soupe
7. du rosbif
8. du poulet
9. du thon

16 Dans le réfrigérateur

Vous préparez le dîner. Demandez à un(e) camarade s'il y a les choses suivantes dans le réfrigérateur.

▶ le lait —Est-ce qu'il y a du lait?
—Non, il n'y a pas de lait.

1. le jus d'orange?
2. le pain?
3. la glace?
4. le beurre?
5. le jambon?
6. l'eau minérale?
7. le jus de pomme?
8. le fromage?
9. la mayonnaise?
10. le ketchup?

E. Le verbe *boire*

Note the forms of the irregular verb **boire** *(to drink)*.

INFINITIVE	**boire**	
PRESENT	Je **bois** du lait.	Nous **buvons** du café.
	Tu **bois** de l'eau.	Vous **buvez** du thé glacé.
	Il / Elle / On **boit** du soda.	Ils / Elles **boivent** du jus d'orange.
PASSÉ COMPOSÉ	J'**ai** **bu** du jus de tomate.	

17 Pique-nique

Philippe a organisé un pique-nique avec ses amis. Chacun *(Each person)* boit quelque chose de différent.

▶ **Philippe boit de l'eau.**

Philippe	**1. nous**	**2. toi**	**3. vous**	**4. Cécile**	**5. mes copains**	**6. moi**

18 Expression personnelle

Complétez les phrases suivantes avec la forme appropriée du verbe **boire** et une expression de votre choix. Attention: utilisez le passé composé dans les phrases 6 à 8.

1. Au petit déjeuner, je …
2. Au petit déjeuner, mes parents …
3. À la cantine de l'école, nous …
4. Quand il fait chaud, on …
5. Quand il fait froid, on …
6. Hier soir au dîner, j' …
7. Hier matin, au petit déjeuner, ma mère …
8. À la dernière boum, nous …

Prononciation	**ou** /u/	**u** /y/

Les lettres «ou» et «u»

la poule   **le pull**

The letters "**ou**" always represent the sound /u/.

Répétez: /u/ **vous   nous   poulet   soupe**
fourchette   couteau   douzaine

The letter "**u**" always represents the sound /y/.

Répétez: /y/ **tu   du   une   légume   jus**
sucre   bien sûr   avenue   musée

Now distinguish between the two vowel sounds:

Répétez: /u/ – /y/ **poule** *(hen)* – **pull**
roue *(wheel)* – **rue**   **vous** – **vue** *(view)*
je joue – **le jus**

Vous buvez du jus de pamplemousse.
Je voudrais de la soupe, du poulet et du jus de raisin.

À votre tour!

1 Allô!

Reconstituez la conversation entre Frédéric et Sandrine. Pour cela, faites correspondre les réponses de Sandrine avec les questions de Frédéric.

1. Tu dînes au restaurant ce soir?

2. Tu as fait les courses?

3. Qu'est-ce que tu as acheté?

4. Tu n'as pas acheté de viande?

5. C'est vrai. Et pour le dessert, tu as acheté de la glace?

a. Oui, je suis allée au supermarché ce matin.
b. Du riz, des oeufs, de la salade et du fromage.
c. Non, j'ai pris un gâteau au chocolat
d. Non, j'ai invité mon copain Fabien à dîner chez moi.
e. Mais non, tu sais *(know)* bien que Fabien est végétarien.

2 Dis-moi ...

I will tell you about my breakfast this morning.

- J'ai pris le petit déjeuner à sept heures.
- J'ai mangé du pain avec du beurre et de la confiture.
- J'ai bu du café noir.

Now choose one of the meals you had yesterday and tell me ...
- *at what time you had that meal*
- *what you ate*
- *what you drank*

3 Créa-dialogue

Avec vos camarades, décrivez où vous êtes allé(e)s et ce que vous avez fait aux endroits suivants.

au supermarché
acheter

Où es-tu allée?

Je suis allée au supermarché.

Qu'est-ce que tu as acheté?

J'ai acheté du pain, du lait et de la confiture.

4 **Situation**

Avec un(e) camarade, composez un dialogue correspondant à la situation suivante et jouez ce dialogue en classe.

You are talking to Florence, a French friend (played by your classmate). You have just invited her for dinner, but you understand she is on a special diet. Try to find out:

• what she eats
• what she does not eat
• what she drinks
• what she does not drink

5 **Conversation libre**

Avec un(e) camarade, composez un dialogue original basé sur la situation suivante.

You and your friend Caroline are in charge of the French Club picnic. Now you are walking up and down the aisles of a supermarket, discussing what things to buy or not to buy. For example:

▶ —**Est-ce qu'on achète du pain?**
—**Oui, achetons du pain.**
   (Non, n'achetons pas de pain. J'ai du pain à la maison.)

6 **Composition: Un bon repas**

Think of a nice meal you had not too long ago — perhaps for a birthday or special holiday. Using the passé composé, write a short paragraph in which you describe ...

• when, where, and with whom you had that meal
• what you ate and drank

Comment dit-on . . . ?

How to show your appreciation for good food:

Hm... C'est délicieux!   C'est exquis!   C'est fameux!

1. à la cantine manger	2. au restaurant manger	3. au marché acheter	4. à la boum boire

5. à la cuisine prendre	6. au café boire	7. dans un restaurant chinois ??

35

Un client difficile

M. Ronchon a beaucoup d'appétit . . . mais pas beaucoup de
patience. <u>En fait</u>, M. Ronchon est rarement <u>de bonne humeur</u>. Et
quand il est de mauvaise humeur, c'est un client difficile. Aujourd'hui,
<u>par exemple</u>, au restaurant . . .

As a matter of fact/
a good mood

for instance

— <u>Garçon</u>!   *Waiter!*
— <u>J'arrive</u>!   *I'm coming!*
— Qu'est-ce que vous avez <u>comme</u>   *as, for*
hors-d'oeuvre?
— Nous avons du jambon et du
saucisson.
— Apportez-moi <u>tout ça</u> . . . avec du   *all of that*
pain et du beurre!
— Bien, monsieur.

— Et comme boisson, qu'est-ce que
je vous apporte?
— Donnez-moi de l'eau minérale . . .
<u>Dépêchez-vous</u>! J'ai soif!   *Hurry up!*

— Apportez-moi du poulet et des
frites. . . <u>Vite</u>! J'ai très faim!   *Fast!*
— Je vous apporte ça <u>tout de suite</u>.   *right away*

— Et apportez-moi aussi du
fromage, de la glace, de la tarte
aux pommes et de la tarte aux
<u>abricots</u>. . . Mais, qu'est-ce que   *apricots*
vous attendez?
— Tout de suite, monsieur, tout de
suite.

— Mais qu'est-ce que vous
m'apportez?
— Je vous apporte l'<u>addition</u>!   *check*

Compréhension

1. En général, est-ce que M. Ronchon est de bonne humeur ou de mauvaise humeur?
2. Qu'est-ce qu'il va prendre comme hors-d'oeuvre?
3. Qu'est-ce qu'il va prendre comme plat principal *(main course)*?
4. Qu'est-ce qu'il va boire?
5. Qu'est-ce qu'il va manger comme dessert?
6. Qu'est-ce que le garçon apporte après le dessert?
7. Quelle est la réaction de M. Ronchon? Est-ce qu'il est de bonne humeur ou de mauvaise humeur?

Et toi?

1. En général, est-ce que tu es de bonne humeur?
2. Et aujourd'hui, est-ce que tu es de bonne humeur ou de mauvaise humeur?
3. En général, est-ce que tu as beaucoup d'appétit?
4. Est-ce que tu es une personne patiente?
5. Quand tu vas au restaurant avec un copain (une copine), qui paie l'addition?

■ NOTE ■ CULTURELLE

Les restaurants français et la cuisine française

Les Français aiment manger chez eux, mais ils aiment aussi aller au restaurant. Pour les gens pressés,° il y a les «self-service», les «fast foods» et les pizzerias.

Pour les gens qui veulent faire un bon repas, il y a toutes° sortes de restaurants spécialisés: auberges,° restaurants régionaux, restaurants de poisson, . . . Il y a aussi les «grands restaurants» où la cuisine est extraordinaire . . . et très chère!

La cuisine française a une réputation internationale. Pour beaucoup de personnes, c'est la meilleure° cuisine du monde.°

Les Américains ont emprunté° un grand nombre de mots° au vocabulaire de la cuisine française. Est-ce que tu connais les mots suivants: **soupe, sauce, mayonnaise, omelette, filet mignon, tarte, purée, soufflé?** Est-ce que tu aimes **les croissants? les crêpes? la mousse au chocolat?**

pressés *in a hurry* **toutes** *all* **auberges** *country inns*
meilleure *best* **du monde** *in the world*
ont emprunté *have borrowed* **mots** *words*

A. Les pronoms compléments *me, te, nous, vous*

In the sentences below, the pronouns in heavy print are called OBJECT PRONOUNS. Note the form and the position of these pronouns in the sentences below.

Anne **me** parle.	Elle **m'**invite.	*Anne talks **to me.***	*She invites **me.***
Mes amis **te** parlent.	Ils **t'**invitent.	*My friends talk **to you.***	*They invite **you.***
Tu **nous** parles.	Tu **nous** invites.	*You talk **to us.***	*You invite **us.***
Je **vous** parle.	Je **vous** invite.	*I am talking **to you.***	*I invite **you.***

FORMS

The OBJECT PRONOUNS that correspond to the subject pronouns **je, tu, nous, vous** are:

me ↓ m' (+ VOWEL SOUND)	me, to me	nous	us, to us
te ↓ t' (+ VOWEL SOUND)	you, to you	vous	you, to you

Cette carte **vous** donne l'accès à 60 musées.

C A R T E
MUSÉES ET MONUMENTS

POSITION

In French, object pronouns usually come *before* the verb, according to the following patterns:

AFFIRMATIVE	NEGATIVE			
SUBJECT + OBJECT PRONOUN + VERB ...	SUBJECT + **ne** + OBJECT PRONOUN + VERB + **pas** ...			
Paul **nous** invite.	Éric	**ne**	**nous**	invite **pas.**

---

1 D'accord!

Demandez à vos camarades de faire les choses suivantes pour vous.
Ils sont d'accord pour faire ces choses.

▶ téléphoner ce soir?

1. téléphoner demain?
2. attendre après la classe?
3. inviter à ta fête/soirée?
4. inviter à dîner?
5. rendre visite ce weekend?
6. rendre visite cet été?
7. acheter une glace?
8. apporter un sandwich?
9. vendre ta raquette?
10. écouter?

Tu me téléphones ce soir?

D'accord, je te téléphone ce soir.

2 **Pauvre Nathalie!**

Stéphanie a de la chance. Sa copine Nathalie
n'a pas de chance. Jouez les deux rôles.

▶ mon copain/inviter

1. ma tante / inviter au restaurant
2. mes cousins / téléphoner souvent
3. mon frère / écouter
4. mes parents / comprendre
5. mes voisins / inviter à dîner
6. ma copine / aider avec mes devoirs
7. mon grand-père / acheter des cadeaux *(gifts)*
8. mes amis / attendre après la classe

Mon copain
m'invite.

Tu as de la chance.
Mon copain
ne m'invite pas.

Vocabulaire: Les services personnels

aider quelqu'un	to help	J'**aide** mes copains avec les devoirs.
amener quelqu'un	to bring	Le taxi **amène** les touristes à la gare *(train station)*.
apporter quelque chose à quelqu'un	to bring	Le serveur **apporte** le menu **aux** clients.
donner quelque chose à quelqu'un	to give	Mme Marin **donne** 10 euros **à** sa fille.
montrer quelque chose à quelqu'un	to show	Est-ce que tu **montres** tes photos **à** ton copain?
prêter quelque chose à quelqu'un	to lend, loan	Est-ce que tu **prêtes** tes disques **à** tes amis?

---

3 **Questions personnelles**

Réponds affirmativement ou négativement
aux questions suivantes.

1. Est-ce que tes copains t'aident avec tes devoirs?
2. Est-ce que ta mère ou ton père t'aide
   avec les devoirs de français?
3. Est-ce que ton père ou ta mère te prête sa voiture?
4. Est-ce que ton frère ou ta soeur te prête ses disques?
5. Est-ce que tes profs te donnent des conseils *(advice)*?
6. Est-ce que ton copain te montre ses photos?
7. Est-ce que tes cousins t'apportent des cadeaux *(gifts)*
   quand ils viennent chez toi?
8. Est-ce que tes parents t'amènent au restaurant
   pour ton anniversaire?

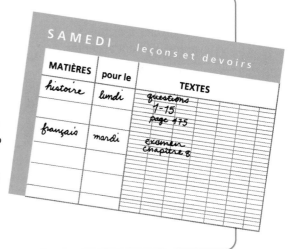

4 · Bons services

Informez-vous sur les personnes suivantes. Dites ce que leurs amis ou leurs parents font pour eux. Pour cela, complétez les phrases avec les pronoms **me (m')**, **te (t')**, **nous** ou **vous**.

▶ J'organise une boum.   Ma soeur <u>me</u> prête ses cassettes.
▶ Nous avons faim.   Cécile <u>nous</u> apporte des sandwichs.

1. Nous organisons un pique-nique. Nos copains … aident.
2. Tu as soif. Je … apporte un soda.
3. Vous préparez l'examen. Le prof … donne des conseils *(advice)*.
4. J'ai besoin d'argent. Mon cousin … prête cent francs.
5. Tu es chez les voisins. Ils … montrent leur appartement.
6. Nous sommes à l'hôpital. Nos amis … rendent visite.
7. Vous êtes sympathiques. Je … invite chez moi.
8. Nous allons prendre l'avion. Le taxi … amène à l'aéroport.
9. Je nettoie le garage. Mon frère … aide.

"QUAND ON ME CHERCHE, ON ME TROUVE."

EUROSIGNAL

TELECOMMUNICATIONS

B. Les pronoms compléments à l'impératif

Compare the position and the form of the object pronouns when the verb is in the imperative.

AFFIRMATIVE	NEGATIVE
Téléphone-**moi** ce soir!	Ne **me** téléphone pas demain!
Invite-**moi** samedi!	Ne **m'**invite pas dimanche!
Apporte-**nous** du thé!	Ne **nous** apporte pas de café!

▌ When the IMPERATIVE verb is AFFIRMATIVE, the object pronouns come *after* the verb.
➡ **me** becomes **moi**

▌ When the imperative verb is negative, the object pronouns come *before* the verb.

5 · Prêts *(Loans)*

Demandez à vos copains de vous prêter les choses suivantes. Ils vont accepter.

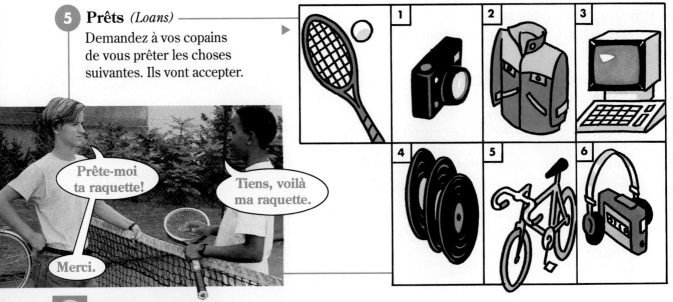

Prête-moi ta raquette!

Tiens, voilà ma raquette.

Merci.

6 À Paris

Vous visitez Paris. Demandez certains services aux personnes suivantes.

▶ au garçon de café *(waiter)*
  • apporter un sandwich
  S'il vous plaît, apportez-moi un sandwich.

1. au garçon de café
   • apporter de l'eau
   • apporter une limonade
   • donner un croissant

2. à la serveuse *(waitress)* du restaurant
   • montrer le menu
   • donner du pain
   • apporter l'addition *(check)*

3. au chauffeur de taxi *(cab driver)*
   • amener au musée d'Orsay
   • montrer Notre-Dame
   • aider avec les bagages

4. à un copain parisien
   • téléphoner ce soir
   • donner ton adresse
   • prêter ton plan *(map)* de Paris

7 Quel service?

Demandez à vos camarades certains services. Pour cela complétez les phrases en utilisant ces verbes.

aider	amener	apporter
donner	montrer	prêter

▶ J'ai soif. … de la limonade.
  S'il te plaît, <u>apporte-moi</u> (<u>donne-moi</u>) de la limonade.

▶ J'ai faim. … un sandwich
  S'il te plaît, <u>apporte-moi</u> (<u>donne-moi</u>) un sandwich.

1. Je ne comprends pas les devoirs de maths.
2. Je voudrais téléphoner à ta cousine.
3. Je n'ai pas d'argent pour aller au cinéma.
4. Je voudrais voir tes photos.
5. J'ai soif.
6. J'organise une boum.
7. Je vais peindre *(to paint)* ma chambre.
8. Je vais à l'aéroport.
9. Je ne sais pas où tu habites.

… avec le problème.
… son numéro de téléphone.
… six dollars.
… tes photos.
… de l'eau minérale.
… tes disques.
… avec ce projet.
… là-bas avec ta voiture.
… ton adresse.

8 Non!

Proposez à vos camarades de faire les choses suivantes pour eux. Ils vont refuser et donner une explication.

▶ téléphoner ce soir (Je ne suis pas chez moi.)

1. téléphoner demain soir (Je dois faire mes devoirs.)
2. inviter ce weekend (Je vais à la campagne.)
3. inviter dimanche (Je dîne chez mes cousins.)
4. attendre après la classe (Je dois rentrer chez moi.)
5. prêter mes disques (Je n'ai pas de chaîne stéréo.)
6. acheter un sandwich (Je n'ai pas faim.)
7. rendre visite ce soir (Je vais au cinéma.)

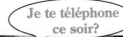

Je te téléphone ce soir?

Non, ne me téléphone pas. Je ne suis pas chez moi.

C. Les verbes *pouvoir* et *devoir*

FORMS

Note the forms of the irregular verbs **pouvoir** *(can, may, be able)* and **devoir** *(must, have to)*.

INFINITIVE	pouvoir	devoir
PRESENT	Je **peux** venir. Tu **peux** travailler. Il / Elle / On **peut** voyager. Nous **pouvons** dîner ici. Vous **pouvez** rester. Ils / Elles **peuvent** aider.	Je **dois** rentrer avant midi. Tu **dois** gagner de l'argent. Il / Elle / On **doit** visiter Paris. Nous **devons** regarder le menu. Vous **devez** finir vos devoirs. Ils / Elles **doivent** mettre la table.
PASSÉ COMPOSÉ	J'**ai pu** étudier.	J'**ai dû** faire mes devoirs.

USES

- **Pouvoir** has several English equivalents.

can	Est-ce que tu **peux** venir au pique-nique?	***Can** you come to the picnic?*
may	Est-ce que je **peux** prendre la voiture?	***May** I take the car?*
to be able	Jacques ne **peut** pas réparer sa mobylette.	*Jacques **is** not **able** to fix his moped.*

- **Devoir** is used to express an OBLIGATION.

must	Vous **devez** faire vos devoirs.	*You **must** do your homework.*
to have to	Est-ce que je **dois** nettoyer ma chambre?	*Do I **have to** clean my room?*

➡ **Devoir** is usually followed by an infinitive. It cannot stand alone.

Est-ce que tu **dois étudier** ce soir?	*Do you **have to study** tonight?*
Oui, je **dois étudier.**	*Yes, I **have to (study).***
Non, je **ne dois pas étudier.**	*No, I **don't have to (study).***

9 **Le coût de la vie** *(The cost of living)*

Décrivez ce que les personnes suivantes peuvent acheter avec leur argent.

▶ Philippe a quinze euros.
Il peut acheter des lunettes de soleil.

1. Alice et Françoise ont cinq euros.
2. J'ai cent euros.
3. Tu as soixante euros.
4. Vous avez quatre-vingts euros.
5. Ma copine a soixante-cinq euros.
6. Nous avons cinquante euros.
7. Mon frère a vingt-cinq euros.

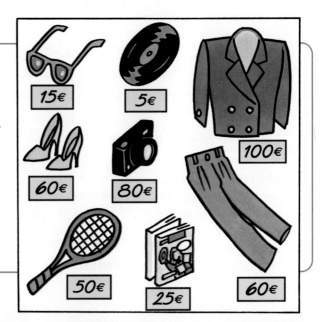

10 Obligations?

Demandez à vos camarades s'ils doivent faire les choses suivantes.

▶ étudier?

1. étudier ce soir?
2. nettoyer ta chambre?
3. mettre la table?
4. réussir à l'examen?
5. aller chez le dentiste cette semaine?
6. parler au professeur après la classe?

Est-ce que tu dois étudier?

Oui, je dois étudier.

(Non, je ne dois pas étudier.)

7. être poli(e) *(polite)* avec tes voisins?
8. rentrer chez toi après la classe?

11 Excuses

Thomas demande à ses amis de repeindre *(to repaint)* sa chambre avec lui, mais chacun a une excuse. Dites que les personnes suivantes ne peuvent pas aider Thomas. Dites aussi ce qu'elles doivent faire.

▶ Hélène (étudier)
Hélène ne peut pas aider Thomas. Elle doit étudier.

1. nous (faire les courses)
2. Lise et Rose (acheter des vêtements)
3. moi (aider ma mère)
4. toi (nettoyer le garage)
5. Alice (rendre visite à sa grand-mère)
6. vous (déjeuner avec vos cousins)
7. mon frère et moi (laver la voiture)
8. Nathalie et toi (préparer l'examen)

12 Expression personnelle

Complétez les phrases suivantes avec vos idées personnelles.

1. Chez moi, je peux …
   Je ne peux pas …
2. À l'école, nous devons …
   Nous ne devons pas …
3. À la maison, je dois …
   Mes frères (Mes soeurs) doivent …
4. Quand on est riche, on peut …
   On doit …
5. Quand on est malade *(sick)*, on doit …
   On ne doit pas …
6. Quand on veut maigrir, on doit …
   On ne peut pas …

Prononciation   **s** /z/   **ss** /s/

Les lettres «s» et «ss»

Be sure to distinguish between "**s**" and "**ss**" in the middle of a word.

Répétez: /z/   **mauvaise   cuisine   fraise   mayonnaise
                     quelque chose   magasin**

poison   **poisson**

               /s/   **poisson   saucisson   dessert   boisson   assiette   pamplemousse**

/z/ – /s/   **poison – poisson   désert** (desert) **– dessert**

            Comme dessert nous choisissons une tarte aux fraises.

À votre tour!

1 Allô!

Reconstituez la conversation entre Corinne et Philippe. Pour cela, faites correspondre les réponses de Philippe avec ce que dit Corinne.

Corinne

Philippe

1 Dis, Philippe, j'ai besoin d'un petit service.

a C'est vrai . . . Bon, je t'achète tout ça *(all that)*.

2 Prête-moi ta mobylette, s'il te plaît.

b D'accord! Je vais aller à la librairie *(bookstore)* Duchemin.

3 Dans ce cas, apporte-moi *Paris-Match*.

c Écoute, je n'ai pas assez d'argent.

4 Alors, achète-moi aussi le nouvel album d'Astérix.

d Ah, je ne peux pas. Je dois aller en ville cet après-midi.

5 Je t'ai prêté vingt euros hier!

e Qu'est-ce que je peux faire pour toi?

2 Dis-moi . . .

I am going to spend a month living in your city and studying at your school. Since you are my friend, I will ask you a few favors, for instance:

- Prête-moi ton livre d'anglais.
- Montre-moi où est la cantine.
- Amène-moi à la bibliothèque.
- Invite-moi à ton club.
- Donne-moi le plan *(map)* de la ville.
- Téléphone-moi ce weekend.

Now imagine that you are visiting me in France. I am ready to help you.
Ask me three or four favors.

3 Créa-dialogue

Demandez certains services à vos camarades. Ils vont vous demander pourquoi. Répondez à leurs questions. Ils vont accepter le service.

▶ —S'il te plaît, prête-moi ton vélo!
—Pourquoi?
—Parce que je voudrais faire une promenade à la campagne.
—D'accord, je te prête mon vélo.

	prêter	1. prêter	2. prêter	3. apporter	4. prêter	5. donner	6. donner
QUEL SERVICE?					$1.00	$5.00	??
POURQUOI?	faire une promenade à la campagne	jouer au tennis	organiser une boum	prendre des photos	acheter une glace	??	??

4 Situation

Avec un(e) camarade, préparez un dialogue original correspondant à la situation suivante.

You are having dinner at a French restaurant called Sans-Souci. You have a friendly but inexperienced waiter/waitress (played by your classmate) who forgets to bring you what you need. Whenever you mention something however, he/she agrees to bring it right away (**tout de suite**). Tell your waiter/waitress . . .

- to please show you the menu (**le menu**)
- to please give you some water
- to bring you a napkin
- to give you a beverage (of your choice)
- to bring you a dessert (of your choice)
- to bring you the silverware that you need for eating the dessert

5 Conversation libre

Avec un(e) camarade, composez une conversation basée sur la situation suivante.

Imagine you are looking for someone to help you out. Ask a classmate to do you five favors. He/she will accept or refuse. In case of refusal, he/she will give you a reason. You may want to use some of the following verbs:

aider, amener, apporter, inviter, donner, montrer, prêter, vendre, acheter

For example, your conversation might begin like this:

▶ —S'il te plaît, invite-moi chez toi samedi après-midi.
—Je regrette, mais je ne peux pas.
—Pourquoi?
—Je dois faire les courses.

6 Composition: Bonnes relations

Select a person you like (a friend, a neighbor, a relative, a teacher) and write a short paragraph mentioning at least four things this person does for you. You may want to use some of the following verbs:

**acheter   amener   aider   donner   inviter
montrer   prêter   rendre visite   téléphoner**

> J'ai une bonne copine. Elle
> s'appelle Stéphanie. Elle
> est très sympathique.
> Elle me téléphone souvent
> et le weekend, elle m'invite
> chez elle. Elle est très
> intelligente et quand je
> ne comprends pas, elle m'aide
> avec mes devoirs de français.
> Elle me donne toujours
> des conseils (advice) excellents.

Now tell me about a friend of yours and let me know some of the things this friend does for you.

Comment dit-on . . . ?

How to show your reaction to bad food:

**Pouah! . . . C'est infect!   C'est dégoûtant!
C'est infâme!**

Pique-nique

Florence et Jérôme organisent un pique-nique ce weekend. Ils préparent la liste des <u>invités</u>. *guests*
Qui vont-ils inviter?

FLORENCE: Tu connais Stéphanie?
JÉRÔME: Oui, je la connais. C'est une copine.
FLORENCE: Je l'invite au pique-nique?
JÉRÔME: Bien sûr. Invite-la.
FLORENCE: Et son cousin Frédéric, tu le connais?
JÉRÔME: Oui, je le connais un peu.
FLORENCE: Je l'invite aussi?
JÉRÔME: Non, ne l'invite pas. Il est trop snob.

■ NOTE ■
CULTURELLE

Un pique-nique français

Quand ils vont à la campagne, les Français adorent faire des pique-niques. Un pique-nique est un repas froid assez simple. Il y a généralement du poulet froid et des oeufs durs° et aussi du jambon, du saucisson ou du pâté* pour les sandwichs. Quand on a l'équipement nécessaire, on peut aussi faire des grillades° sur un barbecue. Comme dessert, il y a des fruits (bananes, oranges, pommes, poires, raisin°). Comme boisson, il y a de l'eau minérale, du cidre, des jus de fruit.

* The French have created dozens of varieties of **pâté,** ranging from the expensive and refined **foie gras** (made from the livers of fattened geese) to the everyday **pâté de campagne** (a type of cold meat loaf served in thin slices with bread).

durs *hard-boiled*   **grillades** *grilled meat*   **raisin** *grapes*

FLORENCE: <u>Comment</u>? Tu le trouves snob? Moi, je le trouve intelligent et sympathique. Et <u>puis</u>, il a une voiture et nous avons besoin d'une voiture pour transporter <u>tout le monde</u>...

What?
also
everyone

JÉRÔME: Florence, tu es <u>géniale</u> ... C'est vrai, Frédéric n'est pas <u>aussi snob que ça</u> ... Téléphonons-lui <u>tout de suite</u> et invitons-le au pique-nique!

brilliant
that snobbish / right away

Compréhension

1. Qui est Stéphanie?
2. Qui est Frédéric?
3. Est-ce que Jérôme a une bonne ou une mauvaise opinion de Frédéric? Pourquoi?
4. Et Florence, comment est-ce qu'elle trouve Frédéric?
5. Finalement, est-ce que Jérôme va inviter Frédéric au pique-nique? Pourquoi?

Et toi?

1. Est-ce que tu aimes faire des pique-niques?
2. Quand tu fais un pique-nique avec des copains, où allez-vous?
3. Qui invites-tu?
4. En général, qu'est-ce qu'on mange à un pique-nique américain?
5. Qu'est-ce qu'on boit?
6. Dans ta famille, est-ce qu'on fait des barbecues? Où? Qui est le «chef»? Qu'est-ce qu'on mange et qu'est-ce qu'on boit?

A. Le verbe *connaître*

Note the forms of the irregular verb **connaître** *(to know)*.

INFINITIVE	connaître	
PRESENT	Je **connais** Stéphanie. Tu **connais** son cousin? Il / Elle / On **connaît** ces garçons.	Nous **connaissons** Paris. Vous **connaissez** Montréal? Ils / Elles **connaissent** ce café.
PASSÉ COMPOSÉ	J'**ai connu** ton frère pendant les vacances.	

➡ In the passé composé, **connaître** means *to meet for the first time*.

➡ The French use **connaître** to say that they *know* or *are acquainted with people or places*. To say that they *know information*, they use **je sais, tu sais.** Compare:

PEOPLE/PLACES

Je **connais** Éric.
Tu **connais** Frédéric.
Je **connais** un bon restaurant.

INFORMATION

Je **sais** où il habite.
Tu **sais** à quelle heure il vient?
Je **sais** qu'il est près du théâtre.

Je connais Éric.

Je sais où il habite.

1 On ne peut pas tout connaître

Les personnes suivantes connaissent la première personne ou la première chose entre parenthèses. Elles ne connaissent pas la deuxième.

▶ Philippe (Isabelle/sa soeur)
 Philippe connaît Isabelle.
 Il ne connaît pas sa soeur.

1. nous (Paul/ ses copains)
2. vous (le prof d'anglais/ le prof de maths)
3. moi (les voisins/ leurs amis)
4. toi (Paris/ Bordeaux)
5. les touristes (le Louvre/ le musée d'Orsay)
6. mon copain (ce café/ ce restaurant)

2 Questions personnelles

1. Est-ce que tu connais New York? Chicago? San Francisco? Montréal? Quelles villes est-ce que tu connais bien?
2. Dans ta ville est-ce que tu connais un bon restaurant? Comment est-ce qu'il s'appelle? Est-ce que tu connais un supermarché? un centre commercial? un magasin de disques? Comment est-ce qu'ils s'appellent?
3. Est-ce que tu connais des monuments à Paris? Quels monuments?
4. Est-ce que tu connais bien tes voisins? Est-ce qu'ils sont sympathiques? Est-ce que tu connais personnellement le directeur (la directrice) de ton école? Est-ce qu'il (elle) est strict(e)?
5. Quels acteurs de cinéma est-ce que tu connais? Quelles actrices? Quels musiciens? Quels athlètes professionnels?

B. Les pronoms compléments: *le, la, les*

In the questions below, the nouns in heavy type follow the verb directly. They are the DIRECT OBJECTS of the verb. Note the forms and position of the DIRECT OBJECT PRONOUNS which are used to replace those nouns in the answers.

Tu connais **Éric?**	Oui, je **le** connais.	*Yes, I know **him.***
	Je **l'**invite souvent.	*I invite **him** often.*
Tu connais **Stéphanie?**	Oui, je **la** connais.	*Yes, I know **her.***
	Je **l'**invite aussi.	*I invite **her** also.*
Tu connais **mes copains?**	Je **les** connais bien.	*I know **them** well.*
	Je **les** invite.	*I invite **them.***
Tu connais **mes amies?**	Je **les** connais aussi.	*I know **them** too.*
	Je **les** invite souvent.	*I invite **them** often.*

FORMS AND USES

Direct object pronouns have the following forms:

	SINGULAR		PLURAL
MASCULINE	**le** ↓ **l'** (+ VOWEL SOUND)	*him, it*	**les** *them*
FEMININE	**la** ↓ **l'** (+ VOWEL SOUND)	*her, it*	

Qui le vend?
Qui le répare?

On le trouve dans les pages jaunes!

TELECOMMUNICATIONS

➡ The direct object pronouns **le, la, l', les** can refer to either people or things.

Tu vois **Nicole?**	Oui, je **la** vois.	*Yes, I see **her.***
Tu vois **ma voiture?**	Oui, je **la** vois.	*Yes, I see **it.***
Tu comprends **le professeur?**	Oui, je **le** comprends.	*Yes, I understand **him.***
Tu comprends **ce mot** *(word)?*	Oui, je **le** comprends.	*Yes, I understand **it.***

POSITION

Direct object pronouns generally come *before* the verb according to the following patterns:

	AFFIRMATIVE			NEGATIVE				
	SUBJECT + **le/la/les** + VERB ...			SUBJECT + **ne** + **le/la/les** + VERB + **pas** ...				
Éric?	Je	**le**	connais bien.	Tu	**ne**	**le**	connais	**pas.**
Ces filles?	Nous	**les**	invitons.	Vous	**ne**	**les**	invitez	**pas.**

3 À la boum de Delphine

Pierre connaît tous les invités *(all the guests)* à la boum de Delphine, mais Lise ne les connaît pas. Jouez les trois rôles.

▶ ces garçons?

Tu connais ces garçons?

Et toi, Lise?

Oui, je les connais.

Non, je ne les connais pas.

1. Christophe?
2. Jacqueline?
3. Anne et Valérie?
4. Jérôme et Jean-François?
5. la fille là-bas?
6. cette étudiante?
7. ma cousine?
8. les cousins de Véronique?
9. la copine de Jacques?
10. ses frères?

4 Un choix difficile

Vous allez passer le mois de juillet en France. Vous êtes limité(e) à 20 kilos de bagages. Un(e) camarade demande si vous allez prendre les choses suivantes. Répondez affirmativement ou négativement.

▶ ta raquette?
—Tu prends ta raquette?
—Oui, je la prends.
   (Non, je ne la prends pas.)

1. tes cassettes?
2. ton livre de français?
3. ta guitare?
4. ton walkman?
5. ta chaîne stéréo?
6. ton maillot de bain?
7. ton vélo?
8. tes tee-shirts?
9. tes sandales?

5 Questions et réponses

Michèle pose des questions à Jérôme en utilisant les éléments des Colonnes A et B. Jérôme répond logiquement en utilisant les éléments des Colonnes B et C et un pronom complément. Avec un(e) camarade, jouez les deux rôles.

A	B	C
où	rencontrer tes copains	le samedi matin
quand	voir ta cousine	à 8 heures du matin
à quelle heure	regarder la télé	à 9 heures du soir
	nettoyer ta chambre	à la Boîte à Musique
	faire les courses	à Mod' Shop
	acheter tes disques	au café Le Pont Neuf
	acheter tes vêtements	dans un supermarché
	prendre le petit déjeuner	le weekend
		pendant les vacances
		dans la cuisine
		dans le salon

Où est-ce que tu rencontres tes copains?

Je les rencontre au café Le Pont Neuf.

Quand est-ce que tu rencontres tes copains?

Je les rencontre le weekend.

C. La place des pronoms à l'impératif

Note the position of the object pronoun when the verb is in the imperative.

	AFFIRMATIVE COMMAND	NEGATIVE COMMAND
J'invite **Frédéric?**	Oui, invite-**le!**	Non, ne **l'**invite pas!
Je prends **la guitare?**	Oui, prends-**la!**	Non, ne **la** prends pas!
J'achète **les cassettes?**	Oui, achète-**les!**	Non, ne **les** achète pas!

In AFFIRMATIVE COMMANDS, the object pronoun comes *after* the verb and is joined to it by a hyphen.

In NEGATIVE COMMANDS, the object pronoun comes *before* the verb.

6 Invitations

Vous préparez une liste de personnes à inviter à une boum. Vous êtes limité(e)s à quatre *(4)* des personnes suivantes. Faites vos suggestions d'après les modèles.

▶ Caroline est sympathique.
   Invitons-la!

▶ Jean-Louis est pénible.
   Ne l'invitons pas!

1. Sylvie est très sympathique.
2. Cécile et Anne aiment danser.
3. Jacques est stupide.
4. Robert joue bien de la guitare.
5. Ces filles sont intelligentes.
6. Martin et Thomas sont snobs.
7. Nicolas n'est pas mon ami.
8. Ces garçons sont pénibles.
9. Cette fille est gentille.
10. Tes copains sont méchants.

7 Le pique-nique

Olivier demande à Claire s'il doit prendre certaines choses pour le pique-nique.

▶ ma guitare (oui)

Est-ce que je prends ma guitare?

Oui, prends-la!

1. la limonade (oui)
2. les sandwichs (non)
3. la salade (oui)
4. le lait (non)
5. le gâteau (non)
6. mon appareil-photo (oui)
7. mes lunettes de soleil (oui)
8. les impers (non)

8 Oui ou non?

Votre petit cousin de Québec passe deux semaines chez vous. Il vous demande s'il doit ou peut faire les choses suivantes. Répondez affirmativement ou négativement.

1. Je fais les courses?
2. Je regarde tes photos?
3. Je nettoie ma chambre?
4. J'achète le journal *(newspaper)*?
5. J'invite les voisins à déjeuner?
6. Je prépare le dîner?
7. Je prends ton vélo?
8. J'écoute tes disques?
9. J'aide ta mère?
10. Je mets la télé?

Je fais les devoirs?

Oui, fais-les.

(Non, ne les fais pas.)

D. Les pronoms compléments *lui, leur*

In the questions below, the nouns in heavy type are INDIRECT OBJECTS. These nouns represent PEOPLE and are introduced by **à.**

Note the forms and position of the corresponding INDIRECT OBJECT PRONOUNS in the answers on the right.

Tu téléphones **à Philippe?**	Oui, je **lui** téléphone.
Tu parles **à Juliette?**	Non, je ne **lui** parle pas.
Tu téléphones **à tes amis?**	Oui, je **leur** téléphone.
Tu prêtes ton vélo **à tes cousines?**	Non, je ne **leur** prête pas mon vélo.

FORMS

INDIRECT OBJECT PRONOUNS replace **à** + <u>noun representing people</u>. They have the following forms:

	SINGULAR		PLURAL	
MASCULINE/FEMININE	**lui**	*to him, to her*	**leur**	*to them*

POSITION

Like other object pronouns, **lui** and **leur** come *before* the verb, *except* in affirmative commands.

> Voici Henri.   Parle-**lui!**   Prête-**lui** ton vélo!

➡ In negative sentences, **lui** and **leur,** like other object pronouns, come *between* **ne** and the verb.

> Voici Éric.   Je ne **lui** téléphone pas.
> Voici mes voisins.   Je ne **leur** parle pas.

FRANCE TELECOM
600 AGENCES
PARTOUT
EN FRANCE
TELECARTE 120

9 **Au téléphone**

Demandez à vos camarades s'ils téléphonent aux personnes suivantes.

▶ ta copine

Tu téléphones à ta copine?

Oui, je lui téléphone.

(Non, je ne lui téléphone pas.)

1. ton copain
2. tes cousins
3. ta grand-mère
4. ton prof
   de français
5. tes voisins
6. ta tante favorite

Vocabulaire: Verbes suivis *(followed)* d'un complément indirect

parler à	*to speak, talk (to)*	Je **parle à** mon copain.
rendre visite à	*to visit*	Nous **rendons visite à** nos voisins.
répondre à	*to answer*	Tu **réponds au** professeur.
téléphoner à	*to phone, call*	Jérôme **téléphone à** Juliette.
demander à	*to ask*	Je ne **demande** pas d'argent **à** mes frères.
donner à	*to give (to)*	Tu **donnes** ton adresse **à** ta copine.
montrer à	*to show (to)*	Nous **montrons** nos photos **à** nos amis.
prêter à	*to lend, loan (to)*	Je ne **prête** pas mon walkman **à** ma soeur.

➡ **Répondre** is a regular **-re** verb.

Je réponds à François.   **J'ai répondu** à Catherine.

➡ The verbs **téléphoner, répondre,** and **demander** take indirect objects in French, but not in English. Compare:

téléphoner	Nous **téléphonons**	à	Paul.	Nous **lui téléphonons.**
	*We **are calling***	. . .	*Paul.*	*We **are calling him.***

répondre	Tu **réponds**	à	tes parents.	Tu **leur réponds.**
	*You **answer***	. . .	*your parents.*	*You **answer them.***

demander	Je **demande**	à	Sylvie	. . .	ses disques.	Je **lui demande** ses disques.
	*I **am asking***	. . .	*Sylvie*	*for*	*her records.*	*I **am asking her** for her records.*

---

10 **Les copains de Dominique**

Dominique a beaucoup de copains. Décrivez ce que chacun fait pour elle. Complétez les phrases avec **Dominique** ou **à Dominique.**

▶ Françoise invite <u>Dominique</u>.
Patrick rend visite <u>à Dominique</u>.

1. Marc téléphone . . .
2. Jean-Paul voit . . . samedi prochain.
3. Sophie prête son vélo . . .
4. Corinne écoute . . .
5. François donne son adresse . . .
6. Philippe regarde . . . pendant la classe.
7. Delphine attend . . . après la classe.

8. Nathalie parle . . .
9. Pauline invite . . . au concert.
10. Pierre répond . . .
11. Isabelle montre ses photos . . .
12. Thomas demande . . . son numéro de téléphone.

11 Joyeux anniversaire!

Choisissez un cadeau d'anniversaire pour les personnes suivantes. Un(e) camarade va vous demander ce que vous donnez à chaque personne.

▶ à ton copain

Qu'est-ce que tu donnes à ton copain?

Je lui donne un livre.

Cadeaux

un pull
des compacts
une cravate
un livre
des billets (tickets) de théâtre
un magazine
ma photo
une boîte (box) de chocolats
un gâteau
??

1. à ton petit frère
2. à ta mère
3. à ta grand-mère
4. à ta copine
5. à tes cousins
6. à ton (ta) prof
7. à tes copains

12 Questions personnelles

Réponds aux questions suivantes. Utilise **lui** ou **leur** dans tes réponses.

1. Le weekend, est-ce que tu rends visite à tes copains? à ton oncle?
2. Est-ce que tu prêtes tes disques à ta soeur? à ton frère? à tes copains?
3. Est-ce que tu demandes de l'argent à ton père? à ta mère?
4. Est-ce que tu demandes des conseils (advice) à tes parents? à tes professeurs?
5. Est-ce que tu donnes de bons conseils à tes copains?
6. Est-ce que tu montres tes photos à ton frère? à ta soeur? à ta copine? à ton copain? à tes cousins?
7. En classe, est-ce que tu réponds en français à ton professeur?
8. Quand tu as un problème, est-ce que tu parles à tes copains? à ton professeur? à tes grands-parents? à tes parents?

E. Les verbes *dire* et *écrire*

Note the forms of the irregular verbs **dire** *(to say, tell)* and **écrire** *(to write)*.

INFINITIVE	dire	écrire
PRESENT	je **dis** tu **dis** il/elle/on **dit** nous **disons** vous **dites** ils/elles **disent**	j' **écris** tu **écris** il/elle/on **écrit** nous **écrivons** vous **écrivez** ils/elles **écrivent**
PASSÉ COMPOSÉ	j'**ai dit**	j'**ai écrit**

➡ Note the use of **que/qu'** *(that)* after **dire** and **écrire.**

Florence **dit que** Frédéric est sympathique.　*Florence **says (that)** Frédéric is nice.*
Alain **écrit qu'**il est allé à un pique-nique.　*Alain **writes (that)** he went on a picnic.*

➡ **Décrire** *(to describe)* follows the same pattern as **écrire.**

Did you know that French is an official language in many countries? Learning French can help you correspond with French-speaking pen pals throughout the world.

13 Correspondance

Pendant les vacances, on écrit beaucoup de lettres. Dites à qui les personnes suivantes écrivent.

▶ Juliette / à Marc
   Juliette écrit à Marc.

1. nous / à nos copains
2. toi / à ta cousine
3. moi / à ma grand-mère
4. Nicolas / à ses voisins
5. vous / à vos parents
6. les élèves / au professeur

14 La boum

Des amis sont à une boum. Décrivez ce que chacun dit.

▶ toi / la musique est super
   Tu dis que la musique est super.

1. Nicole / les sandwichs sont délicieux
2. nous / les invités *(guests)* sont sympathiques
3. Pauline / Jérôme danse bien
4. moi / ces garçons dansent mal
5. vous / vous n'aimez pas cette cassette
6. mes copains / ils vont organiser une soirée le weekend prochain

15 Questions personnelles

1. Est-ce que tu aimes écrire?
2. Pendant les vacances, est-ce que tu écris à tes copains? à tes voisins? à ton(ta) meilleur(e) *(best)* ami(e)?
3. À Noël, est-ce que tu écris des cartes *(cards)*? À qui?
4. À qui as-tu écrit récemment *(recently)*?
5. Est-ce que tu dis toujours la vérité *(truth)*?
6. À ton avis, est-ce que les journalistes disent toujours la vérité? Et les politiciens?

Prononciation   on /ɔ̃/   on(n)e /ɔ/

Les lettres «on» et «om»

Be sure to distinguish between the nasal and non-nasal vowel sounds.

REMEMBER: Do not pronounce an /n/ or /m/ after the nasal vowel /ɔ̃/.

lion

lionne

Répétez: /ɔ̃/   **mon ton son bon avion montrer répondre invitons blouson**

/ɔn/   **téléphone Simone donner connais mayonnaise personne bonne**

/ɔm/   **fromage promenade tomate pomme dommage comment**

/ɔ̃/–/ɔn/   **lion–lionne bon–bonne Simon–Simone Yvon–Yvonne**

Monique donne une pomme à Raymond.
Simone connaît mon oncle Léon.

À votre tour!

1 Allô!

Reconstituez la conversation entre Jacques et Florence. Pour cela, faites correspondre les réponses de Florence avec les questions de Jacques.

1. Qu'est-ce que tu fais ce weekend?

2. Tu m'invites?

3. Et Catherine? Tu l'invites aussi?

4. C'est ma nouvelle copine.

5. Tu veux son numéro de téléphone?

6. C'est le 01.44.32.28.50.

a. Je lui téléphone tout de suite *(right away)*
b. Oui, je ne l'ai pas.
c. Bien sûr, je t'invite.
d. J'organise une fête.
e. Catherine? Je ne la connais pas. Qui est-
f. Ah oui, je vois qui c'est maintenant. Eh bien, d'accord! Je l'invite.

2 Dis-moi …

I met your cousin at a party last weekend. She is a very bright and pleasant person. I would like to see her again. Tell me …

- Comment est-ce qu'elle s'appelle?
- Où est-ce qu'elle habite?
- Est-ce que tu la vois souvent?
- Est-ce que je lui téléphone? Quand?
- Est-ce que je l'invite au restaurant? À quel restaurant?

3 Créa-dialogue

Avec vos camarades, discutez de certaines choses que vous faites. Posez plusieurs questions sur chaque activité.

Tu regardes la télé?

Oui je la regarde.

À quelle heure est-ce que tu la regardes?

À huit heures.

regarder la télé?	1. inviter tes amis?	2. voir tes cousins?
à quelle heure?	quand? à quelle occasion?	quand? où?
	5. faire tes devoirs?	**6. téléphoner à tes copains?**
	quand? où?	quand? pourquoi?

4 Situation

Avec un(e) camarade, composez un dialogue original correspondant à la situation suivante. Jouez ce dialogue en classe.

You and another classmate know a very nice Canadian girl by the name of Catherine. Next weekend is her birthday and you want to do something special. With your friend discuss . . .

- whether to invite her to your house or to a restaurant
- what small gift *(petit cadeau)* you may buy for her
- what else you may do for her

5 Conversation libre

Avec un(e) camarade, composez un dialogue basé sur la situation suivante. Jouez ce dialogue en classe.

A group of French students are going to visit your town next week. As members of the Foreign Students Club, you and a classmate discuss what kinds of activities you will organize for them. You may want to use the following verbs:

inviter (où?), montrer (quels endroits?), amener (où?), donner (quels petits cadeaux [gifts]**?)**

6 Composition: Les personnes dans ma vie *(life)*

Make a list of two or three people you know well. Give the name of each person and describe one thing you do for this person and one thing you don't do. You may want to select:

- un cousin/une cousine
- un frère/une soeur
- un copain/une copine
- un voisin/une voisine
- un ami/une amie
- un professeur de français (d'anglais, de maths, d'histoire)

Ma cousine s'appelle Denise. Je la vois pendant les vacances de Noël. Je ne lui rends pas souvent visite.

Comment dit-on . . . ?

How to tell someone to leave you alone:

Laisse-moi tranquille!

Fiche-moi la paix!

3. faire les courses?	4. aider ta mère?
quand? où?	quand? comment?
7. rendre visite à ta grand-mère?	8. écrire à ton cousin?
quand? pourquoi?	pourquoi?

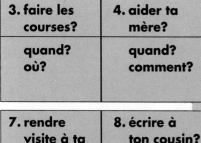

Petit test culturel

Bon appétit!

Répondez aux questions suivantes. Vérifiez vos réponses au bas° de la page.

1 Dans un repas français, quand est-ce qu'on mange la salade en général?
a. comme° premier plat
b. avec la viande
c. après le plat principal
d. après le dessert

4 Quand est-ce que les Français boivent le café?
a. avant le repas
b. pendant le repas
c. avec le fromage
d. à la fin° du repas

6 La «bouillabaisse» est le plat traditionnel de Marseille, un grand port français sur la Méditerranée. Qu'est-ce que c'est?
a. une salade de fruits
b. une soupe de poisson
c. une tarte aux bananes
d. une omelette au jambon

2 En général, à quel repas est-ce qu'on mange des croissants en France?
a. au petit déjeuner
b. au déjeuner
c. au dîner
d. aux trois repas

5 Le «camembert» est une spécialité qui vient originairement de Normandie. Qu'est-ce que c'est?
a. un gâteau
b. un fromage
c. une glace
d. un jus de fruit

7 Quelle province française a donné son nom à un vin° célèbre?°
a. la Savoie
b. la Champagne
c. la Bretagne
d. la Picardie

3 Dans un restaurant français typique, qu'est-ce qu'on mange généralement avec un steak?
a. du riz
b. des spaghetti
c. des frites
d. des épinards°

Réponses:

1. c; 2. a; 3. c; 4. d; 5. b; 6. b; 7. b

au bas *at the bottom* **comme** *as*
épinards *spinach* **fin** *end*
vin *wine* **célèbre** *famous*

Le Château Frontenac

(De 6h30 à midi)
PETIT DÉJEUNER CONTINENTAL
$7.75

(From 6:30 to noon)
CONTINENTAL BREAKFAST

☐ Jus d'orange ou
☐ Jus de tomate ou
☐ Jus de pamplemousse

☐ Orange juice or
☐ Tomato juice or
☐ Grapefruit juice

☐ Café ou
☐ Thé ou
☐ Lait

☐ Coffee or
☐ Tea or
☐ Milk

avec ☐ rôties, ou ☐ croissant, ou ☐ danoise, beurre et confitures

served with ☐ toast, or ☐ croissant, or ☐ sweet roll, butter and preserves

LE COMTE DE FRONTENAC
$11.25

☐ Jus d'orange ou
☐ Jus de tomate ou
☐ Jus de pamplemousse ou
☐ 1/2 pamplemousse ou
☐ Pruneaux

☐ Orange juice or
☐ Tomato juice or
☐ Grapefruit juice or
☐ 1/2 grapefruit or
☐ Stewed prunes

☐ Café ou
☐ Thé ou
☐ Lait

☐ Coffee or
☐ Tea or
☐ Milk

☐ Deux oeufs frits ou
☐ Oeufs brouillés ou
☐ Deux oeufs à la coque ou
☐ Crêpes canadiennes ou
☐ Crêpes françaises

☐ Two fried eggs or
☐ Scrambled eggs or
☐ Two boiled eggs or
☐ Canadian pancakes or
☐ French pancakes

☐ Jambon ou
☐ Bacon ou
☐ Saucisses

☐ Ham or
☐ Bacon or
☐ Sausages

avec
☐ rôties ou
☐ croissant ou
☐ danoise
beurre et confitures

served with
☐ toast or
☐ croissant or
☐ sweet roll
butter and preserves

☐ Fraises
☐ Framboises
☐ Orange
☐ Miel

☐ Strawberry
☐ Raspberry
☐ Orange
☐ Honey

LE CAFÉ CANADIEN
Pour un petit déjeuner léger ou complet service à la carte ou buffet de 07h00 à 11h00.

LE CAFÉ CANADIEN
Light and full course breakfast à la carte or buffet from 7 to 11:00 a.m.

Petit déjeuner au Château Frontenac

Vous voyagez au Canada avec votre famille. Cette semaine vous êtes à Québec. Vous restez au Château Frontenac, un célèbre hôtel de la ville. Regardez bien le menu.

- À quelle heure est servi° le petit déjeuner?

- Vous avez le choix entre deux menus. Quel menu allez-vous choisir? Combien coûte-t-il?

- Vous avez décidé de choisir le menu «Le Comte de Frontenac».

- Quel jus de fruit allez-vous choisir?

- Quelle boisson allez-vous choisir?

- Quels oeufs allez-vous prendre?

- Est-ce que vous allez prendre du jambon, du bacon ou des saucisses?

- Est-ce que vous allez choisir des rôties, un croissant ou une danoise? Et qu'est-ce que vous allez prendre comme° confiture?

servi *served*   **comme** *as, for*

Entre amis: Le petit déjeuner

«Qu'est-ce que vous prenez au petit déjeuner?» Aux États-Unis, le petit déjeuner est généralement un repas abondant.° En France, c'est un repas simple.

Fabrice (13 ans)

Chez nous, nous sommes très traditionnels. Je mange du pain avec du beurre et de la confiture. Je bois un grand bol° de café au lait.

Sylvie (14 ans)

Je mange des tartines de pain grillé° et je bois du lait chaud ou du chocolat avec beaucoup de sucre. Le dimanche, il y a parfois° des croissants. (Ça dépend si quelqu'un veut faire les courses!)

Daniel (12 ans)

Chez nous, nous prenons le petit déjeuner «à l'américaine». Je mange des céréales et je bois du jus d'orange.

Marie-Hélène (16 ans)

Je ne veux pas grossir. Alors, je mange une ou deux biscottes.° Sans° beurre, bien sûr. Et je bois du thé.

Chantal (13 ans)

Je suis martiniquaise. En général, je mange du pain et de la confiture comme° tout le monde.° Parfois ma mère prépare un petit déjeuner martiniquais typique. On mange du blaff de poisson° et des bananes vertes cuites.° On mange aussi des ananas,° des papayes et de la gelée de goyave.° C'est délicieux!

abondant *copious, large* **bol** *deep bowl* **pain grillé** *buttered toast* **parfois** *sometimes*
biscottes *dried toast* **Sans** *Without* **comme** *like* **tout le monde** *everybody*
blaff de poisson *fish stew* **cuites** *cooked* **ananas** *pineapples* **gelée de goyave** *guava jelly*

■ NOTE ■
CULTURELLE

La cuisine créole

La cuisine créole est une cuisine régionale typique de la Martinique et de la Guadeloupe. C'est une cuisine assez épicée° qui utilise les produits locaux,° principalement les produits de la mer et les fruits exotiques.

épicée *hot (spiced)* **locaux** *local*

LA VILLA CRÉOLE

La Bonne Cuisine Française et Créole

ANSE-MITAN TROIS-ILETS
☎ 66.05.53

Comment lire
MORE GUESSING FROM CONTEXT

When you are reading, the context is not only the printed word. Sometimes there are illustrations to help you understand the text. As you read the recipe for **crêpes** on the next page, try guessing what the new words mean by studying the pictures. (You can check how well you are doing by looking at the English equivalents at the bottom of the page.)

Enrichissez votre vocabulaire
INCREASING YOUR ENGLISH VOCABULARY

Learning French will also help you increase your English vocabulary. Sometimes a French word you know will help you guess the meaning of an unfamiliar English word. For example:

  a repast   looks like **un repas**   and is an old word for *meal*

Activité
Match these English words with their corresponding definitions.

1. to blanch
2. facile
3. travail
4. famished

a. painfully difficult work
b. easily done
c. very hungry
d. to whiten, to bleach

Activité: Mon petit déjeuner
Décrivez le petit déjeuner chez vous.
- pendant la semaine
- le dimanche matin

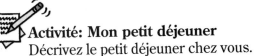

DÉCOUVREZ LA MARTINIQUE

au

TYPIC BELLEVUE

LE PLUS TYPIQUE DES RESTAURANTS

UN CHOIX UNIQUE DE SPÉCIALITÉS CRÉOLES

Boulevard de la Marne Tél. 0596.71.68.87

FORT-DE-FRANCE

Parking Boulevard de Verdun

—— **RELAIS CRÉOLE** ✶ ✶

Menu du jour et à la carte

Ouvert midi et soir sauf dimanche

Voici certaines spécialités:

boudin créole	*hot sausage, creole style*
blaff de poisson	*fish stew*
crabes farcis	*stuffed crabs*
langoustes grillées	*(small) lobsters, grilled*

bifteck de tortue	*turtle steak*
matoutou crabes	*stewed crabs served with rice*

Variétés

Les crêpes

Les crêpes sont d'origine bretonne.° Aujourd'hui, on vend les crêpes dans les «crêperies». On peut aussi faire des crêpes à la maison. Voici une recette° très simple.

LES INGRÉDIENTS

3 oeufs
3 cuillères à soupe de sucre
une pincée° de sel
2 tasses de lait
1 tasse de farine°
1 cuillère à soupe d'huile°
du beurre

LES USTENSILES

 un petit bol

 un fouet

 un grand bol

une poêle

D'abord: Pour faire la pâte°

Mettez les oeufs dans le petit bol. Battez-les° bien avec le fouet.

Ajoutez° le sucre, le sel et un peu de lait.

Mettez la farine dans le grand bol. Versez° le contenu° du petit bol dans le grand bol.

Ajoutez l'huile et le reste du lait. Mélangez° bien la pâte. Attendez deux heures.

AU PETIT COIN BRETON LTÉE
Spécialités
CRÊPES BRETONNES

La Crêperie Québécoise
1775 St-Hubert, Montréal H2L 3Z1
(Métro Berri-de-Montigny)
Tél: 521-8362

---

bretonne *from Brittany*   **recette** *recipe*   **pincée** *pinch*   **farine** *flour*   **huile** *oil*   **pâte** *batter*
Battez-les *Beat them*   **Ajoutez** *Add*   **Versez** *Pour*   **contenu** *contents*   **Mélangez** *Mix, Stir*

Ensuite: Pour faire les crêpes

Chauffez° la poêle. Mettez du beurre dans la poêle.

Mettez une cuillère de pâte dans la poêle.

Agitez° la poêle pour étendre° la pâte.

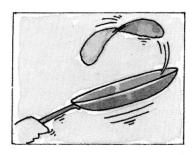

Retournez° la crêpe quand elle est dorée.°

Si vous êtes adroit(e), faites sauter° la crêpe en l'air. Si vous n'êtes pas adroit(e), abstenez-vous!°

Enfin: Pour servir les crêpes

Mettez la crêpe sur une assiette chaude. Faites les autres° crêpes.

Mettez du sucre ou de la confiture sur chaque° crêpe.

Au choix, roulez-la° ou pliez-la° en quatre.

Chauffez *Heat* **Agitez** *Shake* **étendre** *spread*
Retournez *Turn over* **dorée** *golden brown* **faites sauter** *flip*
abstenez-vous *don't try* **autres** *other* **chaque** *each*
roulez-la *roll it* **pliez-la** *fold it*

Bon appétit!

Entracte 9 397

REFERENCE SECTION

CONTENTS

I. Les noms, les articles et les adjectifs

Les noms et les articles

In French, all nouns are MASCULINE or FEMININE, SINGULAR or PLURAL. Nouns are often introduced by ARTICLES.

Definite Article (the)

	SINGULAR	PLURAL		
MASCULINE	le (l')	les	le garçon, l'ami	les garçons, les amis
FEMININE	la (l')	les	la fille, l'amie	les filles, les amies

Indefinite Article (a, an; some)

	SINGULAR	PLURAL		
MASCULINE	un	des	un copain	des copains
FEMININE	une	des	une copine	des copines

➡ **Des** often corresponds to the English *some*. Although the word *some* is often omitted in English, the article **des** must be used in French.

> J'ai **des** cousins à Paris.
> *I have (some) cousins in Paris.*

➡ After a NEGATIVE verb, **un**, **une**, and **des** become **de (d')**.

> J'ai **une** soeur.   Je n'ai pas **de** frères.

Note also:

		MASCULINE	FEMININE
my		**mon**	**ma (mon)**
		mon frère	**ma** soeur
		mon ami	**mon** amie
your		**ton**	**ta (ton)**
		ton frère	**ta** soeur
		ton ami	**ton** amie

Les adjectifs de description

FORMS

In French, descriptive adjectives AGREE with the nouns they modify.

REGULAR adjectives have the following endings:

	SINGULAR	PLURAL		
MASCULINE	—	-s	intelligent	intelligents
FEMININE	-e	-es	intelligente	intelligentes

➡ Adjectives that end in **-e** in the masculine remain the same in the feminine.

> un garçon **timide**   une fille **timide**

➡ Adjectives that end in **-s** in the masculine singular remain the same in the masculine plural

> un ami **français**   des amis **français**

POSITION

Most adjectives come AFTER the noun they modify.

> une fille **intelligente**   *an intelligent girl*

A few adjectives come before the noun.

> une **petite** voiture   *a small car*

Les personnes

La famille

un frère	brother	une soeur	sister
un père	father	une mère	mother
un grand-père	grandfather	une grand-mère	grandmother
un cousin		une cousine	
un oncle	uncle	une tante	aunt

D'autres personnes *(Other people)*

un garçon	boy	une fille	girl
un ami	friend	une amie	
un copain	friend	une copine	
un camarade	classmate	une camarade	
un élève	high school student	une élève	
un étudiant	college student	une étudiante	
un prof	professor, teacher	une prof	
un homme	man	une femme	woman
un monsieur	man, gentleman	une dame	lady
un voisin	neighbor	une voisine	
des gens	people	une personne	

Les animaux domestiques *(Pets)*

un chien   un chat

Adjectifs de description

La nationalité

américain	espagnol	japonais
anglais	français	mexicain
canadien (canadienne)	italien (italienne)	suisse
chinois		

La description physique

blond	brun	jeune*	young
grand*	petit	beau (belle)*	good-looking, beautiful, handsome
		joli	pretty

La personnalité

amusant	bon (bonne)*	good	mauvais*	bad
intéressant	gentil (gentille)	nice, kind	bête	not smart, stupid
intelligent	mignon (mignonne)	cute	méchant	nasty
timide	sportif (sportive)	athletic		
	sympathique	nice, pleasant		

➡ Adjectives marked with an asterisk **[*]** usually come BEFORE the noun.
Cécile est une **jolie** fille.

Quelques objets *(A few objects)*

Dans le garage

un vélo	*bike*	**une auto**		
un scooter	*motorscooter*	**une bicyclette**		
		une mobylette	*moped*	
		une moto	*motorcycle*	
		une voiture	*car*	

À la maison

un objet		**une chose**	*thing*
un crayon	*pencil*	**une affiche**	*poster*
un stylo	*pen*		
un livre	*book*		
un ordinateur	*computer*	**une calculatrice**	*pocket calculator*
un sac		**une raquette**	
un appareil-photo	*camera*	**une montre**	*watch*
un téléphone		**une guitare**	
un disque	*record*	**une cassette**	
un (disque) compact		**une chaîne-stéréo**	
un CD		**une radio**	
un magnétophone	*tape/cassette recorder*	**une radiocassette**	*boombox*
un walkman		**une télé**	*TV*

Une chambre *(bedroom)*

une fenêtre   une porte

une table

un lit

un bureau

une chaise

Au café

LES PLATS (DISHES)		LES BOISSONS (DRINKS, BEVERAGES)	
un croissant	une crêpe	un café	une limonade
un hamburger	une glace (ice cream)	un chocolat (cocoa)	
un hot-dog	une omelette	un thé (tea)	
un sandwich	une pizza	un jus de pomme (apple juice)	
un steak	une salade	un jus d'orange	
un steak-frites		un jus de raisin (grape juice)	
		un jus de tomate	
		un soda (soft drink)	

Les couleurs

De quelle couleur...?   *What color...?*   — **De quelle couleur** est la moto?
— Elle est rouge.

blanc (blanche)	noir (noire)	bleu (bleue)	rouge (rouge)	jaune (jaune)	vert (verte)	gris (grise)	rose (rose)	marron (marron)	orange (orange)

➡ Colors are adjectives and take adjective endings.

un vélo **vert**   une voiture **verte**

NOTE: The colors **marron** and **orange** are INVARIABLE: they have the same form in the masculine, feminine and plural.

II. Les verbes

Les verbes réguliers en -er: formes affirmatives et négatives

INFINITIVE STEM PRESENT	AFFIRMATIVE parler parl-		NEGATIVE	ENDINGS
	je	parle	je **ne** parle **pas**	-e
	tu	parles	tu **ne** parles **pas**	-es
	il / elle	parle	il / elle **ne** parle **pas**	-e
	nous	parlons	nous **ne** parlons **pas**	-ons
	vous	parlez	vous **ne** parlez **pas**	-ez
	ils / elles	parlent	ils / elles **ne** parlent **pas**	-ent

➡ For verbs ending in **-ger**, the **nous-** form is written with **-geons**:
nous man**geons**, nous na**geons**

Les verbes irréguliers *être, avoir, faire*

être (*to be*)	**avoir** (*to have*)	**faire** (*to do, make*)
je **suis**	j' **ai**	je **fais**
tu **es**	tu **as**	tu **fais**
il/elle **est**	il/elle **a**	il/elle **fait**
nous **sommes**	nous **avons**	nous **faisons**
vous **êtes**	vous **avez**	vous **faites**
ils/elles **sont**	ils/elles **ont**	ils/elles **font**

Quelques activités

aimer		to like, love	**manger**	to eat
chanter		to sing	**marcher**	to walk
danser		to dance	**nager**	to swim
dîner		to have supper, dinner	**organiser une boum**	to organize a party
écouter	**le professeur**	to listen to the teacher	**parler**	to speak
	la radio	to listen to the radio	**regarder** | **un magazine**	to look at a magazine
étudier		to study	| **la télé**	to watch TV
habiter à		to live in	**téléphoner**	to phone, call
jouer	**au basket**	to play basketball	**travailler**	to work
	au foot	to play soccer	**visiter**	to visit (a place)
	au tennis		**voyager**	to travel
	au volley			

➡ When referring to things, **marcher** means *to work, to function.*
Je **marche** parce que ma voiture ne **marche** pas.

Expressions avec *être, avoir* et *faire*

être		
être d'accord	to agree	Pourquoi est-ce que tu n'**es** pas **d'accord** avec moi?
avoir		
avoir ... ans	to be ... [years old]	Ma cousine **a quinze ans.**
avoir faim	to be/feel hungry	Je mange un sandwich parce que j'**ai faim.**
avoir soif	to be/feel thirsty	Tu **as soif**? Voici une limonade.
faire:		
faire attention	to pay attention	Les élèves **font attention** en classe.
faire un match	to play a game	Mes cousins **font un match** de tennis.
faire une promenade	to go for a walk	Nous **faisons une promenade** en ville.
faire un voyage	to take a trip	Cécile **fait un voyage** à Québec.

III. Les nombres, la date, l'heure et le temps

A. Les nombres

How to count:

— 0 to 19 —				— 20 to 59 —			
0	zéro	10	dix	20	vingt	30	trente
1	un	11	onze	21	vingt et un	31	trente et un
2	deux	12	douze	22	vingt-deux	32	trente-deux
3	trois	13	treize	23	vingt-trois		. . .
4	quatre	14	quatorze	24	vingt-quatre	40	quarante
5	cinq	15	quinze	25	vingt-cinq	41	quarante et un
6	six	16	seize	26	vingt-six	46	quarante-six
7	sept	17	dix-sept	27	vingt-sept		. . .
8	huit	18	dix-huit	28	vingt-huit	50	cinquante
9	neuf	19	dix-neuf	29	vingt-neuf	59	cinquante-neuf

— 60 to 100 —			
60	soixante	80	quatre-vingts
61	soixante et un	81	quatre-vingt-un
62	soixante-deux	82	quatre-vingt-deux
63	soixante-trois	88	quatre-vingt-huit
. . .		. . .	
70	soixante-dix	90	quatre-vingt-dix
71	soixante et onze	91	quatre-vingt-onze
72	soixante-douze	99	quatre-vingt-dix-neuf
76	soixante-seize	100	cent

➡ Note the use of **et** in the numbers 21, 31, 41, 51, 61, 71.

FOCUS: Junior High/ Middle School

Play *La vente,*
pp. T4 – T5,
to review numbers.

B. La date

How to give the date:

Quel jour est-ce aujourd'hui?
 C'est jeudi.

Les jours de la semaine:
lundi   mercredi vendredi   dimanche
mardi   jeudi   samedi

Quelle est la date?
 C'est le trois janvier.
 C'est le dix-sept mai.

Quand est-ce, ton anniversaire?
 C'est le vingt-deux novembre.

Les mois de l'année:
janvier   avril   juillet   octobre
février   mai   août   novembre
mars   juin   septembre   décembre

➡ The first of the month is **le premier.**   Demain, c'est **le premier** juillet.

C. L'heure

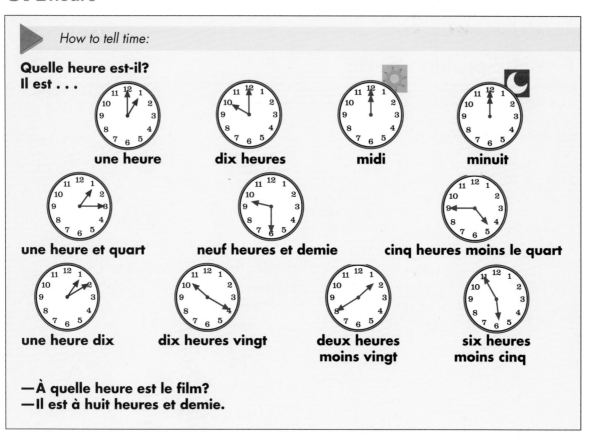

> How to tell time:

Quelle heure est-il?
Il est . . .

une heure   dix heures   midi   minuit

une heure et quart   neuf heures et demie   cinq heures moins le quart

une heure dix   dix heures vingt   deux heures moins vingt   six heures moins cinq

—**À quelle heure est le film?**
—**Il est à huit heures et demie.**

➡ In French, official time is given on a 24-hour clock. Compare:

	CONVERSATIONAL TIME	OFFICIAL TIME
10 A.M.	Il est **dix heures du matin.**	Il est **dix heures.**
1 P.M.	Il est **une heure de l'après-midi.**	Il est **treize heures.**
9 P.M.	Il est **neuf heures du soir.**	Il est **vingt et une heures.**

D. Le temps

> How to talk about the weather:

Quel temps fait-il?

	beau.	It's nice.
	bon.	It's fine, pleasant.
Il fait	chaud.	It's hot.
	froid.	It's cold.
	mauvais.	It's bad.
Il pleut.		It's raining.
Il neige.		It's snowing.

Les saisons:

le printemps	spring
l'été	summer
l'automne	fall
l'hiver	winter

The French-Speaking World

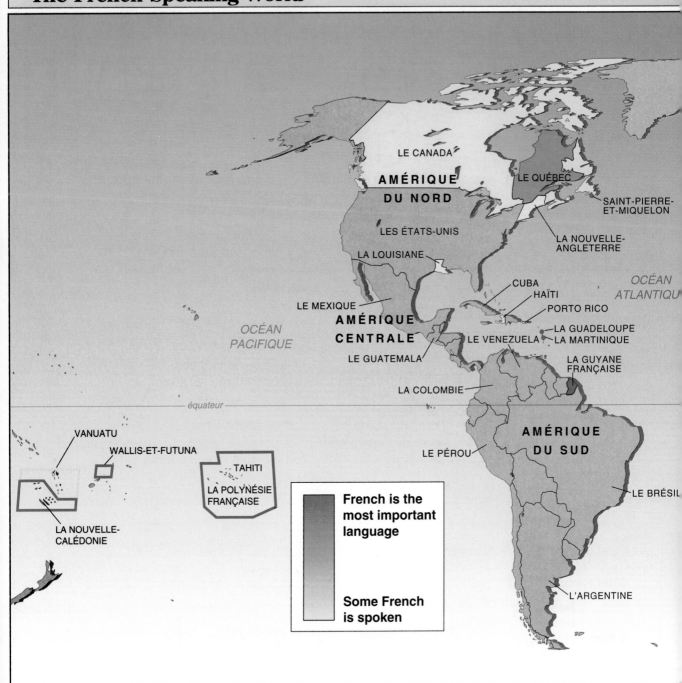

LE CANADA

AMÉRIQUE
DU NORD

LE QUÉBEC

SAINT-PIERRE-
ET-MIQUELON

LES ÉTATS-UNIS

LA NOUVELLE-
ANGLETERRE

LA LOUISIANE

OCÉAN
ATLANTIQUE

CUBA

HAÏTI

PORTO RICO

LE MEXIQUE

OCÉAN
PACIFIQUE

AMÉRIQUE
CENTRALE

LE VENEZUELA

LA GUADELOUPE
LA MARTINIQUE

LE GUATEMALA

LA GUYANE
FRANÇAISE

LA COLOMBIE

équateur

VANUATU

AMÉRIQUE
DU SUD

WALLIS-ET-FUTUNA

LE PÉROU

TAHITI

LA POLYNÉSIE
FRANÇAISE

LE BRÉSIL

LA NOUVELLE-
CALÉDONIE

French is the
most important
language

Some French
is spoken

L'ARGENTINE

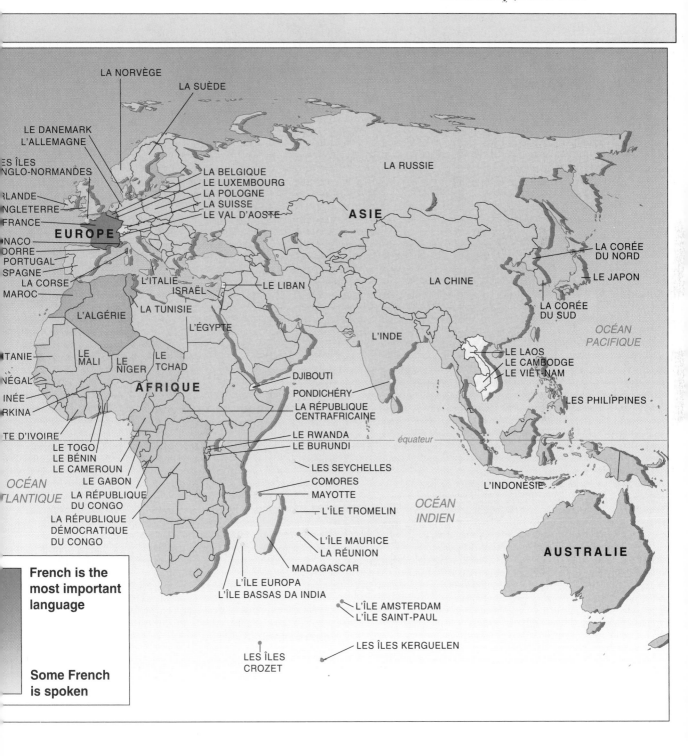

LA NORVÈGE
LA SUÈDE
LE DANEMARK
L'ALLEMAGNE
ES ÎLES
NGLO-NORMANDES
RLANDE
NGLETERRE
FRANCE
EUROPE
NACO
DORRE
PORTUGAL
SPAGNE
LA CORSE
MAROC
L'ALGÉRIE
L'ITALIE
ISRAËL
LA TUNISIE
L'ÉGYPTE
TANIE
LE MALI
LE NIGER
LE TCHAD
NÉGAL
INÉE
RKINA
TE D'IVOIRE
LE TOGO
LE BÉNIN
LE CAMEROUN
LE GABON
OCÉAN
TLANTIQUE
LA RÉPUBLIQUE
DU CONGO
LA RÉPUBLIQUE
DÉMOCRATIQUE
DU CONGO

LA BELGIQUE
LE LUXEMBOURG
LA POLOGNE
LA SUISSE
LE VAL D'AOSTE

LE LIBAN

AFRIQUE

DJIBOUTI
PONDICHÉRY
LA RÉPUBLIQUE
CENTRAFRICAINE
LE RWANDA
LE BURUNDI
équateur
LES SEYCHELLES
COMORES
MAYOTTE
L'ÎLE TROMELIN

L'ÎLE MAURICE
LA RÉUNION
MADAGASCAR
L'ÎLE EUROPA
L'ÎLE BASSAS DA INDIA

L'ÎLE AMSTERDAM
L'ÎLE SAINT-PAUL

LES ÎLES KERGUELEN

LES ÎLES
CROZET

LA RUSSIE

ASIE

LA CHINE

L'INDE

LA CORÉE
DU NORD
LE JAPON
LA CORÉE
DU SUD

OCÉAN
PACIFIQUE

LE LAOS
LE CAMBODGE
LE VIÊT-NAM
LES PHILIPPINES

L'INDONÉSIE

OCÉAN
INDIEN

AUSTRALIE

**French is the
most important
language**

**Some French
is spoken**

R11

France

[1]Also known as Île-de-France
[2]Also known as Nord-Pas-de-Calais
[3]Also known as Provence-Alpes-Côte d'Azur *(Bottin 1989)*

Vowels

Sound	Spelling	Examples
/a/	a, à, â	Madame, là-bas, théâtre
/i/	i, î	visite, Nice, dîne
	y (initial, final, or between consonants)	Yves, Guy, style
/u/	ou, où, oû	Toulouse, où, août
/y/	u, û	tu, Luc, sûr
/o/	o (final or before silent consonant)	piano, idiot, Margot
	au, eau	jaune, Claude, beau
	ô	hôtel, drôle, Côte-d'Ivoire
/ɔ/	o	Monique, Noël, jolie
	au	Paul, restaurant, Laure
/e/	é	Dédé, Québec, télé
	e (before silent final z, t, r)	chez, et, Roger
	ai (final or before final silent consonant)	j'ai, mai, japonais
/ɛ/	è	Michèle, Eve, père
	ei	seize, neige, tour Eiffel
	ê	tête, être, Viêt-nam
	e (before two consonants)	elle, Pierre, Annette
	e (before pronounced final consonant)	Michel, avec, cher
	ai (before pronounced final consonant)	française, aime, Maine
/ə/	e (final or before single consonant)	je, Denise, venir
/ø/	eu, oeu	deux, Mathieu, euro, oeufs
	eu (before final se)	nerveuse, généreuse, sérieuse
/œ/	eu (before final pronounced consonant except /z/)	heure, neuf, Lesieur
	oeu	soeur, coeur, oeuf
	oe	oeil

Nasal vowels

Sound	Spelling	Examples
/ɑ̃/	an, am	France, quand, lampe
	en, em	Henri, pendant, décembre
/ɔ̃/	on, om	non, Simon, bombe
/ɛ̃/	in, im	Martin, invite, impossible
	yn, ym	syndicat, sympathique, Olympique
	ain, aim	Alain, américain, faim
	(o) + in	loin, moins, point
	(i) + en	bien, Julien, viens
/œ̃/	un, um	un, Lebrun, parfum

Semi-vowels

Sound	Spelling	Examples
/j/	**i, y** (before vowel sound)	bien, piano, Lyon
	-il, -ill (after vowel sound), **-ll**	oeil, travaille, Marseille, fille
/ɥ/	**u** (before vowel sound)	lui, Suisse, juillet
/w/	**ou** (before vowel sound)	oui, Louis, jouer
/wa/	**oi, oî**	voici, Benoît
	oy (before vowel)	voyage

Consonants

Sound	Spelling	Examples
/b/	**b**	Barbara, banane, Belgique
/k/	**c** (before **a, o, u,** or consonant)	Coca-Cola, cuisine, classe
	ch(**r**)	Christine, Christian, Christophe
	qu, q (final)	Québec, qu'est-ce que, cinq
	k	kilo, Kiki, ketchup
/ʃ/	**ch**	Charles, blanche, chez
/d/	**d**	Didier, dans, médecin
/f/	**f**	Félix, franc, neuf
	ph	Philippe, téléphone, photo
/g/	**g** (before **a, o, u,** or consonant)	Gabriel, gorge, légumes, gris
	gu (before **e, i, y**)	vague, Guillaume, Guy
/ɲ/	**gn**	mignon, champagne, Allemagne
/ʒ/	**j**	je, Jérôme, jaune
	g (before **e, i, y**)	rouge, Gigi, gymnastique
	ge (before **a, o, u**)	orangeade, Georges, nageur
/l/	**l**	Lise, elle, cheval
/m/	**m**	Maman, moi, tomate
/n/	**n**	banane, Nancy, nous
/p/	**p**	peu, Papa, Pierre
/r/	**r**	arrive, rentre, Paris
/s/	**c** (before **e, i, y**)	ce, Cécile, Nancy
	ç (before **a, o, u**)	ça, garçon, déçu
	s (initial or before consonant)	sac, Sophie, reste
	ss (between vowels)	boisson, dessert, Suisse
	t (before **i** + vowel)	attention, Nations Unies, natation
	x	dix, six, soixante
/t/	**t**	trop, télé, Tours
	th	Thérèse, thé, Marthe
/v/	**v**	Viviane, vous, nouveau
/gz/	**x**	examen, exemple, exact
/ks/	**x**	Max, Mexique, excellent
/z/	**s** (between vowels)	désert, Louise, télévision
	z	Suzanne, zut, zéro

A. Cardinal numbers

0	zéro	18	dix-huit	82	quatre-vingt-deux
1	un (une)	19	dix-neuf	90	quatre-vingt-dix
2	deux	20	vingt	91	quatre-vingt-onze
3	trois	21	vingt et un (une)	100	cent
4	quatre	22	vingt-deux	101	cent un (une)
5	cinq	23	vingt-trois	102	cent deux
6	six	30	trente	200	deux cents
7	sept	31	trente et un (une)	201	deux cent un
8	huit	32	trente-deux	300	trois cents
9	neuf	40	quarante	400	quatre cents
10	dix	41	quarante et un (une)	500	cinq cents
11	onze	50	cinquante	600	six cents
12	douze	60	soixante	700	sept cents
13	treize	70	soixante-dix	800	huit cents
14	quatorze	71	soixante et onze	900	neuf cents
15	quinze	72	soixante-douze	1.000	mille
16	seize	80	quatre-vingts	2.000	deux mille
17	dix-sept	81	quatre-vingt-un (une)	1.000.000	un million

Notes:
1. The word **et** occurs only in the numbers 21, 31, 41, 51, 61, and 71:   **vingt et un / soixante et onze**
2. **Un** becomes **une** before a feminine noun: **trente et une filles**
3. **Quatre-vingts** becomes **quatre-vingt** before another number: **quatre-vingt-cinq**
4. **Cents** becomes **cent** before another number: **trois cent vingt**
5. **Mille** never adds an **-s**:   **quatre mille**

B. Ordinal numbers

1$^{er\ (ère)}$	**premier (première)**	5^e	**cinquième**	9^e	**neuvième**
2^e	**deuxième**	6^e	**sixième**	10^e	**dixième**
3^e	**troisième**	7^e	**septième**	11^e	**onzième**
4^e	**quatrième**	8^e	**huitième**	12^e	**douzième**

Note: Premier becomes **première** before a feminine noun: **la première histoire**

C. Metric equivalents

1 gramme	= 0.035 ounces	1 ounce	=	**28,349 grammes**
1 kilogramme	= 2.205 pounds	1 pound	=	**0,453 kilogrammes**
1 litre	= 1.057 quarts	1 quart	=	**0,946 litres**
1 mètre	= 39.37 inches	1 foot	=	**30,480 centimètres**
1 kilomètre	= 0.62 miles	1 mile	=	**1,609 kilomètres**

APPENDIX 4
Verbs

A. Regular verbs

Infinitive	Present		Passé composé	
parler *(to talk, speak)*	je **parle** tu **parles** il **parle**	nous **parlons** vous **parlez** ils **parlent**	j'ai **parlé** tu **as parlé** il **a parlé**	nous **avons parlé** vous **avez parlé** ils **ont parlé**
	IMPERATIVE: **parle, parlons, parlez**			
finir *(to finish)*	je **finis** tu **finis** il **finit**	nous **finissons** vous **finissez** ils **finissent**	j'ai **fini** tu **as fini** il **a fini**	nous **avons fini** vous **avez fini** ils **ont fini**
	IMPERATIVE: **finis, finissons, finissez**			
vendre *(to sell)*	je **vends** tu **vends** il **vend**	nous **vendons** vous **vendez** ils **vendent**	j'ai **vendu** tu **as vendu** il **a vendu**	nous **avons vendu** vous **avez vendu** ils **ont vendu**
	IMPERATIVE: **vends, vendons, vendez**			

B. *-er* verbs with spelling changes

Infinitive	Present		Passé composé
acheter *(to buy)*	j'**achète** tu **achètes** il **achète**	nous **achetons** vous **achetez** ils **achètent**	j'ai **acheté**
	Verb like **acheter:** amener *(to bring, take along)*		
espérer *(to hope)*	j'**espère** tu **espères** il **espère**	nous **espérons** vous **espérez** ils **espèrent**	j'ai **espéré**
	Verbs like **espérer:** célébrer *(to celebrate)*, préférer *(to prefer)*		
commencer *(to begin, start)*	je **commence** tu **commences** il **commence**	nous **commençons** vous **commencez** ils **commencent**	j'ai **commencé**
manger *(to eat)*	je **mange** tu **manges** il **mange**	nous **mangeons** vous **mangez** ils **mangent**	j'ai **mangé**
	Verbs like **manger:** nager *(to swim)*, voyager *(to travel)*		
payer *(to pay, pay for)*	je **paie** tu **paies** il **paie**	nous **payons** vous **payez** ils **paient**	j'ai **payé**
	Verbs like **payer:** nettoyer *(to clean)*		

C. Irregular verbs

Infinitive	Present		Passé composé
avoir *(to have, own)*	j'**ai** tu **as** il **a**	nous **avons** vous **avez** ils **ont**	j'ai eu
	IMPERATIVE: **aie, ayons, ayez**		
être *(to be)*	je **suis** tu **es** il **est**	nous **sommes** vous **êtes** ils **sont**	j'ai été
	IMPERATIVE: **sois, soyons, soyez**		
aller *(to go)*	je **vais** tu **vas** il **va**	nous **allons** vous **allez** ils **vont**	je **suis allé(e)**
	IMPERATIVE: **va, allons, allez**		
boire *(to drink)*	je **bois** tu **bois** il **boit**	nous **buvons** vous **buvez** ils **boivent**	j'ai bu
connaître *(to know)*	je **connais** tu **connais** il **connaît**	nous **connaissons** vous **connaissez** ils **connaissent**	j'ai connu
devoir *(to have to, should, must)*	je **dois** tu **dois** il **doit**	nous **devons** vous **devez** ils **doivent**	j'ai dû
dire *(to say, tell)*	je **dis** tu **dis** il **dit**	nous **disons** vous **dites** ils **disent**	j'ai dit
dormir *(to sleep)*	je **dors** tu **dors** il **dort**	nous **dormons** vous **dormez** ils **dorment**	j' ai dormi
écrire *(to write)*	j' **écris** tu **écris** il **écrit**	nous **écrivons** vous **écrivez** ils **écrivent**	j'ai écrit
	Verb like **écrire**: décrire *(to describe)*		
faire *(to make, do)*	je **fais** tu **fais** il **fait**	nous **faisons** vous **faites** ils **font**	j'ai fait
lire *(to read)*	je **lis** tu **lis** il **lit**	nous **lisons** vous **lisez** ils **lisent**	j'ai lu
mettre *(to put, place)*	je **mets** tu **mets** il **met**	nous **mettons** vous **mettez** ils **mettent**	j'ai mis
	Verb like **mettre**: promettre *(to promise)*		

Infinitive	Present		Passé composé
ouvrir *(to open)*	j'**ouvre** tu **ouvres** il **ouvre**	nous **ouvrons** vous **ouvrez** ils **ouvrent**	j'**ai ouvert**
Verbs like **ouvrir**: découvrir *(to discover)*, offrir *(to offer)*			
partir *(to leave)*	je **pars** tu **pars** il **part**	nous **partons** vous **partez** ils **partent**	je **suis parti(e)**
pouvoir *(to be able, can)*	je **peux** tu **peux** il **peut**	nous **pouvons** vous **pouvez** ils **peuvent**	j'**ai pu**
prendre *(to take)*	je **prends** tu **prends** il **prend**	nous **prenons** vous **prenez** ils **prennent**	j'**ai pris**
Verbs like **prendre**: apprendre *(to learn)*, comprendre *(to understand)*			
savoir *(to know)*	je **sais** tu **sais** il **sait**	nous **savons** vous **savez** ils **savent**	j'**ai su**
sortir *(to go out, get out)*	je **sors** tu **sors** il **sort**	nous **sortons** vous **sortez** ils **sortent**	je **suis sorti(e)**
venir *(to come)*	je **viens** tu **viens** il **vient**	nous **venons** vous **venez** ils **viennent**	je **suis venu(e)**
Verb like **venir**: revenir *(to come back)*			
voir *(to see)*	je **vois** tu **vois** il **voit**	nous **voyons** vous **voyez** ils **voient**	j'**ai vu**
vouloir *(to want)*	je **veux** tu **veux** il **veut**	nous **voulons** vous **voulez** ils **veulent**	j'**ai voulu**

D. Verbs with *être* in the *passé composé*

aller *(to go)*	je **suis allé(e)**	**passer** *(to go by, through)*	je **suis passé(e)**
arriver *(to arrive, come)*	je **suis arrivé(e)**	**rentrer** *(to go home)*	je **suis rentré(e)**
descendre *(to go down)*	je **suis descendu(e)**	**rester** *(to stay)*	je **suis resté(e)**
entrer *(to enter, go in)*	je **suis entré(e)**	**revenir** *(to come back)*	je **suis revenu(e)**
monter *(to go up)*	je **suis monté(e)**	**sortir** *(to go out, get out)*	je **suis sorti(e)**
mourir *(to die)*	Il/elle **est mort(e)**	**tomber** *(to fall)*	je **suis tombé(e)**
naître *(to be born)*	je **suis né(e)**	**venir** *(to come)*	je **suis venu(e)**
partir *(to leave)*	je **suis parti(e)**		

FRENCH-ENGLISH VOCABULARY

VOCABULARY

French-English

The French-English vocabulary contains active and passive words from the text, as well as the important words of the illustrations used within the units. Active vocabulary introduced in *Discovering French—Première Partie* has been included here in brackets for continuity.

The numbers following an entry indicate the lesson in which the word or phrase is activated. (**R 1, 2,** or **3** indicates vocabulary from the **Reprise Unit; C** stands for the list of phrases and expressions that precedes **Niveau C; E** stands for **Entracte,** and **AX** stands for **Appendix.**)

Nouns: If the article of a noun does not indicate gender, the noun is followed by *m.* (*masculine*) or *f.* (*feminine*). If the plural (*pl.*) is irregular, it is given in parentheses.

Adjectives: Adjectives are listed in the masculine form. If the feminine form is irregular, it is given in parentheses. Irregular plural forms (*pl.*) are also given in parentheses.

Verbs: Verbs are listed in the infinitive form. An asterisk (*) in front of an active verb means that it is irregular. (For forms, see the verb charts in Appendix 4C.) Irregular present tense forms are listed when they are used before the verb has been activated. Irregular past participle (*p.p.*) forms are listed separately.

Words beginning with an **h** are preceded by a bullet (•) if the **h** is aspirate; that is, if the word is treated as if it begins with a consonant sound.

A ■■■■■■■■■■■■■■

a: il y a there is, there are [17]
à at, in, to [14], **22**
  à côté next door; next to
  à demain see you tomorrow [8]
  à droite on (to) the right **21**
  à gauche on (to) the left **21**
  à l'américaine American-style
  à la mode popular; in fashion; fashionable **25**
  à mon avis in my opinion **27**
  à partir de as of, beginning
  à pied on foot **22**
  à quelle heure? at what time? **R3**
  à qui? to whom? **R3**
  à samedi! see you Saturday! [8]
  à vélo by bicycle **22**
  à votre avis in your opinion
abolir to abolish
abondant plentiful, copious, large

abord: d'abord (at) first **30**
un **abricot** apricot
absolument absolutely
un **accent** accent mark, stress
accepter to accept
des **accessoires** *m.* accessories **25**
un **accord** agreement
  d'accord okay, all right [13]
  être d'accord to agree [14], **AX**
un **achat** purchase
  faire des achats to go shopping **29**
acheter to buy **25, 26**
  acheter + du, de la (partitive) to buy (some) **34**
un **acteur, une actrice** actor, actress
une **activité** activity
l' **addition** *f.* check
adorer to love
une **adresse** address **21**
  quelle est ton adresse? what's your address? **21**
une **adresse électronique** e-mail address
adroit skilled, skillful

un(e) **adulte** adult
aéronautique aeronautic, aeronautical
un **aéroport** airport
affectueusement affectionately (at the end of a letter)
une **affiche** poster [17]
affirmativement affirmatively
l' **Afrique** *f.* Africa
l' **âge** *m.* age
  quel âge a ton père/ta mère? how old is your father/your mother? [7]
  quel âge a-t-il/elle? how old is he/she? [17], **R1**
  quel âge as-tu? how old are you? [7], **R1**
âgé old
une **agence** agency
  une agence de tourisme tourist office
  une agence de voyages travel agency
agité agitated
agiter to shake
ah! ah! oh!
  ah bon? oh? really? [16]
  ah non! ah, no!

ai (*see* **avoir**): **j'ai** I have [17]

aider to help **29, 35**

une **aile** wing

aimer to like [15], **33**

  aimeriez-vous . . . ? would you like . . . ?

  est-ce que tu aimes . . . ? do you like . . . ? [13], **R3**

  j'aime . . . I like . . . [13], **R3**

  j'aimerais I would like

  je n'aime pas . . . I don't like . . . [13], **R3**

aîné older

  un frère aîné older brother

  une soeur aînée older sister

ainsi thus

ajouter to add

l' **Algérie** *f.* Algeria (country in North Africa)

algérien (algérienne) Algerian

l' **Allemagne** *f.* Germany

allemand German

* **aller** to go **22**

  aller + inf. to be going to + inf. **22**

  allez (*see* **aller**)

  allez-vous-en go away!

  allez-y come on!, go ahead!, do it!

  comment allez-vous? how are you? [3]

  allô! hello! (on the telephone)

  allons (see **aller**): **allons-y** let's go! **22**

alors so, then [19]

une **alouette** lark

les **Alpes** *f.* (the) Alps

l' **alphabet** *m.* alphabet

l' **alpinisme** *m.* mountain climbing **29**

  faire de l'alpinisme to go mountain climbing **29**

l' **Alsace** *f.* Alsace (province in eastern France)

amener to bring (a person) **26, 35**

américain American [2, 19]

un **Américain, une Américaine** American person

amérindien(ne) Native American

l' **Amérique** *f.* America

un **ami, une amie** (close) friend [5], **AX**

amicalement love (at the end of a letter)

l' **amitié** *f.* friendship

amitiés best regards (at the end of a letter)

amusant funny, amusing [19]

amuser (quelqu'un) to amuse (someone)

s' **amuser** to have fun

  on s'est bien amusé! We had a great time!

un **an** year

  il/elle a . . . ans he/she is . . . (years old) [7], **R1**

  j'ai . . . ans. I'm . . . (years old) **R1,** [7]

  l'an dernier last year

  par an per year

un **ananas** pineapple

ancien (ancienne) former, old, ancient

un **âne** donkey

un **ange** angel

anglais English [2, 19]

un **Anglais, une Anglaise** English person

un **animal** *(pl.* **animaux***)* animal

une **animation** live entertainment

les **animaux domestiques** pets **AX**

animé animated, lively

une **année** year [8]

  bonne année! Happy New Year! **32**

un **anniversaire** birthday [8]

  bon anniversaire! happy birthday! **32**

  c'est quand, ton anniversaire? when is your birthday? [8], **AX**

  mon anniversaire est le (2 mars) my birthday is (March 2nd) [8], **AX**

un **annuaire** telephone directory

un **anorak** ski jacket

les **antiquités** *f.* antiquities, antiques

août *m.* August [8], **AX**

un **appareil-photo** *(pl.* **appareils-photo***)* (still) camera [17]

un **appartement** apartment **21**

s' **appeller** to be named, called

  comment s'appelle ta copine? What is your friend's name? **R1,** [17]

  comment s'appelle . . . ? what's . . . 's name? [6]

  comment t'appelles-tu? what's your name? [1], **R1**

  il/elle s'appelle . . . his/her name is . . . [6], **R1**

  je m'appelle . . . my name is . . . [1], **R1**

apporter to bring (things) **26**

  apporte-moi (apportez-moi) bring me

  apporter quelque chose à quelqu'un to bring something to someone **35**

apprécier to appreciate

* **apprendre (à) + inf.** to learn (to) **34**

approprié appropriate

après after **29**; afterwards **30, 31**

  d'après according to

l' **après-midi** *m.* afternoon **29**

  cet après-midi this afternoon **31**

  demain après-midi tomorrow afternoon **31**

  hier après-midi yesterday afternoon **31**

l' **arabe** *m.* Arabic (language)

un **arbre** tree

  un arbre généalogique family tree

l' **arche** *f.* **de Noé** Noah's Ark

l' **argent** *m.* money **28**

  l'argent de poche allowance, pocket money

arrêter to arrest, to stop

une **arrivée** arrival

  arriver to arrive, come **22**

  j'arrive! I'm coming!

un **arrondissement** district

un **artifice: le feu d'artifice** fireworks

un **artiste, une artiste** artist

as (see **avoir**): **est-ce que tu as . . . ?** do you have . . . ? [17]

un **ascenseur** elevator

un **aspirateur** vacuum cleaner
s' **asseoir** to sit down
    asseyez-vous! sit down!
    assieds-toi! sit down!
  assez rather, enough [19]
une **assiette** plate **33**
  assister à to go to, attend **29**
  associer to associate
    associé associated (with)
  athlétique athletic **AX**
l' **Atlantique** *m.* Atlantic Ocean
  attendre to wait, wait for **28**
  attention *f.*: **faire attention** to be careful, pay attention [16]
  attentivement carefully
  au (à + le) to (the), at (the), in (the) [14], **22**
    au revoir! good-bye! [3]
une **auberge** inn
  une auberge de campagne country inn **35**
  aucun(e) no, no other
    ne . . . aucun none, not any
  aujourd'hui today **31**
    aujourd'hui, c'est . . . today is . . . [8]
  aussi also, too [2, 15]
    aussi . . . que as . . . as **27**
une **auto (automobile)** car, automobile [17]
une **auto-école** driving school
l' **autobus** *m.* bus
un **autocar** touring bus **29**
l' **automne** *m.* autumn **AX**
    en automne in (the) autumn, fall [12]
l' **autoroute** *f.* **de l'information** the information highway
  autre other **33**
    d'autres others
    un(e) autre another
  aux (à + les) to (the), at (the), in (the) **22**
  avant before **29**
    avant-hier the day before yesterday
    en avant let's begin
  avantageux (avantageuse) reasonable, advantageous

  avec with [14]
    avec moi, avec toi with me, with you [13]
    avec qui? with who(m)? [16], **R3**
une **avenue** avenue **21**
un **avion** airplane, plane **29**
    en avion by airplane **29**
un **avis** opinion
    un avis de recherche missing person's bulletin
* **avoir** to have [18]
    avoir besoin de to need **28**
    avoir chaud to be warm, hot **30**
    avoir de la chance to be lucky **30**
    avoir envie de to feel like, want **28**
    avoir faim to be/feel hungry [18], **AX**
    avoir froid to be cold **30**
    avoir lieu to take place
    avoir raison to be right **30**
    avoir soif to be/feel thirsty [18], **AX**
    avoir tort to be wrong **30**
    avoir . . . ans to be . . . (years old) [18], **AX**
  avril *m.* April [8], **AX**

B

le **baby-foot** tabletop soccer game
le **babysitting: faire du babysitting** to baby-sit
les **bagages** *m.* bags, baggage
  bain: un maillot de bain bathing suit **25**
une **banane** banana **33**
une **bande dessinée** comic, cartoon
la **Bannière étoilée** Star-Spangled Banner
une **banque** bank
une **barbe: quelle barbe!** what a pain! (colloq.)
le **bas: au bas** at the bottom
    en bas downstairs **21**
  basé based
le **base-ball** baseball **23**

le **basket (basket-ball)** basketball **23**
    jouer au basket to play basketball [13]
des **baskets** *f.* hightops (sneakers) **25**
un **bateau** boat, ship **29**
un **bateau-mouche** sight-seeing boat
la **batterie** drums **23**
  battre to beat
  bavard talkative
  beau (bel, belle; *m. pl.* **beaux)** handsome, good-looking, beautiful [17, 20], **27**
    il est beau he is good-looking, handsome [17]
    il fait beau it's beautiful (nice) out [12]
un **beau-frère** stepbrother, brother-in-law
un **beau-père** stepfather, father-in-law
  beaucoup (de) much, very much, many, a lot [15]
la **beauté** beauty
  bel (see beau) beautiful, handsome **27**
la **Belgique** Belgium
  belle (see beau) beautiful [17, 20], **27**
    elle est belle she is beautiful [17]
une **belle-mère** stepmother, mother-in-law
une **belle-soeur** stepsister, sister-in-law
les **Bermudes** *f.* Bermuda
le **besoin** need
    avoir besoin de to need, to have to **28**
    des besoins d'argent money needs
  bête dumb, silly [19], **AX**
le **beurre** butter **33**
une **bibliothèque** library **21**
une **bicyclette** bicycle [17], **AX**
    bien sûr of course [13]
  bien well, very well, carefully [15]
    c'est bien that's good (fine) [20]
    ça va bien everything's fine (going well) [3]

ça va très bien I'm
(everything's) very well [3]

eh bien! well! 26

je veux bien (. . .) I'd
love to (. . .), I do, I want
to [13], **34**

oui, bien sûr . . . yes, of
course . . . [13]

très bien very well [15]

bientôt: à bientôt! see you
soon!

bienvenue welcome

le **bifteck** steak

  un bifteck de tortue
turtle steak

bilingue bilingual

un **billet** bill, paper money **28**;
ticket

la **biologie** biology

une **biscotte** dry toast

blaff de poisson *m.* fish stew

blanc (blanche) white [20],
AX

Blanche-Neige Snow
White

blanchir to blanch, turn white

bleu(e) blue [20], **AX**

blond blonde [17], **AX**

  il/elle est blond(e)
he/she is blond [17]

un **blouson** jacket **25**

* **boire** to drink **34**

une **boisson** drink, beverage [10],
33

une **boîte** box

un **bol** deep bowl

bon (bonne) good [20]

  ah bon? oh, really? [16]

  bon marché *(inv.)*
inexpensive **25**

  de bonne humeur in a
good mood

  il fait bon the weather's
good (pleasant) [12]

le **bonheur** happiness

bonjour hello [1, 3]

une **botte** boot **25**

une **bouche** mouth **E3**

une **boucherie** butcher shop

le **boudin** sausage

une **boulangerie** bakery

un **boulevard** boulevard **21**

une **boum** party (colloq.) **22**

une **boutique** boutique, shop **25**

boxe: un match de boxe
boxing match

un **bras** arm **E3**

brésilien (brésilienne)
Brazilian

la **Bretagne** Brittany (province
in northwestern France)

breton(ne) from Brittany

bricoler to do things around
the house

broche: à la broche on the
spit

bronzé(e) tanned

un **bruit** noise

brun brown, dark-haired [17],
AX

  il/elle est brun(e)
he/she has dark hair [17]

brunir to turn brown

Bruxelles Brussels

le **bulletin de notes** report card

un **bureau** desk [17]; office

un **bus** bus

  en bus by bus **22**

un **but** goal; end

C

ça that, it

  **ça fait combien? ça fait
. . .** how much is that
(it)? that (it) is . . . [11]

  ça fait . . . that (it) is . . .
[11]

  **ça va (très) bien, ça va
bien** everything's going
very well, everything's
fine (going well) [3]

  ça va (très) mal things
are going (very) badly [3]

  **ça va comme ci, comme
ça** everything's (going)
fine, so-so [3]

  ça va? how's everything?
how are you? [3]

  ça, là-bas that (one), over
there [17]

  regarde ça look at that
[17]

une **cabine d'essayage** fitting
room

les **cabinets** *m.* toilet

un **cadeau** *(pl.* **cadeaux***)* gift,
present

cadet (cadette) younger

  un frère cadet (a)
younger brother

  une soeur cadette (a)
younger sister

un **café** café (French coffee
shop) [14], **21**

  au café to (at) the café
[14]

le **café** coffee [10]

  un café au lait coffee with
hot milk

un **cahier** notebook

une **calculatrice** calculator [17]

un **calendrier** calendar

un **camarade, une camarade**
classmate [17], **AX**

le **Cambodge** Cambodia
(country in Asia)

un **cambriolage** burglary

un **cambrioleur** burglar

une **caméra** movie camera

la **campagne** countryside **29**

  à la campagne to (in) the
countryside **29**

  **une auberge de
campagne** country inn

camping: faire du camping
to go camping **29**

le **Canada** Canada

canadien (canadienne)
Canadian [2, 19], **AX**

un **Canadien, une Canadienne**
Canadian person

un **canard** duck

la **cantine de l'école** school
cafeteria **33**

un **car** touring bus **29**

  un car scolaire school
bus

une **carotte** carrot **33**

  des carottes râpées
grated carrots

un **carré** square

  le Vieux Carré the
French Quarter in New
Orleans

une **carte** map; (playing) card,
23

  jouer aux cartes to play
cards **23**

  une carte postale
postcard

un **cas** case

  en cas de in case of

un **casque** headphones

une **cassette** cassette tape [17]
le **catch** wrestling
une **cathédrale** cathedral
une **cave** cellar
un **CD** compact disc **AX**
    un CD vidéo video disc, laserdisc
    ce (c') this, that, it
    ce mois-ci this month **31**
    ce n'est pas it's (that's) not [20]
    ce (cet, cette; ces) this, that, these, those **26**
    ce que what, that which **C**
    ce soir this evening, tonight **31**
    ce sont these are, those are, they are [20]
    c'est (see *ce*)
    c'est + day of the week it's . . . [8], **AX**
    c'est + name or noun it's . . . [5]
    c'est bien/mal that's good/bad [20]
    c'est combien? how much is that/it? [11]
    c'est it's, that's [5, 17, 20]
    c'est le (12 octobre) it's (October 12) [8], **AX**
    qu'est-ce que c'est? what is it? what's that? [17]
    qui est-ce? who's that/this? [17]
une **cédille** cedilla
une **ceinture** belt **25**
    cela that
    célèbre famous
    cent one hundred [6], **25, AX**
    cent dix one hundred ten **AX**
    cent un one hundred one **AX**
    deux cents, trois cents, . . . neuf cents 200, 300, . . . 900 **25**
une **centaine** about a hundred
un **centime** centime (1/100 of a euro)
un **centre** center
    un centre commercial shopping center **21**
les **céréales** *f.* cereal **33**
une **cerise** cherry **33**
    certain certain
    certains some of them

ces (*see* **ce**) these, those **26**
cet (*see* **ce**) this, that **26**
cette (*see* **ce**) this, that **26**
    ce . . . -ci this . . . (over here) **26**
    chacun each one, each person
une **chaîne** (TV) channel
une **chaîne stéréo** stereo set [17], **AX**
    une mini-chaîne compact stereo
une **chaise** chair [17]
la **chaleur** heat, warmth
une **chambre** bedroom [17] **21**
un **champion, une championne** champion
la **chance** luck
    avoir de la chance to be lucky **30**
    bonne chance! good luck! **31**
une **chanson** song
    une chanson folklorique folksong
    chanter to sing [13, 15], **AX**
un **chanteur, une chanteuse** singer
un **chapeau** (*pl.* **chapeaux**) hat **25**
    chaque each, every
    charmant charming
un **chat** cat **E5**
un **château** (*pl.* **châteaux**) castle
    chaud warm, hot
    avoir chaud to be warm (hot) (people) **30**
    il fait chaud it's warm (hot) (weather) [12]
    chauffer to warm, heat up
un **chauffeur** driver
une **chaussette** sock **25**
une **chaussure** shoe **25**
un **chef** boss; chef
une **chemise** shirt **25**
un **chemisier** blouse **25**
    cher (chère) expensive; dear **25**
    chercher to look for, to get, to find **25**
    je cherche . . . I'm looking for . . . **25**
un **cheval** (*pl.* **chevaux**) horse **E5**
les **cheveux** *m.* hair **E3**

    chez + person at (to) someone's house **22**; at (to) the office of
    chez moi (toi, lui . . .) (at) home **23**
    chic *(inv.)* nice; elegant, in style
    une chic fille a great girl
un **chien** dog [7], **AX**
la **chimie** chemistry
    chinois Chinese [19], **AX**
le **chocolat** hot chocolate, cocoa [10]
    une glace au chocolat chocolate ice cream
    choisir to choose **27**
une **choix** choice
    au choix choose one, your choice
une **chorale** choir
une **chose** thing [17], **AX**
    quelque chose something **32**
    chouette great, terrific [20], **25**
le **cidre** cider
un **cinéaste, une cinéaste** film maker
un **cinéma** movie theater **21**
    au cinéma to (at) the movies, movie theater [14]
    cinq five [1]
    cinquante fifty [3]
    cinquante et un fifty-one **AX**
    cinquante-neuf fifty-nine **AX**
    cinquième fifth **24**
une **circonstance** circumstance
une **cité** town, city
    la Cité Interdite Forbidden City
une **clarinette** clarinet **23**
une **classe** class
    en classe in class [14]
    classique classical
un **clavier** keyboard **23**
un **client, une cliente** customer
un **clip** music video
un **cochon** pig
un **coiffeur, une coiffeuse** hairdresser
un **coin** spot
une **coïncidence** coincidence
le **Colisée** the Coliseum (a large stadium built by the Romans)

des **collants** *m.* (pair of) tights, pantyhose **25**
un **collège** junior high school
une **colonie** colony
une **colonne** column
combien how much **28**
  combien coûte . . . ? how much does . . . cost? [11], **25**
  combien d'heures? how many hours?
  combien de how much, how many **28**
  combien de temps? how long?
commander to order
comme like, as, for
  comme ci, comme ça so-so
commencer to begin, start
comment? how? [16], **R3;** what?
  comment allez-vous? how are you? [3]
  comment dit-on . . . en français? how do you say . . . in French?
  comment est-il/elle? what's he/she like? what does he/she look like? [17]
  comment lire reading hints
  comment s'appelle-t-il/elle? what's his/her name? [17]
  comment s'appelle . . . ? what's . . . 's name? [6], **R1**
  comment t'appelles-tu? what's your name? [1]
  comment trouves-tu . . . ? what do you think of . . . ? **25**
  comment vas-tu? how are you? [3]
un **commentaire** comment, commentary
le **commérage** gossip
commercial: un centre commercial shopping center **21**
communiquer to communicate

un **(disque) compact (un compact)** compact disc [17]
complément (d'objet) object
compléter to complete
compréhensif understanding
* **comprendre** to understand **34**
  je (ne) comprends (pas) I (don't) understand
compter to count (on); to expect, intend
concerne: en ce qui concerne as for
concerner: en ce qui concerne concerning, as pertains to
un **concert** concert **22**
un **concombre** cucumber
la **confiture** jam **33**
confortable comfortable **21**
un **congrès** convention, gathering
une **connaissance** acquaintance
* **connaître** to know, be acquainted with; (in passé composé) to meet for the first time **36**
  faire connaissance (avec) to become acquainted (with)
  tu connais . . . ? do you know . . . ? are you acquainted with . . . ? [6]
  connu (*p.p. of* connaître) knew, met **36**
un **conseil** piece of advice, counsel
  des conseils *m.* advice
un **conservatoire** conservatory
une **consonne** consonant
se **contenter** to limit oneself
le **contenu** the contents (of)
continuer to continue **21**
une **contradiction** disagreement
une **contravention** (traffic) ticket
cool cool, neat
un **copain, une copine** friend, pal [5]
  un petit copain, une petite copine boyfriend, girlfriend
copier to copy
coréen (coréenne) Korean

un **corps** body
correspondant corresponding
correspondre to correspond, agree
la **Corse** Corsica (French island off the Italian coast)
un **costume** man's suit
la **Côte d'Azur** Riviera (southern coast of France on the Mediterranean)
la **Côte-d'Ivoire** Ivory Coast (French-speaking country in West Africa)
côté: à côté (de) next door; next to
une **côtelette de porc** pork chop
le **cou** neck **E3**
une **couleur** color [20]
  de quelle couleur . . . ? what color . . . ? [20]
un **couloir** hall, corridor
un **coup: dans le coup** "with it"
courage: bon courage! good luck! **31**
courageux (courageuse) courageous
le **courrier électronique** e-mail, electronic mail
une **course** race
  faire les courses to go shopping (for food) **33**
court short **25**
un **cousin, une cousine** cousin [7], **24**
le **coût: le coût de la vie** cost of living
un **couteau** *(pl.* couteaux*)* knife **33**
coûter to cost
  il (elle) coûte . . . it costs . . . [11]
un **couturier, une couturière** fashion designer
un **couvert** place setting **33**
un **crabe** crab
  des matoutou crabes stewed crabs with rice
la **craie** chalk
  un morceau de craie piece of chalk
une **cravate** tie **25**
un **crayon** pencil [17]
créer to create

une **crêpe** crepe (pancake) [9]
une **crêperie** crepe restaurant
un **crétin** idiot
une **crevaison** flat tire
une **croisade** crusade
un **croissant** crescent (roll) [9]
une **cuillère** spoon 33
    une cuillère à soupe
    soup spoon
la **cuisine** cooking 33
une **cuisine** kitchen 21
    cuit cooked
    culturel (culturelle) cultural
    curieux (curieuse) curious,
    strange
la **curiosité** curiosity
le **Cyberespace** the information
    highway, cyberspace
les **cybernautes** people who like
    to use the Internet
un **cyclomoteur** moped

D ▬▬▬▬▬▬▬▬▬▬

une **dame** lady, woman (polite
    term) [5], **AX**
les **dames** *f.* checkers (game)
    23
    dangereux (dangereuse)
    dangerous
    dans in [17], **R2**
    danser to dance [13, 15], **AX**
la **date** date [8], **AX**
    quelle est la date? what's
    the date? [8]
    de (d') of, from, about [14],
    23
    d'abord (at) first 30
    d'accord: être d'accord
    to agree [14]
    d'autres personnes other
    people, **AX**
    d'habitude usually
    de l'après-midi in the
    afternoon [4]
    de quelle couleur . . . ?
    what color . . . ? [20], **AX**
    de qui? of whom? [16]
    de quoi? about what?
    de temps en temps from
    time to time
    pas de not any, no [18],
    34
    débarquer to land

décembre *m.* December [8],
    AX
décider (de) to decide (to)
une **déclaration** statement
    décoré decorated
* **découvrir** to discover
* **décrire** to describe **C**
    décrivez . . . describe . . .
    C
un **défaut** shortcoming
un **défilé** parade
    dégoûtant: c'est dégoûtant!
    it's (that's) disgusting! 35
    dehors outside
    en dehors de outside of
    déjà already; ever
le **déjeuner** lunch 33
    déjeuner to eat (have) lunch
    33
    le petit déjeuner
    breakfast 33
    délicieux (délicieuse)
    delicious 34
    demain tomorrow [8], **AX**
    à demain! see you
    tomorrow! [8]
    demain, c'est . . . (jeudi)
    tomorrow is . . .
    (Thursday) [8], **AX**
    demander (à) to ask **C, 36**
    demandez . . . ask . . . **C**
    demi half
    . . . heure(s) et demie
    half past . . . [4], **AX**
    midi et demi half past
    noon [4], **AX**
    minuit et demi half past
    midnight [4]
un **demi-frère** half-brother
une **demi-soeur** half-sister
    démodé out of style,
    unfashionable 25
un **démon** devil
une **dent** tooth
un **départ** departure
se **dépêcher: dépêchez-vous!**
    hurry up!
    dépend: ça dépend (des) it
    depends (on)
une **dépense** expense
    dépenser to spend (money)
    28
    dernier (dernière) last 31
    derrière behind, in back of
    [17], **R2**

    des oeufs durs hard-
    boiled eggs
    des some, any [18]; of (the),
    from (the), about (the)
    23
la **description physique**
    physical description **AX**
le **désert** desert
    désirer to wish, want
    vous désirez? what would
    you like? may I help you?
    [10], **25**
    désolé sorry
le **dessert** dessert 33
le **dessin** art, drawing
    un dessin animé cartoon
    détester to hate, detest 33
    deux cent onze two hundred
    eleven **AX**
    deux cents two hundred **AX**
    deux two [1], **AX**
    deuxième second 24
    le deuxième étage third
    floor
    devant in front of [17], **R2**
    développer to develop
    deviner to guess
* **devoir** to have to, should,
    must 35
les **devoirs** *m.* homework
    faire mes devoirs to do
    my homework 29
    différemment differently
    différent different
    difficile hard, difficult [20]
la **dignité** dignity
    dimanche *m.* Sunday [8], **AX**
le **dîner** dinner, supper 33
    dîner to have dinner 33 [15]
    dîner au restaurant to
    have dinner at a
    restaurant [13]
* **dire** to say, tell **C, 36**
    que veut dire . . . ? what
    does . . . mean?
    directement straight
une **directrice (un directeur)**
    director
    dirigé directed, guided
    dis donc! say there!, hey
    there! [20]
    dis! (see dire) say!, hey! [20]
    discuter to discuss
une **dispute** quarrel, dispute

un **disque** record [17], **AX**
  un (disque) compact
  compact disc [17]
  un disque dur hard drive
  (computer)
  un disque optique CD-
  ROM
une **disquette** floppy disc
dit (*p.p. of* **dire**) said
dit (*see* **dire**): **comment dit-
on . . . en français?**
how do you say . . . in
French?
dites . . . (*see* **dire**) say . . . ,
tell . . . **C**
dix ten [1, 2], **AX**
dix-huit eighteen [2], **AX**
dix-neuf nineteen [2], **AX**
dix-sept seventeen [2], **AX**
dixième tenth **24**
un **docteur** doctor
dois (*see* **devoir**): **je dois**
est-ce que tu dois . . . ?
do you have to . . . ? **R3**
je dois . . . I have to, I
must [13], **R3**
domestique domestic
  les animaux *m.*
  domestiques pets [7]
dommage! too bad! [15]
  donne-moi . . . give me
  . . . [9]
donner (à) to give (to) **35, 36**
  donnez-moi . . . give me
  [10]
  s'il te plaît, donne-moi
  . . . please, give me . . .
  [10]
doré golden, golden brown
  * **dormir** to sleep
le **dos** back **E3**
une **douzaine** dozen **33**
douze twelve [2]
douzième twelfth **24**
droit: tout droit straight
ahead **21**
la **droite** right
  à droite to (on) the right
  21
drôle funny [20]
du (de + le) of (the), from
(the) **23**; some, any **34**
  du matin in the morning,
  a.m. [4]
  du soir in the evening,
  p.m. [4]

dû (*p.p. of* **devoir**) had to **35**
dur hard
durer to last
dynamique dynamic

E

e-mail e-mail, electronic mail
l' **eau** *f.* (*pl.* **eaux**) water **33**
  l'eau minérale mineral
  water **33**
un **échange** exchange
les **échecs** *m.* chess **23**
une **éclosion** hatching
une **école** school **21**
économiser to save money
écouter to listen to [15]
  écouter des cassettes to
  listen to cassettes **29**
  écouter la radio to listen
  to the radio [13], **AX**
  écouter le professeur to
  listen to the teacher **AX**
un **écran** screen (computer, TV)
  * **écrire** to write **36**
l' **éducation** *f.* education
  l'éducation civique civics
  l'éducation physique
  physical education
une **église** church **21**
égyptien (égyptienne)
Egyptian
eh bien! well! **26**
électronique electronic
  les jeux *m.* **électroniques**
  computer games
élégant elegant **25**
un **éléphant** elephant **E5**
élevé high
un(e) **élève** student (middle school,
high school) [17], **AX**
elle she, it [11, 14, 18]
  elle coûte . . . it costs . . .
  [11]
  elle est (canadienne)
  she's (Canadian) [6]
elle her **23**
  elle s'appelle . . . her
  name is . . . [6]
embrasser: je t'embrasse
love and kisses (at the
end of a letter)
un **emploi du temps** time-table
(of work)
emprunter à to borrow from

en in, on, to, by
  en avion by airplane,
  plane **29**
  en bas (haut) downstairs
  (upstairs) **21**
  **en bus (métro, taxi, train,
  voiture)** by bus (subway,
  taxi, train, car) **22**
  en ce qui concerne as for
  en été in (the) summer
  [12]
  en face opposite, across
  (the street)
  en fait in fact
  en famille at home
  en plus in addition
  en scène on stage
  en solde on sale
  va-t'en! go away! **22**
un **endroit** place **22**
un **enfant, une enfant** child **24**
enfin at last **30**
ensuite then, after that **30**
entendre to hear **28**
entier (entière) entire
l' **entracte** *m.* interlude
entre between
une **entrée** entry, doorway (of a
house)
un **entretien** discussion
envers towards
l' **envie** *f.* envy; feeling
  avoir envie de to want; to
  feel like, want to **28**
envoyer to send
  **envoyer quelque chose
  par e-mail** to send
  something via e-mail
  **envoyer quelque chose
  par la messagerie
  vocale** to send a voice
  mail message
épicé hot, spicy
une **épicerie** grocery store
les **épinards** *m.* spinach
une **équipe** team
une **erreur** error, mistake
es (*see* **être**)
  tu es + nationality you
  are . . . [2]
un **escalier** staircase
un **escargot** snail
l' **Espagne** *f.* Spain
espagnol Spanish [19], **AX**
  parler espagnol to speak
  Spanish [13]

espérer to hope **26**

un **esprit** spirit

essayer to try on, to try

l' **essentiel** *m.* the important thing

est (*see* **être**)

c'est le + date it's . . . [8]

c'est . . . it's . . . , that's . . [5, 7, 20]

est-ce que (qu') . . . ? phrase used to introduce a question [14]

il/elle est + nationality he/she is . . . [6]

n'est-ce pas . . . ? isn't it? [14]

où est . . . ? where is . . . ? [14]

quel jour est-ce? what day is it? [8]

qui est-ce? who's that (this)? [5, 17]

l' **est** *m.* east

et and [2, 14]

et demi(e), et quart half past, quarter past [4]

et toi? and you? [1]

établir to establish

un **étage** floor of a building, story

les **États-Unis** *m.* United States

été (*p.p. of* **être**) been, was **31**

l' **été** *m.* summer, summertime **AX**

en été in (the) summer

l'heure *f.* **d'été** daylight saving time

étendre to spread

une **étoile** star

étrange strange

étranger (étrangère) foreign

* **être** to be [14]

être à to belong to

être d'accord to agree [14], **AX**

une **étude** study

un(e) **étudiant(e)** college student [17], **AX**

étudier to study [13, 15], **AX**

eu (*p.p. of* **avoir**) had **31**

il y a eu there was

euh . . . er . . . , uh . . .

euh non . . . well, no

un **euro** euro; monetary unit of Europe

européen (européenne) European

eux they, them **23**

eux-mêmes themselves

un **événement** event

un **examen** exam, test

réussir à un examen to pass an exam, a test

excusez-moi excuse me **21**

par exemple for instance

un **exercice** exercise

faire des exercices to exercise

exiger to insist

expliquer to explain **C**

expliquez . . . explain . . . **C**

exprimer to express

exquis: c'est exquis! it's exquisite! **34**

extérieur: à l'extérieur outside

extra terrific [20]

extraordinaire extraordinary

il a fait un temps extraordinaire! the weather was great!

F ▬▬▬▬▬▬▬▬▬▬▬

face: en face (de) opposite, across (the street) from

facile easy [20]

faible weak

la **faim** hunger

avoir faim to be hungry **30**

j'ai faim I'm hungry [9]

tu as faim? you're hungry? [9]

faire to do, make [16]

faire attention to pay attention, be careful [16], **AX**

faire beau (weather) to be nice out **AX**

faire de + activity to do, play, study, participate in **29**

faire des achats to go shopping **29**

faire les courses to go shopping **33**

faire mauvais (weather) it's bad out **AX**

faire mes devoirs to do my homework **29**

faire partie de to be a member of

faire sauter to flip

faire un match to play a game (match) [16], **AX**

faire un pique-nique to have a picnic **29**

faire un voyage to take a trip [16], **AX**

faire une promenade à pied (à vélo, en voiture) to take a walk (a bicycle ride, a drive) **22**

faire une promenade to take a walk [16]

faisons connaissance let's get to know each other

fait (*p.p. of* **faire**) did, done, made **31**

fait (*see* **faire**)**: ça fait combien?** how much is that (it)? [11]

ça fait . . . francs that's (it's) . . . francs [11]

il fait (beau, etc.) it's (beautiful, etc.) (weather) [12]

il fait froid it's cold out (weather) [12]

quel temps fait-il? what (how) is the weather? [12]

un **fait: en fait** in fact

fameux: c'est fameux! it's superb! **34**

familial with the family

une **famille** family [7], **24**

en famille at home

un **fana, une fana** fan (of something)

un **fantôme** ghost

la **farine** flour

fatigué tired

faux (fausse) false [20]

favori (favorite) favorite

un **fax** fax machine

faxer to fax, send a fax

les **félicitations** *f.* congratulations

une **femme** wife **24**; woman [17], **AX**

une **fenêtre** window [17]

fermer to close

une **fête** party, holiday
le **feu d'artifice** fireworks
une **feuille** sheet, leaf
    une **feuille de papier** sheet of paper
un **feuilleton** series, serial story (in newspaper, TV)
février *m.* February [8], **AX**
fiche-moi la paix! leave me alone! (colloq.) **36**
la **fièvre** fever
une **fille** daughter **24**; girl [5], **AX**
un **film** movie **22, 29**
    une **film policier** a detective movie
un **fils** son **24**
la **fin** end
finalement finally **30**
fini (*p.p. of* **finir**) over, finished **31**
finir to finish **27**
flamand Flemish
un **flamant** flamingo
une **fleur** flower
un **fleuve** river
un **flic** cop (colloq.)
une **flûte** flute **23**
une **fois** time
    à la fois at the same time
la **folie: à la folie** madly
folklorique: une chanson folklorique folksong
fonctionner to work, function
fondé founded
le **foot (football)** soccer **23**
    jouer au foot to play soccer [13]
    le football américain football
une **forêt** forest
formidable great!
fort strong
    plus fort louder
un **fouet** whisk
une **fourchette** fork **33**
la **fourrure** fur
    un **manteau de fourrure** fur coat
frais: il fait frais it's cool (weather) [12], **AX**
une **fraise** strawberry **33**
un **franc** franc (former monetary unit of France) **11**

ça fait . . . francs that's (it's) . . . francs [11]
le **français** French (language)
    comment dit-on . . . en français? how do you say . . . in French?
français French [2, 19]
un **Français,** une **Française** French person
la **France** France [14]
    en France in France [14]
francophone French-speaking
un **frère** brother [7], **24**
des **frites** *f.* French fries **33**
    un **steak-frites** steak and French fries [9]
froid cold
    avoir froid to be (feel) cold (people) **30**
le **fromage** cheese **33**
    un **sandwich au fromage** cheese sandwich
un **fruit** fruit **33**
furieux (furieuse) furious
une **fusée** rocket

G

gagner to earn, to win **28**
un **garage** garage **21**
un **garçon** boy [5], **AX;** waiter
une **gare** train station
une **garniture** side dish
un **gâteau** (*pl.* **gâteaux**) cake **33**
gauche left
    à gauche to (on) the left **21**
une **gelée** jelly
généralement generally
généreux (généreuse) generous
la **générosité** generosity
génial brilliant
des **gens** *m.* people [18]
les **gens** people **AX**
gentil (gentille) nice, kind [19]; sweet
    plus gentil que nicer than
la **géographie** geography
une **girafe** giraffe **E5**
une **glace** ice cream [9], **33;** mirror, ice

glacé iced
    un **thé glacé** iced tea **33**
un **goûter** afternoon snack
une **goyave** guava
grand tall [17]; big, large [20]; big
    un **grand magasin** department store **25**
    une **grande surface** big store, self-service store
une **grand-mère** grandmother [7], **24**
un **grand-père** grandfather [7], **24**
grandir to get tall; to grow up
grec (grecque) Greek
un **grenier** attic
une **grillade** grilled meat
une **grille** grid
grillé: le pain grillé toast
    une **tartine de pain grillé** buttered toast
la **grippe** flu
gris grey [20], **AX**
gros (grosse) fat, big
grossir to gain weight, get fat **27**
la **Guadeloupe** Guadeloupe (French island in the West Indies)
une **guerre** war
une **guitare** guitar [17], **23**
un **gymnase** gym

H

habillé dressed
habiter to live [15]
    habiter à to live in **AX**
Haïti Haiti (French island in the West Indies)
un **hamburger** hamburger [9]
les •**haricots** *m.* **verts** green beans **33**
la •**hâte** haste
    en hâte quickly
•**haut** high
    en haut upstairs **21**
    plus haut above
•**hélas!** too bad!
hésiter to hesitate
l' **heure** *f.* time, hour; o'clock [4]

. . . heure(s) (dix) (ten) past . . . [4], **AX**
. . . heure(s) et demie half past . . . [4], **AX**
. . . heure(s) et quart quarter past . . . [4], **AX**
. . . heure(s) moins (dix) (ten) of . . . [4], **AX**
. . . heure(s) moins le quart quarter to . . . [4], **AX**
à quelle heure est . . . ? at what time is . . . ? [4, 16], **AX**
à . . . heures at . . . o'clock [14], **AX**
combien d'heures how many hours
il est dix heures vingt it's twenty minutes past ten **AX**
il est une heure it's one o'clock **AX**
il est . . . heure(s) it's . . . o'clock [4], **AX**
par heure per hour, an hour
quelle heure est-il? what time is it? [4]
heureusement fortunately
heureux (heureuse) happy
hier yesterday **31**
   avant-hier the day before yesterday
un **hippopotame** hippopotamus **E5**
une **histoire** story, history
l' **hiver** *m.* winter, wintertime [12], **AX**
   en hiver in (the) winter [12]
•**hollandais** Dutch
un **homme** man [17], **AX**
honnête honest
un **hôpital** *(pl.* hôpitaux*)* hospital **21**
une **horreur** horror
   quelle horreur! what a scandal! how awful!
un•**hors-d'oeuvre** appetizer **33**
un•**hot dog** hot dog [9]
un **hôte, une hôtesse** host, hostess
un **hôtel** hotel **21**
   un hôtel de police police department

l' **huile** *f.* oil
•**huit** eight [1], **AX**
•**huitième** eighth **24**
l' **humeur** *f.* mood
   de bonne humeur in a good mood
un **hypermarché** shopping center

I ▬▬▬▬▬▬▬▬

ici here [14]
une **idée** idea
   c'est une bonne idée! it's (that's) a good idea! **28**
ignorer to be unaware of
   il est it is [20]
il he, it [11, 14, 18]
   il/elle est + nationality he/she is . . . [6]
il y a . . . there is, there are . . . [17], **R2**
   il y a eu there was
   est-ce qu'il y a . . . ? is there, are there . . . ? [17], **R2**
   il n'y a pas . . . there is not, there are not (any) . . . [18], **R2**
   qu'est-ce qu'il y a . . . ? what is there . . . ? [17]
   il y a + du, de la (partitive) there is (some) **34**
une **île** island
illustré illustrated
un **immeuble** apartment building **21**
un **imper (imperméable)** raincoat **25**
l' **impératif** *m.* imperative (command) mood
impoli impolite
l' **importance** *f.* importance
   ça n'a pas d'importance it doesn't matter
importé imported
impressionnant impressive
une **imprimante** printer
inactif (inactive) inactive
inclure to include
l' **indicatif** *m.* area code
indiquer to indicate, show **C**
   indiquez . . . indicate . . . **C**
infâme: c'est infâme! that's (it's) awful! **35**

infect: c'est infect! that's revolting! (colloq.) **35**
les **informations** *f.* news
l' **informatique** *f.* computer science
s' **informer** to find out about
un **ingénieur** engineer
un **ingrédient** ingredient **33**
un **inspecteur, une inspectrice** police detective
un **instrument** instrument **23**
intelligent intelligent [19], **AX**
interactif (interactive) interactive
intéressant interesting [19], **AX**
l' **intérieur** *m.* interior, inside
les **internautes** people who like to use the Internet
Internet the Internet
interroger to question
interviewer to interview
inutilement uselessly
un **inventaire** inventory
un **invité, une invitée** guest
inviter to invite [15]
israélien (israélienne) Israeli
italien (italienne) Italian [19], **AX**
un **Italien, une Italienne** Italian person

J ▬▬▬▬▬▬▬▬

j' (see je)
la **Jamaïque** Jamaica
jamais ever; never
   jamais le dimanche! never on Sunday!
   ne . . . jamais never **32**
une **jambe** leg **E3**
un **jambon** ham **33**
janvier *m.* January [8], **AX**
japonais Japanese [19], **AX**
un **jardin** garden **21**
jaune yellow [20], **AX**
jaunir to turn yellow
je I [14]
un **jean** pair of jeans **25**
un **jeu** *(pl.* jeux*)* game **23**
   les jeux électroniques computer games
   les jeux télévisés TV game shows
jeudi *m.* Thursday [8], **AX**

jeune young [17]

    les jeunes *m.* young people

jeune* young **AX**

un **job** (part-time) job

le **jogging** jogging, running **25, 29**

    faire du jogging to jog **29**

joli pretty (for girls, women); (for clothing) **25**

jouer to play [15]

    jouer à + game, sport to play a game, sport **23**

    jouer au tennis (volley, basket, foot) to play tennis (volleyball, basketball, soccer) [13]

    jouer de + instrument to play a musical instrument **23**

    plus joli(e) que prettier than

un **jour** day [8], **29**

    le Jour de l'An New Year's Day

    les jours de la semaine the days of the week **AX**

    par jour per week, a week

    quel jour est-ce? what day is it? [8], **AX**

un **journal** *(pl.* **journaux***)* newspaper

une **journée** day, whole day

    bonne journée! have a nice day!

    joyeux (joyeuse) happy

juillet *m.* July [8], **AX**

    le quatorze juillet Bastille Day (French national holiday)

juin *m.* June [8], **AX**

un **jumeau** *(pl.* **jumeaux***)*, une **jumelle** twin

une **jupe** skirt **25**

juste right, fair

    le mot juste the right word

le **jus** juice

    le jus d'orange orange juice [10], **33**

    le jus de pomme apple juice [10], **33**

    le jus de raisin grape juice [10], **AX**

    le jus de tomate tomato juice [10], **AX**

jusqu'à until

juste right, fair

    le mot juste the right word

K ▬▬▬▬▬▬▬▬▬▬

un **kangourou** kangaroo **E5**

le **ketchup** ketchup **33**

un **kilo** kilogram

    un kilo (de) a kilogram (of) **33**

L ▬▬▬▬▬▬▬▬▬▬

l' (see le, la)

la the [6, 18]; her, it **36**

là here, there [14]

    ça, là-bas that (one), over there [17]

    ce . . . -là that . . . (over there) **26**

    là-bas over there [14]

    oh là là! uh, oh!; oh, dear!; wow!; oh, yes!

laid ugly

laisser: laisse-moi tranquille! leave me alone! **36**

le **lait** milk **33**

une **langue** language

un **lapin** rabbit

large wide

laver to wash **29**

se **laver** to wash (oneself), wash up

le the [6, 18]; him, it **36**

    le (lundi) on (Mondays) [18]

    le + number + month the . . . [8]

une **leçon** lesson

un **lecteur** reader, player

    un lecteur de CD vidéo laser disc player

    un lecteur de compact disque compact disc player

    un lecteur optique interne/ de CD-ROM internal CD-ROM drive

un **légume** vegetable **33**

lent slow

les the [18]; them **36**

une **lettre** letter

leur (to) them **36**

leur(s) their **24**

se **lever: lève-toi!** stand up! **levez-vous!** stand up!

un **lézard** lizard **E5**

le **Liban** Lebanon (country in the Middle East)

libanais Lebanese

libéré liberated

une **librairie** bookstore

libre free

un **lieu** place, area

    avoir lieu to take place

une **ligne** line

limité limited

la **limonade** lemon soda [10]

un **lion** lion **E5**

* **lire** to read **C**

    comment lire reading hints

    lisez . . . (see lire) read . . . **C**

une **liste** list

    une liste des courses shopping list

un **lit** bed [17], **AX**

un **living** living room (informal)

un **livre** book [17]

une **livre** metric pound **33**

un **local** *(pl.* **locaux***)* local

une **location** rental

un **logiciel** software

logique logical

logiquement logically

loin far **21**

    loin d'ici far (from here)

un **loisir** leisure activity

un **loisir** leisure-time activity

Londres London

long (longue) long **25**

longtemps (for) a long time

    moins longtemps que for a shorter time

le **loto** lotto, lottery, bingo

un **loup** wolf **E5**

lui him **23**; (to) him/her **36**

lui-même: en lui-même to himself

lundi *m.* Monday [8], **AX**

des **lunettes** *f.* glasses **25**

des lunettes de soleil sunglasses 25
le **Luxembourg** Luxembourg
un **lycée** high school

M

m' (see me)
M. (monsieur) Mr. (Mister) [3]
M. (monsieur) Mr. (Mister) [3]
ma my 24
  ma chambre my bedroom [17]
une **machine** machine
  une machine à coudre sewing machine
Madagascar Madagascar (French-speaking island off of East Africa)
Madame (Mme) Mrs., ma'am [3]
Mademoiselle (Mlle) Miss [3]
un **magasin** store, shop 21, 25
  faire les magasins to go shopping (browsing from store to store)
  un grand magasin department store 25
magnétique magnetic
un **magnétophone** tape/cassette recorder [17], **AX**
un **magnétoscope** VCR (videocassette recorder) **B**
magnifique magnificent
mai *m.* May [8], **AX**
maigre thin, skinny
maigrir to lose weight, get thin 27
un **maillot de bain** bathing suit 25
une **main** hand **E3**
maintenant now [15], 31
mais but [14]
  j'aime . . . , mais je préfère . . . I like . . . , but I prefer . . . [13]

je regrette, mais je ne peux pas . . . I'm sorry, but I can't . . . [13]
mais non! of course not! [14]
mais oui! sure! [14]
une **maison** house 21
  à la maison at home [14]
mal badly, poorly [3, 15]
  ça va mal things are going badly [3]
  ça va très mal things are going very badly [3]
  c'est mal that's bad [20]
malade sick
malheureusement unfortunately
malin clever
manger to eat [15], **AX**
  manger + du, de la (partitive) to eat (some) 34
  j'aime manger I like to eat [13]
  une salle à manger dining room 21
un **manteau** *(pl.* **manteaux***)* overcoat 25
  un manteau de fourrure fur coat
un **marchand, une marchande** merchant, shopkeeper, dealer
un **marché** open-air market 33
  bon marché *(inv.)* inexpensive 25
  un marché aux puces flea market
marcher to work, to run (for objects) [17], **AX;** to walk (for people) [17], **AX**
  est-ce que la radio marche? does the radio work? [17]
  il/elle (ne) marche (pas) bien it (doesn't) work(s) well [17]
mardi *m.* Tuesday [8], **AX**
  le Mardi gras Shrove Tuesday
un **mari** husband 24
le **mariage** wedding, marriage
marié married
une **marmite** covered stew pot

le **Maroc** Morocco (country in North Africa)
une **marque** brand (name)
une **marraine** godmother
marrant fun, funny
marron *(inv.)* brown [20], **AX**
mars *m.* March [8], **AX**
martiniquais from Martinique
la **Martinique** Martinique (French island in the West Indies)
un **match** game, (sports) match
  faire un match to play a game, (sports) match [16]
les **maths** *f.* math
le **matin** morning 29; in the morning **AX**
  ce matin this morning 31
  demain matin tomorrow morning 31
  du matin in the morning, a.m. [4], **AX**
  hier matin yesterday morning 31
des **matoutou crabes** *m.* stewed crabs with rice
mauvais bad [20]
  c'est une mauvaise idée that's a bad idea
  il fait mauvais it's bad (weather) [12], **AX**
la **mayonnaise** mayonnaise 33
me (to) me 35
méchant mean, nasty [19], **AX**
mercredi *m.* Wednesday **AX**
un **médecin** doctor
  un médecin de nuit doctor on night duty
la **Méditerranée** Mediterranean Sea
meilleur(e) better, best 27
mélanger to mix, stir
même same; even
  eux-mêmes themselves
une **mémoire** memory
mentionner to mention
la **mer** ocean, shore 29
  à la mer to (at) the sea 29
merci thank you [3]
  oui, merci yes, thank you [13]

mercredi *m.* Wednesday [8]

une mère mother [7], **24**, **AX**
   et voici ma mère and this
     is my mother [7]

mériter to deserve

mes my **24**

la **messagerie vocale** voice mail

le **métro** subway
   en métro by subway **22**

* **mettre** to put on, to wear **25**;
   to put, to place, to turn on
   26
   mettre la table to set the
     table **33**

mexicain Mexican [19], **AX**

midi *m.* noon [4]
   il est midi it's noontime
     AX

mieux better

mignon (mignonne) cute
   [19], **AX**

militaire military

mille one thousand **6, 25**

minérale: l'eau *f.* **minérale**
   mineral water **33**

une **mini-chaîne** compact stereo

minuit *m.* midnight [4]
   il est minuit it's midnight
     AX

mis (*p.p. of* **mettre**) put,
   placed **31**

mixte mixed

Mlle Miss [3]

Mme Mrs. [3]

une **mob (mobylette)** motorbike,
   moped **AX**

moche plain, ugly **25**

la **mode** fashion
   à la mode popular; in
     fashion; fashionable **25**

moderne modern **21**

moi me **23**; (to) me **35**
   avec moi with me [13]
   donne-moi (donnez-moi)
     give me [9, 10]
   excusez-moi . . . excuse
     me . . . **21**
   moi, je m'appelle (Marc)
     me, my name is (Marc)
     [1]
   prête-moi . . . lend me
     . . . [11]
   s'il te plaît, donne-moi
     . . . please give me . . .
     [10]

un **moine** monk

moins less
   moins de less than
   . . . heure(s) moins
     (dix) (ten) of . . . [4]
   . . . heure(s) moins le
     quart quarter of . . . [4]
   moins . . . que less . . .
     than **27**

un **mois** month [8], **29**
   ce mois-ci this month **31**
   le mois dernier last
     month **31**
   le mois prochain next
     month **31**
   par mois per month,
     a month

mon (ma; mes) my [7], **24**
   mon anniversaire est le
     . . . my birthday is the
     . . . [8]
   voici mon père this is my
     father [7]

le **monde** world
   du monde in the world
   tout le monde everyone

la **monnaie** money; change

le **Monopoly** Monopoly **23**

Monsieur (M.) Mr., sir [3]

un **monsieur** (*pl.* **messieurs***)*
   man, gentleman (polite
   term) [5]

une **montagne** mountain **29**
   à la montagne to (at) the
     montains **29**

une **montre** watch [17], **AX**
   montre-moi (montrez-
     moi) show me
   montrer à to show . . . to
     35, 36

un **morceau** piece
   un morceau de craie
     piece of chalk

un **mot** word

une **moto** motorcycle [17]

la **moutarde** mustard

un **mouton** sheep

moyen (moyenne) average,
   medium
   en moyenne on the average

un **moyen** means

muet (muette) silent

multiculturel(le) multi-
   cultural

le **multimédia** multimedia

un **musée** museum **21**

la **musique** music **23**

N

n' (*see* **ne**)
   n'est-ce pas? right?, no?,
     isn't it (so)?, don't you?,
     aren't you? [14]

nager to swim [15], **AX**
   j'aime nager I like to
     swim [13]

une **nationalité** nationality [2], **AX**

nautique: le ski nautique
   water-skiing **29**

naviguer to navigate

ne (n') not
   ne . . . aucun none, not
     any
   ne . . . jamais never **32**
   ne . . . pas not [14]
   ne . . . personne nobody
     32
   ne . . . plus no longer
   ne . . . rien nothing **32**

né born

nécessaire necessary

négatif (négative) negative

négativement negatively

la **neige** snow
   il neige it's snowing [12],
     AX

neiger to snow

le **Net** the Internet
   netsurfer/surfer sur le Net
     to "surf the Net"

nettoyer to clean **29**

neuf nine [1]

neuvième ninth **24**

un **neveu** (*pl.* **neveux***)* nephew

un **nez** nose **E3**

une **nièce** niece

un **niveau** (*pl.* **niveaux***)* level

Noël *m.* Christmas
   à Noël at Christmas **29**

noir black [20]

un **nom** name; noun

un **nombre** number
   nombreux (nombreuses)
     numerous

nommé named

non no [2, 14]
   mais non! of course not!
     [14]
   non plus neither

le **nord** north

le **nord-est** northeast
normalement normally
nos our **24**
une **note** grade
notre *(pl.* **nos***)* our **24**
la **nourriture** food **33**
nous we [14]; us **23**; (to) us **35**
nouveau (nouvel, nouvelle; *(m. pl.* **nouveaux***)* new **27**
la **Nouvelle-Angleterre** New England
la **Nouvelle-Calédonie** New Caledonia (French island in the South Pacific)
novembre *m.* November [8], **AX**
le onze novembre Armistice Day
la **nuit** night
un **numéro** number

O

objectif (objective) objective
un **objet** object [17], **AX**
l' **occasion** *f.* chance
occupé occupied
un **océan** ocean
octobre *m.* October [8], **AX**
une **odeur** odor
un **oeil** *(pl.* **yeux***)* eye **E3**
un **oeuf** egg **33**
offert *(p.p. of* **offrir***)* offered
officiel (officielle) official
* **offrir** to offer, to give
oh là là! uh,oh!, oh, dear!, wow!, oh, yes!
un **oiseau** *(pl.* **oiseaux***)* bird
une **omelette** omelet [9]
on one, they, you, people **28**
comment dit-on . . . en français? how do you say . . . in French? **B**
on est . . . today is . . .
on va dans un café? shall we go to a café?
on y va let's go
un **oncle** uncle **24**
un **oncle** uncle [7], **24**
onze eleven [2], **AX**
opérer to operate

l' **or** *m.* gold
orange *(inv.)* orange (color) [20]
une **orange** orange (fruit)
le jus d'orange orange juice [10], **33**
un **ordinateur** computer [17]
une **oreille** ear **E3**
organiser to organize [15]
organiser une boum to organize a party **AX**
originairement originally
l' **origine** *f.* origin, beginning
d'origine bretonne from Brittany
orthographiques: les signes *m.* **orthographiques** spelling marks
ou or [2, 14]
où where [14, 16], **R3**
d'où? from where? **23**
où est-ce? where is it? **21**
où est . . . ? where is . . . ? [14]
oublier to forget
l' **ouest** *m.* west
oui yes [2, 14]
oui, bien sûr . . . yes, of course . . . [13]
un **ouragan** hurricane
un **ours** bear **E5**
ouvert open
ouvre . . . (ouvrez . . .) open . . .
* **ouvrir** to open

P

le **pain** bread **33**
pâle pale
un **pamplemousse** grapefruit **33**
une **panne** breakdown
une panne d'électricité power failure
un **pantalon** pants, trousers **25**
une **panthère** panther
une **papaye** papaya
le **papier** paper
une feuille de papier a sheet (piece) of paper
Pâques *m.* Easter **29**
à Pâques at Easter **29**
par per, for
par exemple for example
par jour per day

un **parc** park **21**
un parc public city park
parce que (parce qu') because [16]
pardon excuse me **21**, **25**
les **parents** *m.* parents, relatives **24**
paresseux (paresseuse) lazy
parfait perfect
rien n'est parfait nothing is perfect
parfois sometimes
parisien (parisienne) Parisian
parler to speak, talk [15]
parler (français, anglais, espagnol) to speak (French, English, Spanish) [13]
parler à to speak (talk) to **36**
un **parrain** godfather
une **partie** part
* **partir** to leave
à partir de as of, beginning
partitif (partitive) partitive
pas not
pas de not a, no, not any [18], **34**
pas du tout not at all, definitely not **23**
ne . . . pas not [14]
pas possible not possible
pas toujours not always [13]
pas très bien not very well
le **passé composé** compound past tense
passer to spend (time) **29**; to pass by
passionnément passionately
la **pâte** batter, dough
patient patient
le **patinage** ice skating, roller skating
une **patinoire** skating rink
une **pâtisserie** pastry, pastry shop
une **patte** foot, paw (of bird or animal)
pauvre poor **28**
payer to pay, pay for **28**
un **pays** country

la **peau** skin, hide

* **peindre** to paint

peint painted

une **pellicule** film (camera)

pendant during **29**

pénétrer to enter

pénible bothersome, a pain [20]

penser to think **25**

  penser de to think of **25**

  penser que to think that **25**

  qu'est-ce que tu penses de . . . ? what do you think of . . . ? **25**

une **pension** inn, boarding house

Pentecôte *f.* Pentecost

perdre to lose, to waste **28**

perdu (*p.p. of* **perdre**) lost

un **père** father [7], **24**

* **permettre** to permit

un **perroquet** parrot

la **personnalité** personality **AX**

personne: ne . . . personne nobody **32**

une **personne** person [5]

personnel (personnelle) personal

personnellement personally

péruvien (péruvienne) Peruvian

petit small, short [17, 20], **25**

  il/elle est petit(e) he/she is short [17]

  un petit copain, une petite copine boyfriend, girlfriend

le **petit déjeuner** breakfast **33**

le **petit-fils, la petite-fille** grandson, granddaughter

les **petits pois** *m.* peas **33**

peu little, not much

  un peu a little, a little bit [15]

peut (*see* **pouvoir**)

  peut-être perhaps, maybe [14]

peux (*see* **pouvoir**)

  est-ce que tu peux . . . ? [13], **R3**

  je ne peux pas . . . I cannot **R3**

  je peux . . . I can **R3**

  je regrette, mais je ne peux pas . . . I'm sorry, but I can't . . . [13]

la **photo** photography

une **phrase** sentence **B**

la **physique** physics

un **piano** piano **23**

une **pie** magpie **E5**

une **pièce** coin **28**; room

un **pied** foot **E3**

  à pied on foot **22**

piloter to pilot (a plane)

une **pincée** pinch

le **ping-pong** Ping-Pong **23**

un **pique-nique** picnic **22**

  faire un pique-nique to have a picnic **29**

une **piscine** swimming pool **21**

une **pizza** pizza [9]

un **placard** closet

une **plage** beach **21**

plaît: s'il te plaît please (informal) [9, 10]; excuse me (please)

  s'il vous plaît please (formal) [10]; excuse me (please)

un **plan** map

la **planche à voile** windsurfing **29**

  faire de la planche à voile to windsurf **29**

une **plante** plant

un **plat** dish, course (of a meal) **33**

  le plat principal main course

un **plateau** tray

pleut (*see* **pleuvoir**): **il pleut** it's raining [12], **AX**

* **pleuvoir** to rain

plier to fold

plumer to pluck

plus more

  en plus in addition

  le plus the most

  ne . . . plus no longer, no more

  non plus neither

  plus de more than

  plus gentil que nicer (than)

  plus joli que prettier than

  plus petit(e) smaller

  plus . . . que more . . . than, . . . -er than **27**

plusieurs several

une **poche** pocket

l'argent *m.* **de poche** allowance, pocket money

une **poêle** frying pan

un **point de vue** point of view

une **poire** pear **33**

pois: les petits pois *m.* peas **33**

un **poisson** fish **E5, 33**

  blaff de poisson fish stew

  un poisson rouge goldfish

poli polite

un **politicien, une politicienne** politician

un **polo** polo shirt **25**

une **pomme** apple

  le jus de pomme apple juice [10], **33**

une **pomme de terre** potato **33**

  une purée de pommes de terre mashed potatoes

le **porc: une côtelette de porc** pork chop

une **porte** door **B,** [17]

un **porte-monnaie** change purse, wallet

porter to wear **25**

portugais Portuguese

poser to ask

  poser une question to ask a question **C**

une **possibilité** possibility

la **poste** post office

pouah! yuck! yech!

une **poule** hen **E5**

le **poulet** chicken **33**

pour for [14]; in order to **29**

  pour que so that

  pour qui? for whom? [16]

le **pourcentage** percentage

pourquoi why [16], **R3**

* **pouvoir** to be able, can, may **35**

pratique practical

pratiquer to participate in

des **précisions** *f.* details

préféré favorite

préférer to prefer **26**; to like (in general)

  je préfère I prefer [13], **R3**

  tu préférerais? would you prefer?

premier (première) first **24**

  c'est le premier juin it's June first [8]

prendre + du, de la (partitive) to have (some) **34**

prendre le petit déjeuner to have breakfast **33**

* **prendre** to take, to have (food) **B, 34**

un **prénom** first name

préparer to prepare; to prepare for **29**

près d'ici nearby, near here

près nearby **21**

tout près very close

une **présentation** appearance

la présentation extérieure outward appearance

des **présentations** f. introductions

pressé in a hurry

un **prêt** loan

prêt(e) ready

prête-moi . . . lend me . . . [11]

prêter à to lend to, to loan **35, 36**

principalement mainly

le **printemps** spring [12], **AX**

au printemps in the spring [12]

pris (*p.p. of* **prendre**) took **34**

un **prix** price

quel est le prix . . . ? what's the price . . . ? **25**

un **problème** problem

prochain next **29, 31**

le weekend prochain next weekend **29**

un **produit** product

un **prof, une prof** teacher (informal) [5, 17], **AX**

un **professeur** teacher [17]

professionnel (professionnelle) professional

un **programme** program

un **projet** plan

une **promenade** walk

faire une promenade à pied, à vélo, en voiture to go for a walk, a bikeride, a drive [16], **22**

* **promettre** promise

une **promo** special sale

une **promotion (promo)** special sale, promotional item

proposer to suggest

propre own

un **propriétaire, une propriétaire** landlord/landlady, owner

la **Provence** Provence (province in southern France)

pu (*p.p. of* **pouvoir**) could, was able to **35**

n'a pas pu was not able to

public: un parc public city park

un jardin public public garden

la **publicité** commercials, advertising, publicity

une **puce** flea

un marché aux puces flea market

puis then, also

puisque since

un **pull** sweater, pullover **25**

les **Pyrénées** (the) Pyrenees (mountains between France and Spain)

Q ▬▬▬▬▬▬

qu' (*see* **que**)

qu'est-ce que (qu') what (phrase used to introduce a question) [16]

qu'est-ce qu'il y a? what is there? [17], **R2;** what's the matter?

qu'est-ce que c'est? what is it? what's that? [17]

qu'est-ce que tu penses de . . . ? what do you think of . . . ? **25**

qu'est-ce que tu veux? what do you want? [9]

qu'est-ce qui ne va pas? what's wrong?

une **qualité** quality

quand when [16]

c'est quand, ton anniversaire? when is your birthday? [8], **AX**

quand? when? **R3**

une **quantité** quantity **33**

quarante et un forty-one **AX**

quarante forty [3], **AX**

quarante-six forty-six **AX**

un **quart** one quarter

. . . heure(s) et quart quarter past . . . [4], **AX**

. . . heure(s) moins le quart quarter of . . . [4], **AX**

un **quartier** district, neighborhood **21**

un joli quartier a nice neighborhood **21**

quatorze fourteen [2], **AX**

quatre cents four hundred **AX**

quatre four [1], **AX**

quatre-vingt-deux eighty-two **AX**

quatre-vingt-dix ninety [6], **AX**

quatre-vingt-douze ninety-two **AX**

quatre-vingt-huit eighty-eight **AX**

quatre-vingt-onze ninety-one **AX**

quatre-vingt-un eighty-one **AX**

quatre-vingts eighty [6], **AX**

quatrième fourth **24**

que that, which

que veut dire . . . ? what does . . . mean? **B**

québécois from Quebec

un **Québécois, une Québécoise** person from Quebec

quel (quelle) what, which, what a **26**

à quelle heure est . . . ? at what time is . . . ? [4], **AX**

à quelle heure? at what time? [4], **AX**

de quelle couleur . . . ? what color is . . . ? [20], **AX**

quel (quelle) . . . ! what a . . . !

quel âge a ta mère/ton père? how old is your mother/your father? [7]

quel âge a-t-il/elle? how old is he/she? [17]

quel âge as-tu? how old are you? [7]

quel âge as-tu? how old are you? [7]

quel est le prix . . . ? what is the price . . . ? **25**

quel jour est-ce? what day is it? [8], **AX**

quel temps fait-il? what's (how's) the weather? [12]

quelle est la date? what's the date? [8], **AX**

quelle est ton adresse? what's your address? **21**

quelle heure est-il? what time is it? [4], **AX**

quelqu'un someone **32**

quelque (quelqu') some

 quelque chose something **32**

quelques some, a few [17]

une **question** question

une **queue** tail

qui who, whom [16]

 à qui? to whom? [16]

 avec qui? with who(m)? [16]

 c'est qui? who's that? (casual speech)

 de qui? about who(m)? [16]

 pour qui? for who(m)? [16]

 qui? whom? **R3**

 qui est-ce? who's that (this)? [5, 17]

 qui se ressemble . . . birds of a feather . . .

quinze fifteen [2], **AX**

quoi? what? [17]

quotidien (quotidienne) daily

 la vie quotidienne daily life

R

raconter to tell about

une **radio** radio [17], **AX**

 écouter la radio to listen to the radio [13]

une **radiocassette** boom box [17], **AX**

raisin: le jus de raisin grape juice [10]

une **raison** reason

avoir raison to be right **30**

rapidement rapidly

un **rapport** relationship

une **raquette** racket [17], **AX**

 une raquette de tennis tennis racket **23**

rarement rarely, seldom [15]

un **rayon** department (in a store)

réalisé made

récemment recently

une **recette** recipe

recherche: un avis de recherche missing person's bulletin

un **récital** *(pl. récitals)* (musical) recital

reconstituer to reconstruct

un **réfrigérateur** refrigerator

refuser to refuse

regarder to look at, watch [15]

 regarde ça look at that [17]

 regarder la télé to watch TV [13], **AX**

 regarder un magazine to look at a magazine **AX**

un **régime** diet

 être au régime to be on a diet

régional *(pl. régionaux)* regional

regretter to be sorry

 je regrette, mais . . . I'm sorry, but . . . [13]

régulier (régulière) regular

une **reine** queen

une **rencontre** meeting, encounter

rencontrer to meet **29**

un **rendez-vous** date, appointment **22**

 j'ai un rendez-vous à... I have a date, appointment at . . . [4]

rendre visite à to visit, come to visit **28, 36**

la **rentrée** first day back at school

rentrer to go back, come back **22**; to return, go back, come back **32**

réparer to fix, repair **29**

un **repas** meal **33**

 *   **repeindre** to repaint

répéter to repeat

un **répondeur** answering machine

répondre (à) to answer, respond (to) **36**

 répondez-lui (moi) answer him (me)

 répondre que oui to answer yes

une **réponse** answer

un **reportage** documentary

représenter to represent

un **réseau** network

réservé reserved

une **résolution** resolution

un **restaurant** restaurant **21**

 au restaurant to (at) the restaurant [14]

 dîner au restaurant to have dinner at a restaurant [13]

 un restaurant trois étoiles three-star restaurant

rester to stay **22, 32**

retard: un jour de retard one day behind

 en retard late, tardy

retourner to return; to turn over

réussir to succeed **27**

 réussir à un examen to pass an exam **27**

 *   **revenir** to come back **23**

revoir: au revoir! good-bye! [3]

le **rez-de-chaussée** ground floor

un **rhinocéros** rhinoceros

riche rich **28**

rien (de) nothing **32**

 ne . . . rien nothing **32**

 rien n'est parfait nothing is perfect

une **rive** (river)bank

une **rivière** river, stream

le **riz** rice **33**

une **robe** dress **25**

le **roller** rollerblading

romain Roman

romaines Roman

le **rosbif** roast beef **33**

rose pink [20], **AX**

rosse nasty (colloq.)

une **rôtie** toast (Canadian)

rôtir to roast

une **roue** wheel
rouge red [20], **AX**
rougir to turn red
rouler to roll
roux (rousse) red-head
une **rue** street **21**
   dans la rue (Victor Hugo) on (Victor Hugo) street **21**
russe Russian

S ▬▬▬▬▬▬▬

sa his, her **24**
un **sac** bag, handbag [17], **AX**
sais (*see* **savoir**)
   je ne sais pas I don't know [17]
   je sais I know [17], **36**
   tu sais you know **36**
une **saison** season [12]
   en toute saison all year round (any season)
une **salade** salad [9], **33**; lettuce **33**
un **salaire** salary
une **salle** hall, large room
   une salle à manger dining room **21**
   une salle de bains bathroom **21**
   une salle de séjour informal living room
   une salle de séjour informal living room
un **salon** formal living room **21**
salut hi!, good-bye! [3]
une **salutation** greeting
samedi Saturday [8], **31**
   à samedi! see you Saturday! [8]
   le samedi on Saturdays [18]
   samedi soir Saturday night
une **sandale** sandal **25**
un **sandwich** sandwich [9], **AX**
   un sandwich au fromage cheese sandwich
sans without
des **saucisses** *f.* sausages
le **saucisson** salami **33**
* **savoir** to know (information)
un **saxo (saxophone)** saxophone **23**

une **scène** scene, stage
les **sciences** *f.* **économiques** economics
les **sciences** *f.* **naturelles** natural science
un **scooter** motorscooter [17], **AX**
second second
seize sixteen [2]
un **séjour** stay; informal living room
le **sel** salt **33**
selon according to
   selon toi in your opinion
une **semaine** week [8], **29**
   cette semaine this week **31**
   la semaine dernière last week **31**
   la semaine prochaine next week **31**
   par semaine per week, a week
semblable similar
le **Sénégal** Senegal (French-speaking country in Africa)
sensationnel (sensationnelle) sensational
séparer to separate
sept seven [1], **AX**
septembre September [8], **AX**
septième seventh **24**
une **série** series
sérieux (sérieuse) serious
un **serveur, une serveuse** waiter, waitress
servi served
une **serviette** napkin **33**
servir: servi(e) served
ses his, her **24**
seul alone, only; by oneself **29**
seulement only, just
un **short** shorts **25**
si if, whether **C**
si! so, yes! (*to a negative question*) [18]
un **signal** (*pl.* **signaux**) signal
un **signe** sign
   un signe orthographique spelling mark
un **singe** monkey
situé situated

six six [1], **AX**
sixième sixth **24**
un **skate** skateboard
le **ski** skiing
   faire du ski to ski **29**
le **ski nautique** waterskiing **29**
   faire du ski nautique to go water-skiing **29**
skier to ski
snob snobbish
la **Société Nationale des Chemins de Fer (SNCF) Français** French railroad system
une **société** society
un **soda** soda, soft drink [10]
une **soeur** sister [7], **24**
la **soie** silk
la **soif** thirst
   avoir soif to be thirsty **30**
   j'ai soif I'm thirsty [10]
   tu as soif? are you thirsty? [10]
un **soir** evening **29**
   ce soir this evening, tonight **31**
   demain soir tomorrow night (evening) **29, 31**
   du soir in the evening, p.m. [4]
   hier soir last night **31**
   le soir in the evening
une **soirée** (whole) evening; (evening) party
soixante sixty [3, 5], **AX**
soixante et un sixty-one **AX**
soixante-deux sixty-two **AX**
soixante-dix seventy [5], **AX**
soixante-douze seventy-two **AX**
soixante et onze seventy-one **AX**
soixante-trois sixty-three **AX**
un **soldat** soldier
un **solde** (clearance) sale
   en solde on sale
la **sole** sole (fish) **33**
le **soleil** sun
   les lunettes *f.* **de soleil** sunglasses **25**
sommes (*see* **être**)
   nous sommes . . . it is, today is . . . (date)
son (sa; ses) his, her **24**
un **sondage** poll
une **sorte** sort, type, kind

* **sortir** to leave, come out

un **souhait** wish

la **soupe** soup 33

une **souris** mouse (computer)

    un tapis de souris mousepad

    sous under [17], **R2**

le **sous-sol** basement

    souvent often [15]

    soyez (*see* **être**): **soyez logique** be logical

les **spaghetti** *m.* spaghetti 33

    spécialement especially

    spécialisé specialized

une **spécialité** specialty

le **sport** sports 23, 29

    des vêtements *m.* **de sport** sports clothing 25

    faire du sport to play sports 29

    une voiture de sport sports car 23

    sportif (sportive) athletic [19]

un **stade** stadium 21

un **stage** sports training camp; internship

une **station-service** gas station

un **steak** steak [9]

    un steak-frites small steak and French fries [9]

un **stylo** pen [17]

le **sucre** sugar 33

le **sud** south

    suggérer to suggest

    suis (*see* **être**) (I) am . . . [2]

    je suis + *nationality* I'm *(nationality)*

    je suis de . . . I'm from . . . [2]

la **Suisse** Switzerland

    suisse Swiss [19], **AX**

    suivant following

    suivi followed

un **sujet** subject, topic

    super terrific [15]; great [20], 25

    supérieur superior

un **supermarché** supermarket 21

    supersonique supersonic

    supplémentaire supplementary, extra

    sur on [17], **R2;** about

    sûr sure, certain

    bien sûr! of course! [14]

    oui, bien sûr . . . yes, of course . . . ! [13]

    tu es sûr(e)? are you sure? 24

    sûrement surely

la **surface: une grande surface** big store, self-service store

    surtout especially

un **survêtement** jogging or track suit 25

un **sweat** sweatshirt 25

une **sweaterie** shop specializing in sweatshirts and sportswear

    sympathique nice, pleasant (colloq.) [19], **AX**

une **synagogue** Jewish temple or synagogue

un **synthétiseur** electronic keyboard, synthesizer

T

    t' (see **te**)

    ta your [7], 24

une **table** table [17]

    mettre la table to set the table 33

un **tableau** (*pl.* **tableaux***)* chalkboard

    Tahiti Tahiti (French island in the South Pacific)

une **taille** size

    de taille moyenne of medium height or size

un **tailleur** woman's suit

se **taire: tais-toi!** be quiet!

une **tante** aunt [7], 24

un **tapis de souris** mousepad

la **tarte** pie 33

une **tasse** cup 33

un **taxi** taxi

    en taxi by taxi 22

    te (to) you 35

un **tee-shirt** T-shirt 25

la **télé** TV [17], **AX**

    à la télé on TV

    regarder la télé to watch TV [13]

un **téléphone** telephone [17], **AX**

    téléphoner (à) to call, phone [13, 15], **36, AX**

    télévisé: des jeux *m.* **télévisés** TV game shows

un **temple** Protestant church

le **temps** time; weather

    combien de temps? how long?

    quel temps fait-il? what's (how's) the weather? [12]

le **tennis** tennis 23

    des tennis *m.* tennis shoes, sneakers 25

    jouer au tennis to play tennis [13]

un **terrain de sport** (playing) field

une **terrasse** outdoor section of a café, terrace

la **terre** earth

    une pomme de terre potato 33

    terrifiant terrifying

    tes your 24

la **tête** head **E3**

le **thé** tea [10]

    un thé glacé iced tea 33

un **théâtre** theater 21

le **thon** tuna 33

    tiens! look!, hey! [5, 18]

un **tigre** tiger **E5**

    timide timid, shy [19], **AX**

le **tissu** fabric

un **titre** title

    toi you 23

    avec toi with you [13]

    et toi? and you? [1]

les **toilettes** *f.* bathroom, toilet 21

un **toit** roof

une **tomate** tomato 33

    le jus de tomate tomato juice [10]

un **tombeau** tomb

    ton (ta; tes) your [7], 24

    c'est quand, ton anniversaire? when's your birthday? [8]

    tort: avoir tort to be wrong 30

une **tortue** turtle **E5**

    un bifteck de tortue turtle steak

    toujours always [15]

    je n'aime pas toujours . . . I don't always like . . . [13]

un **tour** turn
    à votre tour it's your turn
la **Touraine** Touraine (province in central France)
le **tourisme: office de tourisme** tourist office
tourner to turn **21**
la **Toussaint** All Saint's Day (November **1**)
tout (toute; tous, toutes) all, every, the whole, completely, very
    pas du tout not at all **23**
    tous les jours every day
    tout ça all that
    tout de suite right away
    tout droit straight **21**
    tout le monde everyone
    tout le temps all the time
    tout près very close
    toutes sortes all sorts, kinds
un **train** train **29**
tranquille quiet
    laisse-moi tranquille! leave me alone! **36**
un **transistor** transistor radio
un **travail** (*pl.* **travaux**) job
travailler to work [13, 15], **AX**
la **traversée** crossing
treize thirteen [2], **AX**
un **tréma** diaeresis
trente et un thirty-one **AX**
trente thirty [3], **AX**
trente-deux thirty-two **AX**
    très bien very well [15]
très very [19]
    ça va très bien things are going very well [3]
    ça va très mal things are going very badly [3]
trois cents three hundred **AX**
trois three [1], **AX**
troisième third **24**; 9th grade in France
trop too, too much **25**
trouver to find, to think of **25**
    comment trouves-tu...? what do you think of . . .? how do you find . . .? **25**
    qui s'y trouve which is there, is located
tu you [14]

la **Tunisie** Tunisia (country in North Africa)

U ▬▬▬▬▬▬▬▬▬

un, une one [1]; a, an [5, 18]
unique only
uniquement only
une **université** university, college
l' **usage** *m.* use
un **ustensile** utensil
utile useful
utiliser to use **C**
    en utilisant (by) using
    utilisez . . . use . . . **C**

V ▬▬▬▬▬▬▬▬▬

va (*see* **aller**)
    ça va! everything's fine (going well); fine, I'm OK [3]
    va-t'en! go away! **22**
    on va dans un café? shall we go to a café?
    on y va let's go
les **vacances** *f.* vacation
    bonnes vacances! have a nice vacation!
    en vacances on vacation [14]
    les grandes vacances summer vacation **29**
une **vache** cow
vais (*see* **aller**): **je vais** I'm going **22**
la **vaisselle** dishes
    faire la vaisselle to do the dishes
valable valid
une **valise** suitcase
vanille: une glace à la vanille vanilla ice cream
varié varied
les **variétés** *f.* variety show
vas (*see* **aller**)
    comment vas-tu? how are you? [3]
    vas-y! come on!, go ahead!, do it! **22**
le **veau** veal **33**
une **vedette** star

un **vélo** bicycle [17], **AX**
    à vélo by bicycle **22**
un **vendeur, une vendeuse** salesperson
vendre to sell **28**
vendredi *m.* Friday [8], **AX**
vendu (*p.p. of* **vendre**) sold **31**
* **venir** to come **23**
le **vent** wind
les **ventes** *f.* sales
le **ventre** stomach **E3**
venu (*p.p. of* **venir**) came, come **32**
vérifier to check
la **vérité** truth
un **verre** glass **33**
verser to pour
vert green [20], **AX**
    les • haricots *m.* **verts** green beans **33**
une **veste** jacket **25**
des **vêtements** *m.* clothing **25**
    des vêtements de sport sports clothing **25**
veut (*see* **vouloir**): **que veut dire . . . ?** what does . . . mean? **B**
    qu'est-ce que tu veux? what do you want? [9]
veux (*see* **vouloir**)
    est-ce que tu veux . . . ? do you want . . . ? [13], **R3**
    je ne veux pas . . . I don't want . . . [13], **R3**
    je veux bien . . . I'd love to, I do, I want to . . . [13], **34**
    je veux . . . I want . . . **R3**, [13], **34**
    tu veux . . . ? do you want . . . ? [9]
la **viande** meat **33**
un **vidéo disque** laserdisc
une **vidéocassette** videocassette **B**
la **vie** life
    la vie quotidienne daily life
viens (*see* **venir**)
    oui, je viens yes, I'm coming along with you
    viens... come . . . **B**
le **Viêt-nam** Vietnam (country in Southeast Asia)

vietnamien (vietnamienne) Vietnamese

vieux (vieil, vieille; *m.pl.* **vieux)** old **27**

    le Vieux Carré the French Quarter in New Orleans

une **vigne** vineyard

un **village** town, village **21**

    un petit village small town **21**

une **ville** city

    en ville downtown, in town, in the city **[14]**

    une grande ville big city, town **21**

le **vin** wine

    vingt twenty **[2, 3], AX**

    vingt et un twenty-one **AX**

    vingt-cinq twenty-five **AX**

    vingt-deux twenty-two **AX**

    vingt-huit twenty-eight **AX**

    vingt-neuf twenty-nine **AX**

    vingt-quatre twenty-four **AX**

    vingt-sept twenty-seven **AX**

    vingt-six twenty-six **AX**

    vingt-trois twenty-three **AX**

un **violon** violin **23**

une **visite** visit

    rendre visite à to visit (a person) **28, 36**

    visiter to visit (places) **[15], 28**

    vite! fast!, quick!

* **vivre** to live

    vive les vacances! three cheers for vacation!

le **vocabulaire** vocabulary

voici . . . here is, this is . . . , here come(s) . . . **[5]**

    voici + du, de la (partitive) here's some **34**

    voici mon père/ma mère here's my father/my mother **[7]**

voilà . . . there is . . . , there come(s) . . . **[5]**

voilà + du, de la (partitive) there's some **34**

la **voile** sailing **29**

    faire de la voile to sail **29**

    la planche à voile windsurfing **29**

* **voir** to see **29, 31**

    voir un film to see a movie **29**

un **voisin, une voisine** neighbor **[17], AX**

une **voiture** car **[17], AX**

    en voiture by car **22**

    faire une promenade en voiture to go for a drive by car **22**

    une voiture de sport sports car **23**

une **voix** voice

le **volley(-ball)** volleyball **23**

    jouer au volley to play volleyball **[13]**

un **volontaire, une volontaire** volunteer

    comme volontaire as a volunteer

vos your **24**

votre *(pl. vos)* your **24**

voudrais (see vouloir): je voudrais I'd like **[9, 10, 13]**

* **vouloir** to want **34**

    vouloir + du, de la (partitive) to want some (of something) **34**

    vouloir dire to mean **34**

voulu *(p.p. of vouloir)* wanted **34**

vous you **[14]; (to) you 35**

    s'il vous plaît please **[10]**

    vous désirez? what would you like? may I help you? **[10], 25**

un **voyage** trip

    bon voyage! have a nice trip!

    faire un voyage to take a trip **[16]**

voyager to travel **[13, 15], AX**

vrai true, right, real **[20]**

vraiment really **23**

vu *(p.p. of voir)* saw, seen **31**

une **vue** view

    un point de vue point of view

W ━━━━━━━━━━

un **walkman** walkman **[17], AX**

les **WC** *m.* toilet

le **Web ("la toile d'araignée")** the World Wide Web

un **weekend** weekend **29, 31**

    bon weekend! have a nice weekend!

    ce weekend this weekend **29, 31**

    le weekend dernier last weekend **31**

    le weekend on weekends

    le weekend prochain next weekend **29, 31**

Y ━━━━━━━━━━

y there

    allons-y! let's go! **22**

    est-ce qu'il y a . . . ? is there . . . ?, are there . . . ? **[17]**

    il y a there is, there are **[17]**

    qu'est-ce qu'il y a? what is there? **[17]**

    vas-y! come on!, go ahead!, do it! **22**

le **yaourt** yogurt **33**

les **yeux** *m.* *(sg. oeil)* eyes **E3**

Z ━━━━━━━━━━

un **zèbre** zebra

zéro zero **[1], AX**

zut! darn! **[3]**

ENGLISH-FRENCH VOCABULARY

VOCABULARY

English-French

The English-French vocabulary contains active and passive words from the text, as well as the important words of the illustrations used within the units. References to active vocabulary introduced in *Discovering French—Première Partie* have been included here in brackets for continuity.

The numbers following an entry indicate the lesson in which the word or phrase is activated. (**R 1, 2** or **3** indicates vocabulary from the **Reprise Unit; C** stands for the list of phrases and expressions that precedes **Niveau C; E** stands for **Entracte,** and **AX** stands for **Appendix.**)

Nouns: If the article of a noun does not indicate gender, the noun is followed by *m.* (*masculine*) or

f. (*feminine*). If the plural (*pl.*) is irregular, it is given in parentheses.

Verbs: Verbs are listed in the infinitive form. An asterisk (*) in front of an active verb means that it is irregular. (For forms, see the verb charts in Appendix 4C.) Words beginning with an **h** are preceded by a bullet (•) if the **h** is aspirate; that is, if the word is treated as if it begins with a consonant sound.

A

a, an un, une [5, 18]
  a few quelques [17]
  a little (bit) un peu [15]
  a lot beaucoup [15]
able: to be able (to) *pouvoir 35
about de 23
  about who(m)? de qui? [16], AX
  about a hundred une centaine
accessories des accessoires *m.* 25
acquainted: to be acquainted with *connaître 36
to **add** ajouter
address une adresse 21
  what's your address? quelle est ton adresse?
advertisement, commercial une publicité
after après 29, 30
  after that ensuite 30
  afterwards après 30
afternoon l'après-midi *m.* 29
  in the afternoon de l'après-midi [4]
  this afternoon cet après-midi 31

  tomorrow afternoon demain après-midi 31
  yesterday afternoon hier après-midi 31
age âge *m.*
to **agree** *être d'accord [14]
airplane un avion 29
  by airplane en avion 29
all tout
  all right d'accord [13]
  not at all pas du tout 23
alone seul 29
  leave me alone! laisse-moi tranquille! 36
also aussi [2, 15]
always toujours [5, 15]
  not always pas toujours [13]
a.m. du matin [4]
am (see to be)
  I am . . . je suis + *nationality* [2]
American américain **AX**, [2], [19]
  I'm American je suis américain(e) [2]
amusing amusant [19]
an un, une [5, 18]
and et [2, 14]
  and you? et toi? [1]
  and this is my mother et voici ma mère [7]

  and you? et toi? [1]
annoying pénible [20]
another un(e) autre
to **answer** répondre (à) 36
  answering machine le répondeur
any des; du, de la, de l', de [18], 34
  not any pas de 34
anybody: not anybody ne . . . personne 32
anyone quelqu'un 32
anything quelque chose 32
  not anything ne . . . rien 32
apartment un appartement 21
  apartment building un immeuble 21
appetizer un • hors-d'oeuvre 33
apple une pomme
  apple juice le jus de pomme [10], 33
appointment un rendez-vous 22
  I have an appointment j'ai un rendez-vous
April avril *m.* [8], **AX**
are (see to be)
  are there? est-ce qu'il y a? [17]
  are you . . .? tu es + *nationality?* [2]

are you acquainted with
. . . ? tu connais . . . ? [6]
there are il y a [17]
these/those/they are ce
sont [20]
arm un bras **E3**
to **arrive** arriver **22**
as . . . as aussi . . . que **27**
to **ask** demander (à) **36;** poser
associated (with) associé
at (the) à [14]; au, à la, à l', aux
22
at . . . o'clock à . . . heures
[14], **AX**
at . . . 's house chez . . . **22**
at home à la maison [14]
at last enfin **30**
at the bottom au bas
at the restaurant au
restaurant [14]
at what time? à quelle
heure? [4, 16], **R3**
at what time is . . . ? à
quelle heure est . . . ? [4], **AX**
I have an appointment at . . .
j'ai un rendez-vous à . . . [4]
athletic sportif (sportive) [19]
to **attend** assister à **29**
attention: to pay attention
*faire attention [16]
August août *m.* [8], **AX**
aunt une tante [7], **24**
automobile une auto, une
voiture [17], **AX**
autumn l' automne *m.* [12], **AX**
avenue une avenue **21**
away: go away! va-t'en! **22**

B

back le dos [E3]
back: to come back rentrer
22, 32; *revenir **23**
in back of derrière [17]
bad mauvais [20]; méchant **AX**
I'm/everything's (very) bad
ça va (très) mal [3]
it's bad (weather) il fait
mauvais [12]
that's bad c'est mal [20]
too bad! dommage! [5]
badly, poorly mal [3, 15]
**things are going (very)
badly** ça va (très) mal [3]
bag un sac [17], **AX**

banana une banane **33**
banknote un billet **28**
baseball le baseball **23**
basketball le basket
(basketball) **23**
bathing suit un maillot de bain
25
bathroom une salle de bains **21**
to **be** *être [14]
to be . . . (years old) *avoir
. . . ans [18]
to be able (to) *pouvoir **35**
to be acquainted with
*connaître **36**
to be active in *faire de +
activity **29**
to be careful *faire attention
[16]
to be cold (people) *avoir
froid **30**
to be cold (weather) il fait
froid [12]
**to be going to (do
something)** *aller + inf. **22**
to be hot (people) *avoir
chaud **30**
to be hungry *avoir faim
[18], **30**
to be lucky *avoir de la
chance **30**
to be named s'appeler
to be present at assister à
29
to be right *avoir raison **30**
to be supposed to *devoir
35
to be thirsty *avoir soif [18],
30
to be warm (people) *avoir
chaud **30, 31**
to be wrong *avoir tort **30**
beach une plage **21**
beans: green beans les
•haricots *m.* verts **33**
beautiful beau (bel, belle; m.pl.
beaux) [17]
it's beautiful (nice) weather
il fait beau [12]
because parce que (parce qu')
[16]
bed un lit [17], **AX**
bedroom une chambre [17], **21**
been été (p.p. of[[en]]*être) **31**
before avant **29, 31**
behind derrière [17], **R2**
below en bas **21;** sous

belt une ceinture **25**
best le (la) meilleur(e) **27**
better meilleur **27**
beverage une boisson [10], **33**
bicycle une bicyclette, un vélo
[17], **AX**
by bicycle à vélo **22**
take a bicycle ride *faire
une promenade à vélo **22**
big grand [17, 20]
bill (money) un billet **28**
birthday un anniversaire [8]
my birthday is (March [2])
mon anniversaire est le (2
mars) [8]
when is your birthday?
c'est quand, ton
anniversaire? [8]
bit: a little bit un peu [5]
black noir(e) [20], **AX**
blond blond [17], **AX**
blouse un chemisier **25**
blue bleu(e) [20], **AX**
boat un bateau *(pl.* bateaux*)* **29**
book un livre [B, 17], **AX**
bookbag un sac **AX**
boombox une radiocassette
[17], **AX**
boots des bottes f. **25**
bothersome pénible [20]
boulevard un boulevard **21**
boutique une boutique **25**
boy un garçon [5, 6], **AX**
boyfriend un petit copain
brand une marque
bread le pain **33**
breakfast le petit déjeuner **33**
to have breakfast prendre le
petit déjeuner **33**
to **bring (a person)** amener **26;**
(things) apporter **35**
**to bring something to
someone** apporter quelque
chose à quelqu'un **35**
brother un frère [7], **24**
brown brun [17], **AX;** marron
(inv.) [20]
building: apartment building
un immeuble **21**
bus un bus, l'autobus *m.*
by bus en bus **22**
touring bus un autocar, un
car **29**
but mais [13, 14]
butter le beurre **33**
to **buy** acheter **25, 26**

to buy (some) acheter + du, de la (partitive) **34**

by à; en

by airplane, plane en avion **29**

by bicycle à vélo **22**

by bus en bus **22**

by car en voiture **22**

by oneself seul(e) **29**

by subway en métro **22**

by taxi en taxi **22**

by train en train **22**

by using en utilisant

C

café un café [14]

at (to) the café au café [14]

cafeteria: school cafeteria la cantine de l'école **33**

cake un gâteau *(pl.* gâteaux*)* **33**

calculator une calculatrice [17]

to call téléphoner [15]

came venu (p.p. of *venir) **32**

camera un appareil-photo *(pl.* appareils-photo*)* [17], **AX**

camping le camping **29**

to camp (go camping) *faire du camping **29**

can *pouvoir **35**

can you . . . est-ce que tu peux . . .? [13], **R3**

I can't je ne peux pas [13]

Canada le Canada

Canadian canadien (canadienne) [2, 19], **AX**

he's/she's (Canadian) il/elle est (canadien/ canadienne) [6]

cannot: I cannot je ne peux pas [13]

I'm sorry, but I cannot je regrette, mais je ne peux pas [13]

car une auto, une voiture [17], **AX**

by car en voiture **22**

card une carte

(playing) cards des cartes *f.* **23**

careful: to be careful *faire attention [16]

carrot une carotte **33**

cassette (tape) une cassette [17], **AX**

cassette recorder un magnétophone [17]

cat un chat [7], **AX**

CD-ROM un disque optique; un CD-ROM

cereal les céréales *f.* **33**

chair une chaise [17], **AX**

chalk la craie

piece of chalk un morceau de craie

chalkboard un tableau *(pl.* tableaux*)*

chance l'occasion *f.*

checkers les dames *f.* **23**

cheese le fromage **33**

cheese sandwich un sandwich au fromage

cherry une cerise **33**

chess les échecs *m.* **23**

chestnut brown marron *(inv.)* **AX**

chicken le poulet **33**

child un (une) enfant **24**

children des enfants *m.* **24**

Chinese chinois [19], **AX**

chocolate: hot chocolate un chocolat [10]

choice un choix

to choose choisir **27**

chose, chosen choisi (p.p. of choisir) **31**

Christmas le Noël **29**

at Christmas à Noël **29**

church une église **21**

cinema le cinéma [14]

to the cinema au cinéma [14]

city: in the city en ville [14], **21**

clarinet une clarinette **23**

class une classe [14]

in class en classe [14]

classmate un (une) camarade [17]

classmate un(e) camarade **AX**

to clean nettoyer **29**

clothing des vêtements *m.* **25**

sports clothing des vêtements *m.* de sport **25**

coffee le café [10]

coin une pièce **28**

cold le froid

it's cold (weather) il fait froid [12]

to be (feel) cold *avoir froid **30**

college student un(e) étudiant(e) [17], **AX**

color une couleur [20]

what color? de quelle couleur? [20]

to come arriver **22**; *venir **23**

come on! vas-y! **22**

here comes . . . voici . . . [5]

to come back rentrer **22, 32**; *revenir **23**

to come to visit rendre visite à **28, 36**

comfortable confortable **21**

comic, cartoon une bande dessinée

compact disc un compact (disque), un CD [17], **AX**

compact disc player un lecteur de compact disque

computer un ordinateur [17], **AX**

computer games les jeux *m.* électroniques

concerning, as pertains to en ce qui concerne

concert un concert **22**

contents: the contents (of) le contenu

to continue continuer **21**

convention, gathering un congrès **R**

cooking la cuisine **33**

cool: it's cool (weather) il fait frais [12]

cost le coût **25**

to cost coûter

how much does . . . cost? combien coûte . . . ? [11], **25**

it costs . . . il/elle coûte . . . [11]

to count compter

country(side) la campagne **29**

to (in) the country(side) à la campagne **29**

course: of course! bien sûr! [13] ; mais oui! [14]

of course not! mais non! [14]

cousin un cousin, une cousine [7], **24**

crepe (pancake) une crêpe [9]

crescent roll un croissant [9]

crossing la traversée

cuisine la cuisine **33**

cup une tasse **33**

cute mignon (mignonne) [19], **AX**

D

to dance danser [13, 15], **AX**
dark-haired brun [17]
darn! zut! [3]
date la date **AX**; un rendez-vous 22
    I have a date at . . . j'ai un rendez-vous à . . . [4]
    what's the date? quelle est la date? [8]
daughter une fille 24
day un jour [8], 29
    whole day une journée
    days of the week les jours de la semaine **AX**
    the day before yesterday avant-hier
    what day is it? quel jour est-ce? [8]
dear cher (chère) 25
December décembre *m.* [8] **AX**
department store un grand magasin 25
depend: it depends (on) ça dépend (des)
to describe *décrire **C**
    describe . . . décrivez . . . **C**
desk un bureau [17], **AX**
dessert le dessert 33
detective: a detective movie un film policier
to detest détester 33
    did fait (*p.p. of* *faire) 31
difficult difficile [20]
dining room une salle à manger 21
dinner le dîner 33
    to have (eat) dinner dîner [15], 33
    to have dinner at a restaurant dîner au restaurant [13]
director une directrice (un directeur)
to discover découvrir
    dish (course of a meal) un plat 33
to do, to make *faire [16], **AX**
    do it! vas-y! 22
    do you have to . . . ? est-ce que tu dois . . . ? **R3**
    do you like . . . ? est-ce que tu aimes . . . ?
    do you want . . . ? est-ce que tu veux . . . ? **R3**; tu veux . . . ? [9]

I do je veux bien 34
    to do + activity *faire de + *activity* 29
    to do my homework *faire mes devoirs 29
dog un chien [7], **AX**
door une porte [17], **AX**
done fait (*p.p. of* *faire) 31
downstairs en bas 21
downtown, in town, in the city en ville [14]
dozen une douzaine 33
dress une robe 25
dressed habillé(e)
drink une boisson [10], 33
to drink *boire 34
    drive: to take a drive *faire une promenade en voiture 22
drums une batterie 23
dumb bête [19]
during pendant 29

E

e-mail e-mail, le courrier électronique
    e-mail address l'adresse *f.* électronique
ear une oreille [E3]
to earn gagner 28
Easter Pâques *m.* 29
    at Easter à Pâques 29
easy facile [20]
to eat manger [15], **AX**
    I like to eat j'aime manger [13]
    to eat breakfast *prendre le petit déjeuner 33
    to eat dinner dîner [15], 33
    to eat lunch déjeuner 33
    to eat (some) manger + du, de la (*partitive*) 34
egg un oeuf 33
eight • huit [1], **AX**
eighteen dix-huit [2], **AX**
eighth • huitième 24
eighty quatre-vingts [6], **AX**
eighty-eight quatre-vingt-huit **AX**
eighty-one quatre-vingt-un **AX**
eighty-two quatre-vingt-deux **AX**
elegant élégant 25
elephant un éléphant [E5]
eleven onze [2, 11]
eleventh onzième 24
end, goal le but
English anglais(e) [2, 19], **AX**

errand: to run errands *faire les courses 33
euro un euro
evening un soir 29; une soirée
    in the evening du soir [4]
    this evening ce soir 31
    tomorrow evening demain soir 29, 31
everything: everything's (going) so-so ça va comme ci, comme ça [3]
    everything's fine (going well); fine, I'm OK ça va! [3]
    everything's going very well, everything's fine (going well) ça va (très) bien, ça va bien [3]
    how's everything? ça va? [3]
exam un examen
    to pass an exam réussir à un examen 27
excuse me excusez-moi 21
    excuse me (please) plaît: s'il te plaît (*informal*) [9]; excuse me (please) s'il vous plaît (*formal*) [10]
expense une dépense
expensive cher (chère) 25
to explain expliquer **C**
eye un oeil (*pl.* yeux) [E3]

F

fabric un tissu
fair juste
fall l'automne *m.* [12]
    in (the) fall en automne [12]
false faux (fausse) [20]
family une famille [7], 24
far (from) loin (de) 21
fashion la mode
    fashion designer une couturière (un couturier)
    in fashion (fashionable) à la mode 25
fat: to get fat grossir 27
father un père 24
    this is my father voici mon père [7]
to fax faxer
    fax machine un fax, un télécopieur
February février *m.* [8], **AX**
to feel like *avoir envie de + inf. 28
few: a few quelques [17]
fifteen quinze [2], **AX**

fifth cinquième **24**
fifty cinquante [3], **AX**
fifty-nine cinquante-neuf **AX**
fifty-one cinquante et un **AX**
film un film **22, 29**
filmmaker un(e) cinéaste
finally finalement **30**
to **find** trouver **25**
fine ça va [3]; fine! d'accord [13]
    everything's fine ça va bien [3]
    that's fine c'est bien [20]
to **finish** finir **27**
    finished fini (*p.p. of* **finir**) **31**
    first d'abord **30**; premier (première) **24**
    tomorrow is July first demain c'est le premier juillet
fish un poisson **33**
five cinq [1]
to **fix** réparer **29**
flat tire une crevaison
floppy disc une disquette
flour la farine
flute une flûte **23**
to **fold** plier
folksong une chanson folklorique
food la nourriture **33**
foot un pied **E3**
    on foot à pied **22**
for: for who(m)? pour qui? [16]
fork une fourchette **33**
fortunately heureusement
forty quarante [3], **AX**
forty-one quarante et un **AX**
forty-six quarante-six **AX**
four quatre [1], **AX**
four hundred quatre cents **AX**
fourteen quatorze [2], **AX**
fourth quatrième **24**
franc (former monetary unit of France) un franc **11**
    that's (it's) . . . francs ça fait . . . francs [11]
France la France [14]
    in France en France [14]
French français(e) [2, 19], **AX**
    how do you say . . . in French? comment dit-on . . . en français? [B]
    French fries des frites *f.* **33**
    French-speaking

francophone
    steak and French fries un steak-frites [9]
Friday vendredi *m.* [8], **AX**
friend un copain, une copine [5], **AX**; un(e) ami(e) [5], **AX**
    girlfriend, boyfriend une petite copine, un petit copain
    school friend un (une) camarade [17]
from (the) de [14]; du, de la, de l', des **23**
    are you from . . .? tu es de . . .? [2]
    from Brittany breton(ne)
    from time to time de temps en temps
    from where? d'où? **23**
    I'm from . . . je suis de . . . [2]
front: in front of devant [17]
fruit(s) des fruits *m.* **33**
fun, funny marrant(e); amusant [19]; drôle [20]

G

to **gain weight** grossir **27**
game un match [16]; un jeu (*pl.* jeux) **23**
    computer games les jeux *m.* électroniques
    to play a game jouer un jeu; *faire un match [16]
garage un garage **21**
    in the garage dans le garage **AX**
garden un jardin **21**
generally généralement
gentleman, man (polite term) un monsieur (*pl.* messieurs) [5]
to **get**
    to get fat grossir **27**
    to get thin maigrir **27**
girl une fille [5], **AX**
girlfriend une petite copine
to **give (to)** donner (à) **35, 36**
give me . . . donne-moi, donnez-moi . . . [9, 10]
    please give me s'il te plaît, donne-moi [10]

glass un verre **33**
glasses des lunettes *f.* **25**
    sunglasses des lunettes *f.* de soleil **25**
to **go** *aller **22**
    go ahead! vas-y! **22**
    go away! va-t'en! **22**
    to go (come) back rentrer **22, 32**; *revenir **23**
    to go by bicycle *aller en vélo **22**
    to go by car, by train . . . *aller en auto, en train . . . **22**
    to go camping *faire du camping **29**
    to go food shopping *faire les courses **33**
    to go for a walk faire une promenade **AX**
    to go mountain climbing *faire de l'alpinisme **29**
    to go shopping *faire des achats **29**
    to go to assister à **29**
golden, golden brown doré(e)
gone allé(e) (*p.p. of* *aller) **32**
good bon (bonne) [20]
    good-bye! au revoir! salut! [3]
    good-looking beau (bel, belle; *m.pl.* beaux) [17, 20], **27**
    good morning (afternoon) bonjour [1]
    that's good c'est bien [20]
    the weather's good (pleasant) il fait bon [12]
grandfather un grand-père [7], **24**
grandmother une grand-mère [7], **24**
grandparents les grands-parents *m.* **24**
grape juice le jus de raisin [10]
grapefruit un pamplemousse **33**
great chouette, super **25**
green vert(e) [20] **AX**
    green beans les • haricots *(m.)* verts **33**
grid une grille
great chouette, super [20]
green vert [20]
grey gris(e) [20], **AX**
guitar une guitare [17], **23**

H

had eu (p.p. of *avoir) **31**

hair les cheveux *m.* [E3], **23**

half demi(e)

  half past . . . . . . heure(s) et demie [4], **AX**

  half past midnight minuit *m.* et demi [4], **AX**

  half past noon midi *m.* et demi [4], **AX**

ham le jambon **33**

hamburger un hamburger [9]

hand une main [E3]

handbag un sac [17]

handsome beau (bel, belle; *m. pl.* beaux) [17, 20], **27**

happiness le bonheur

hard, difficult difficile [20]

hard drive (computer) le disque dur

hat un chapeau *(pl.* chapeaux) **25**

to hate, detest détester **33**

to have (some) *avoir [18]

  *avoir + du, de la *(partitive);* *prendre + du, de la *(partitive)* **34**

  do you have . . .? est-ce que tu as . . .? [17]

  I have j'ai [17]

  I have to (must) je dois [13]

  to have a picnic *faire un pique-nique **29**

  to have breakfast *prendre le petit déjeuner **33**

  to have dinner, supper dîner **33**

  to have dinner at a restaurant dîner au restaurant [13]

  to have to *avoir besoin de + *inf.* **28**; *devoir **35**

  to have (food) *prendre **34**

he il [11, 14, 18]; lui **23**

  he/she is . . . *(nationality)* il/elle est + *nationality* [6]

  he/she is . . . (years old) il/elle a . . . ans **R1**

  he/she has dark hair il/elle est brun(e) [17]

  he/she is blond il/elle est blond(e) [17]

  he/she is short il/elle est petit(e) [17]

head la tête [E3]

headphones un casque

to hear entendre **28**

to heat chauffer

hello bonjour [1, 3]

to help aider **29, 35**

  may I help you? vous désirez? [10], **25**

her elle **23**; son, sa; ses **24**; la **36**

  her name is . . . elle s'appelle . . . [6]

  (to) her lui **36**

  what's her name? comment s'appelle-t-elle? [17]

here ici [14]

  here is, this is . . . , here come(s) . . . voici . . . [5]

  here, there là [14]

  here's my father/my mother voici mon père/ma mère [7]

  here's some voici + du, de la *(partitive)* **34**

  this . . . (over here) ce . . . -ci **26**

hey! dis! [20]; tiens! [5, 18]

  hey there! dis donc! [20]

hi!, good-bye! salut [3]

high school student un(e) élève [17], **AX**

him lui **23**; le **36**

  (to) him lui **36**

his son, sa; ses **24**

  his/her name is . . . il/elle s'appelle . . . [6], **R1**

  what's his name? comment s'appelle-t-il? [17]

home, at home à la maison [14], **AX**; chez (moi, toi . . .) **23**

homework les devoirs *m.* **29**

  homework assignment un devoir

  to do my homework *faire mes devoirs **29**

to hope espérer **26**

horse un cheval *(pl.* chevaux) [E5]

hospital un hôpital **21**

hot chaud [12], **31**; épicé(e) (spicy food)

  to be hot (people) *avoir chaud **30**

hot chocolate un chocolat [10]

hot dog un • hot dog [9]

hotel un hôtel **21**

house une maison **21**

  at someone's house chez + *person* **22**

how? comment? [16]

  how are you? (formal) comment allez-vous? [3]

  how are you? (informal) comment vas-tu? [3]

  how do you find . . . ? comment trouves-tu . . . ? **25**

  how do you say . . . in French? comment dit-on . . . en français?

  how much does . . . cost? combien coûte . . .? [11]

  how much is that/this/it? c'est combien?, ça fait combien? [11]

  how old are you? quel âge as-tu? [7], **R1**

  how old is he/she? quel âge a-t-il/elle? [17], **R1**

  how well? comment? how? **R3**

  how's everything? how are you? ça va? [3]

  how's the weather? quel temps fait-il? [12]

  to learn how to *apprendre à **34**

how much? combien (de)? **28**

  how much does . . . cost? combien coûte . . . ? **25**

  how much is that (it)? that (it) is . . . ça fait combien? ça fait . . . [11]; c'est combien? [11]

hundred cent [6], **25**

hungry: to be hungry avoir faim [9, 18], **30**

  are you hungry? tu as faim? [9]

  I'm hungry j'ai faim [9]

husband un mari **24**

I

I je; moi [14], **23**

  I can je peux . . . **R3**

  I cannot je ne peux pas . . . **R3**

  I do not want . . . je ne veux pas . . . **R3**

  I don't know je ne sais pas **B**

  I don't always like . . . je n'aime pas toujours . . . [13]

  I don't know je ne sais pas [17]

I don't like . . . je n'aime pas . . . **R3**

I don't want . . . je ne veux pas . . . [13]

I have a date, appointment at . . . j'ai un rendez-vous à . . . [4]

I have to, I must je dois . . . **R3**

I know je sais [17], **36**

I like j'aime . . .

I like to swim j'aime nager [13]

I prefer . . . je préfère . . . **R3**

I want je veux . . . **R3**

I'd love to, I do, I want to . . . je veux bien . . . [13], **34**

I'm je suis (see être) . . . [2]

I'm . . . **(years old)** j'ai . . . ans **R1**

I'm fine/okay ça va [3]

I'm from . . . je suis de . . . [2]

I'm sorry, but . . . je regrette, mais . . . [13]

I'm sorry, but I can't . . . je regrette, mais je ne peux pas . . . [13]

I'm (very) well/so-so/(very) bad ça va (très) bien/comme ci, comme ça/(très) mal [3]

ice la glace [9], **33**

    ice cream une glace [9]

ice cream une glace **33**

iced tea un thé glacé **33**

idea une idée **28**

if si **C**

impressive impressionnant

in à [14], **22;** dans [17]; **in (the)** au, à la, à l', aux **22**

    in (Boston) à (Boston) [14]

    in class en classe [14]

    in France en France [14]

    in front of devant [17], **R2**

    in order to pour **29**

    in style à la mode

    in the afternoon de l'après-midi [4]

    in the morning/evening du matin/soir [4]

    in the spring au printemps [12]

    in town en ville [14]

in your opinion à votre avis

to **indicate** indiquer **C**

inexpensive bon marché *(inv.)* **25**

information highway l'autoroute *f.* de l'information, l'Inforoute, le Cyberespace

ingredient un ingrédient **33**

instrument un instrument **23**

    to play a musical instrument jouer de + instrument **23**

intelligent intelligent **33**

interactive interactif (interactive)

interesting intéressant [19] **AX**

internal CD-ROM drive un lecteur optique interne

Internet Internet, le Net

to **invite** inviter [5, 15]

is (*see to be*, **être**)

    is there, are there . . . ? est-ce qu'il y a . . . ? [17], **R2**

    isn't it (so)? n'est-ce pas? [14]

    there is il y a [17]

    there is (some) il y a + du, de la *(partitive)* **34**

island une île

it il, elle [14, 18]; le, la **36**

    it's (that's) a good idea c'est une bonne idée **28**

    it (doesn't) work(s) well il/elle (ne) marche (pas) bien [17]

    it costs . . . il (elle) coûte . . . [11]

    what time is it? quelle heure est-il? [4]

    who is it? qui est-ce? [5, 17]

    it's . . . **(it is** . . . **)** c'est + *name or noun* [5, 17, 20]

    it's . . . c'est . . . [5]

    it's . . . c'est + *day of the week* [8]

    it's . . . **o'clock** il est . . . heure(s) [4]

    it's noontime il est midi **AX**

    it's (that's) not ce n'est pas [20]

    it's . . . **francs** ça fait . . . francs [11]

    it's bad (weather) il fait mauvais [12], **AX**

    it's cold/bad (weather) il fait froid/ mauvais [12]

    it's cool (weather) il fait frais [12]

    it's June first c'est le premier juin [8]

    it's midnight il est minuit **AX**

    it's nice out (weather) il fait beau **AX**

    it's not . . . ce n'est pas . . . [20]

    it's one o'clock il est une heure **AX**

    it's raining il pleut [12], **AX**

    it's snowing il neige [12], **AX**

    it's twenty minutes past ten il est dix heures vingt **AX**

its son, sa; ses **24**

Italian italien, italienne [19], **AX**

J

jacket un blouson, une veste **25**

jam la confiture **33**

January janvier *m.* [8], **AX**

Japanese japonais(e) [19], **AX**

jeans: pair of jeans un jean **25**

job travail

to **jog** *faire du jogging **29**

jogging le jogging **29**

    jogging suit un jogging, un survêtement **25**

juice le jus

    apple juice le jus de pomme [10], **33**

    grape juice le jus de raisin [10]

    orange juice le jus d'orange [10], **33**

    tomato juice le jus de tomate [10]

July juillet *m.* [8], **AX**

June juin *m.* [8], **AX**

K

ketchup le ketchup **33**

keyboard un clavier **23**

kilogram un kilo (de) **33**

kind gentil (gentille) [19]

kitchen une cuisine **21**

knife un couteau (*pl.* couteaux) **33**

to **know** *connaître **36**

    do you know . . . ? tu connais . . . ? [6]

I (don't) know je (ne) sais (pas) [17], **36**
you know tu sais **36**

L

lady une dame [5], **AX**
to **land** débarquer
large grand [17, 20]
laserdisc un CD vidéo
laserdisc player un lecteur de CD vidéo
last dernier (dernière) **31**
    last month le mois dernier **31**
    last night hier soir **31**
    last Saturday samedi dernier **31**
    at last enfin **30**
to **learn (how to)** *apprendre (à) + inf. **34**
left gauche
    on (to) the left à gauche **21**
leg une jambe [E3]
leisure activity un loisir
lemon soda une limonade [10]
to **lend** prêter (à) **35, 36**
    lend me . . . prête-moi . . . [11]
less . . . than moins . . . que **27**
let's go! allons-y! **22**
let's get to know each other faisons connaissance
lettuce la salade **33**
library une bibliothèque **21**
life la vie
to **like** aimer [5], désirer
    do you like? est-ce que tu aimes? [13]
    I also like j'aime aussi [13]
    I don't always like je n'aime pas toujours [13]
    I don't like je n'aime pas [13]
    I like j'aime [13]
    I like . . ., but I prefer . . . j'aime . . ., mais je préfère . . . [13]
    I'd like je voudrais [9, 10, 13]
    what does he/she look like? comment est-il/elle? [17]
    what's he/she like? comment est-il/elle? [17]
    what would you like? vous désirez? [10], **25**

(you) would like aimeriez
to **listen (to)** écouter [5]
    to listen to cassettes écouter des cassettes **29**
    to listen to the radio écouter la radio [13], **AX**
    to listen to the teacher écouter le professeur **AX**
little petit [17, 20], **25**
    a little, a little bit un peu [15]
to **live** habiter [5]
    to live in habiter à **AX**
living room (formal) un salon **21**
to **loan** prêter (à) **35, 36**
local local (-aux, ales)
located: which is located qui s'y trouve
long long (longue) **25**
to **look (at)** regarder [15], **AX**
    look! tiens! [5, 18]
    look at that regarde ça [17]
    to look at a magazine regarder un magazine **AX**
    what does he/she look like? comment est-il/elle? [17]
to **look (for)** chercher **25**
    I'm looking for . . . je cherche . . . **25**
to **lose** perdre **28**
to **lose weight** maigrir **27**
    lot: a lot beaucoup [15]
to **love: I'd love to** je veux bien [13]
    luck la chance **30**
    to be lucky *avoir de la chance **30**
    lunch le déjeuner **33**
    to have (eat) lunch déjeuner **33**

M

made fait (*p.p.* of *faire) **31**
to **make** *faire [16]
man un homme [17]; un monsieur (*polite term*) [5], **AX**
many beaucoup (de) [5]
    how many combien de **28**
map une carte
March mars *m.* [8], **AX**
to **match** faire correspondre

match un match [16]
    to play a match *faire un match [16]
May mai *m.* [8], **AX**
may *pouvoir **35**
maybe peut-être [14]
mayonnaise la mayonnaise **33**
me moi [1], **35**
    (to) me me, moi **35**
    excuse me pardon **21, 25**
meal un repas **33**
to **mean** *vouloir dire **34**
    what does . . . mean? que veut dire . . .? [B]
mean, nasty méchant [19], **AX**
to **mean** vouloir dire
meat la viande **33**
to **meet** rencontrer **29**
    to meet for the first time *connaître (in passé composé) **36**
Mexican mexicain(e) [19], **AX**
midnight minuit *m.* [4]
milk le lait **33**
mineral water l'eau *f.* minérale **33**
Miss Mademoiselle (Mlle) [3]
mistake une erreur
to **mix** mélanger
modern moderne **21**
Monday lundi *m.* [8], **AX**
money l'argent *m.* **29**
monk un moine
Monopoly le Monopoly **23**
month un mois [8], **27**
    last month le mois dernier **31**
    months of the year les mois de l'année **AX**
    next month le mois prochain **31**
    this month ce mois-ci **31**
moped une mob(ylette) [17], **AX**
    more . . . than plus . . . que **27**
more plus
morning le matin **29**
    good morning bonjour [1]
    in the morning du matin [4]
    this morning ce matin **29**
    tomorrow morning demain matin **31**
    yesterday morning hier matin **31**
mother une mère [7], **24**

this is my mother voici ma mère [7]

motorbike une mob (mobylette) [17], **AX**

motorcycle une moto [17], **AX**

motorscooter un scooter [17], **AX**

mountain une montagne **29**

  to (at/in) the mountain(s) à la montagne **29**

  to do mountain climbing *faire de l'alpinisme *m.* **29**

mouse une souris **B**

  mousepad un tapis de souris

mouth une bouche [E3]

movie un film **22, 29**

movie theater le cinéma [14], **21**

  at (to) the movies au cinéma [14]

Mr. (Mister) M. (Monsieur) [3]

Mrs. (Ma'am) Mme (Madame) [3]

much, very much, many, a lot beaucoup (de) [15]

much: how much? combien? **28**

  how much does . . . cost? combien coûte . . . ?; ça fait combien?; c'est combien?[11], **25**

  too much trop **25**

  very much beaucoup [5]

multi-cultural multiculturel

museum un musée **21**

music la musique **23**

must *devoir **35**

  I must je dois [13]

my mon, ma; mes [7], **24**

  my bedroom ma chambre **AX**

  my birthday is (March 2nd) mon anniversaire est le (2 mars) [8], **AX**

  my name is . . . je m'appelle . . . [1], **R1**

name: his/her name is . . . il/elle s'appelle . . . [6]

my name is . . . je m'appelle . . . [1]

what's . . .'s name? comment s'appelle . . .? [6]

what's his/her name? comment s'appelle-t-il/elle? [17]

what's your name? comment t'appelles-tu? [1]

napkin une serviette **33**

nasty méchant [19]

nationality la nationalité [2], **AX**

Native American amérindien(ne)

nearby près **21**

to **navigate** naviguer

neck le cou [E3]

to **need** *avoir besoin de **28**

neighbor un(e) voisin(e) [17], **AX**

neighborhood un quartier **21**

  a nice neighborhood un joli quartier **21**

neither non plus

network un réseau

never ne . . . jamais **32**

new nouveau (nouvel, nouvelle; *m.pl.* nouveaux) **27**

next prochain **29, 31**

  next week la semaine prochaine **31**

nice, kind sympathique; gentil (gentille) [19], **AX**

  it's nice (beautiful) weather il fait beau [12]

  nicer than plus gentil que

night la nuit, le soir

  last night hier soir **31**

  tomorrow night demain soir [4]

nine neuf [1], **AX**

nineteen dix-neuf [2], **AX**

ninety quatre-vingt-dix [6], **AX**

ninety-one quatre-vingt-onze **AX**

ninety-two quatre-vingt-douze **AX**

ninth neuvième **24**

ninth grade troisième: en troisième

no non [2, 14]

  no . . . pas de [18], **34**

  no other aucun(e)

  no? n'est-ce pas? [14]

nobody ne . . . personne, personne **32**

no! non! [14]

noon midi *m.* [4]

nose le nez [E3]

not ne . . . pas [14]

  it's (that's) not ce n'est pas [20]

not a, not any pas de [18], **34**

not always pas toujours [13]

not anybody ne . . . personne **32**

not anything ne . . . rien **32**

not at all pas du tout **23**

not ne . . . pas [14]

not smart, stupid, silly bête **AX**

of course not! mais non!

notebook un cahier

nothing ne . . . rien, rien **32**

November novembre *m.* [8], **AX**

now maintenant [15], **31**

numbers les nombres *m.* **AX**

o'clock heure(s)

  at . . . o'clock à . . . heures [4]

it's . . . o'clock il est . . . heure(s) [4]

object un objet [17], **AX**

ocean la mer **29**; l'océan *m.*

  to (at) the oceanside à la mer **29**

October octobre *m.* [8], **AX**

of de [14]

  of (the) (partitive) du, de la, de l', des **23**

  of course not! mais non! [14]

  of course! bien sûr! [14]

  of whom? de qui? [16]

office: tourist office office *m.* de tourisme

often souvent [5, 15]

oh? really? ah bon?[16]

oil l'huile *f.*

okay, all right d'accord [13]

  I'm okay ça va [3]

old vieux (vieil, vieille; *m.pl.* vieux) **27**

  he/she is . . . (years old) il/elle a . . . ans [7]

  how old are you? quel âge as-tu? [7]

  how old is he/she? quel âge a-t-il/elle? [17]

  how old is your father/mother? quel âge a ton père/ta mère? [7]

  I'm . . . (years old) j'ai . . . ans [7]

to be . . . (years old) *avoir
. . . ans [18]
omelet une omelette[9]
on sur [17], R2
on foot à pied 22
on Mondays le lundi [18]
on Saturdays le samedi [18]
on the spit à la broche
on the average en moyenne
on vacation en vacances [14]
one un, une 1; (we, they,
people) on 28
one quarter un quart
one hundred cent AX
one hundred one cent un AX
one hundred ten cent dix AX
oneself: by oneself seul 29
only seul(ement) 29
to open *ouvrir
open . . . ouvre . . . (ouvrez
. . .)
opinion un avis
in my opinion à mon avis 27
or ou [2, 14]
orange une orange, orange
(color) (inv.) [20], 33
orange juice le jus d'orange
[10], 33
order: in order to pour 29
to organize organiser [15], AX
to organize a party
organiser une boum AX
other autre 33
other people d'autres
personnes AX
our notre; nos 24
out of style démodé 25
outside: outside of en dehors de
outward: outward appearance
la présentation extérieure
over: over (at) . . . 's house
chez . . . 23
over there là-bas [14]
that (one), over there ça, là-
bas [17]
overcoat un manteau (pl.
manteaux) 25
to own *avoir [18]

P ▬▬▬▬▬

pain: a pain pénible [20]
pants un pantalon 25
pantyhose des collants m. 25
paper le papier
sheet of paper une feuille de

papier
parade un défilé
parents les parents m. 24
park un parc 21
party (informal) une fête, une
soirée, une boum 22
to pass a test (an exam) réussir à
un examen 27
past: half past . . . . . . heure(s)
et demie [4]
quarter past . . . heure(s) et
quart [4]
to pay (for) payer 28
to pay attention faire*
attention [16], AX
pear une poire 33
peas les petits pois m. 33
pen un stylo AX
pen un stylo [17]
pencil un crayon [17]
people des gens m. [18], AX; on
28
people who like to use the
Internet les internautes, les
cybernautes
perhaps, maybe peut-être [14]
person une personne [5, 17]
personality la personnalité AX
pet un animal (pl. animaux)
domestique [7], AX
to phone, call téléphoner [15];
appeler AX
physical description la
description physique AX
piano un piano 23
picnic un pique-nique 22
to have a picnic *faire un
pique-nique 29
pie une tarte 33
piece: piece of chalk un
morceau de craie
pinch une pincée
ping-pong le ping-pong 23
pink rose [20]
pizza une pizza [9]
to place *mettre 26
place setting un couvert 33
place un endroit 22
placed mis (p.p. of *mettre) 31
plain moche 25
plane un avion 29
by plane en avion 29
plate une assiette 33
to play jouer [15]
to play a game (match)
*faire un match [16], AX;

jouer à + game 23
to play a musical instrument
jouer de + instrument 23
to play basketball (soccer,
tennis, volleyball) jouer au
basket (au foot, au tennis, au
volley) [13]
pleasant sympathique [19]
it's pleasant (good) weather
il fait bon [12]
please s'il vous plaît (formal)
[10]; s'il te plaît (informal)
[9]
please, give me . . . s'il te
(vous) plaît, donne-moi . . .
[10]
p.m. du soir [4]
pocket calculator une
calculatrice AX
polo shirt un polo 25
pool: swimming pool une
piscine 21
poor pauvre 28
poorly mal [3]
popular à la mode 25
poster une affiche [17]
potato une pomme de terre 33
pound une livre (de) 33
to pour verser
to prefer préférer 26, 33
I prefer je préfère + inf. [13]
I like . . ., but I prefer . . .
j'aime . . ., mais je préfère . . .
[13]
to prepare préparer 29
pretty, beautiful beau (belle)*
AX; joli(e) [17], 25
price un prix 25
what's the price? quel est le
prix? 25
printer une imprimante
product un produit
professor, teacher (informal)
un(e) prof; (formal) un(e)
professeur [5, 17], AX
pullover un pull 25
pupil un (une) élève [17]
to purchase acheter 29
to put (on) *mettre 26

Q ▬▬▬▬▬

quantity une quantité 33
quarter un quart
quarter of . . . . . . heure(s)
moins le quart [4], AX

quarter past . . . . . . heure(s) et quart [4], **AX**

R

rabbit un lapin
racket une raquette [17], **AX**
radio une radio [17], **AX**
  to listen to the radio écouter la radio [13]
rain: it's raining il pleut [12]
raincoat un imper (imperméable) **25**
rarely, seldom rarement [15]
rather, enough assez [19]
really?! vraiment?! **23**
  oh, really? ah bon? [16]
reasonable avantageux (avantageuse)
recipe une recette
record un disque [17], **AX**
red rouge [20], **AX**
relationship un rapport
relatives les parents *m.* **24**
to repaint repeindre
to repair réparer **29**
to respond répondre **36**
restaurant un restaurant **21**
  at (to) the restaurant au restaurant [14]
  to have dinner at a restaurant dîner au restaurant [13]
to return rentrer **32**; *revenir **23**
rice le riz **33**
rich riche **28**
ride: to take a bicycle ride *faire une promenade à vélo **22**
right vrai [20]; droite
  all right d'accord [13]
  to be right *avoir raison **30**
  right?, no?, isn't it (so)?, don't you?, aren't you? n'est-ce pas? [14]
  to (on) the right à droite **21**
to roast rôtir
roast beef le rosbif **33**
to roll rouler
room une chambre [17]; une salle **21**
  bathroom une salle de bains **21**

dining room une salle à manger **21**
formal living room un salon **21**
rose, pink rose **AX**
to run (referring to objects) marcher [17]

S

sailing la voile **29**
salad une salade [9], **33**
salami le saucisson **33**
sale solde *m.*
sales les ventes *f.*
salt le sel **33**
same: the same things les mêmes choses
sandal une sandale **25**
sandwich un sandwich [9], **AX**
Saturday samedi *m.* [8], **31**
  last Saturday samedi dernier **31**
  next Saturday samedi prochain **31**
  see you Saturday! à samedi! [8]
saw vu (*p.p.* of *voir) **31**
saxophone un saxo (saxophone) **23**
say *dire **36**
  how do you say . . . in French? comment dit-on . . . en français?
  say there!, hey there! dis donc! [20]
  say!, hey! dis! (*see* dire) [20]
school une école **21**
  school cafeteria la cantine de l'école **33**
  school friend un (une) camarade [17]
screen (computer, TV) un écran
sea la mer **29**
  to (at) the sea à la mer **29**
season une saison [12], **AX**
  in every season en toute saison
second deuxième **24**
to see *voir **29**
  see you Saturday! à samedi! [8]

see you tomorrow! à demain! [8], **29**
  see you . . . à . . .
seen vu (*p.p. of* *voir) **31**
seldom rarement [15]
to sell vendre **28**
to send envoyer
  to send an e-mail message envoyer un message par e-mail
  to send a voice mail message envoyer un message par messagerie vocale
September septembre *m.* [8], **AX**
served servi(e)
to set the table *mettre la table **33**
seven sept [1], **AX**
seventeen dix-sept [2], **AX**
seventh septième **24**
seventy soixante-dix [5], **AX**
seventy-one soixante et onze **AX**
seventy-two soixante-douze **AX**
several plusieurs
sewing machine une machine à coudre
to shake agiter
she elle [14, 18], **23**
sheep un mouton
sheet of paper une feuille de papier
ship un bateau (*pl.* bateaux) **29**
shirt une chemise **25**
shoe une chaussure
  tennis shoes des tennis *m.* **25**
shop une boutique **25**
shopping: shopping center un centre commercial **21**
  to go food shopping *faire des achats **29**; *faire les courses **33**
shore la mer **29**
short court **25**; petit [17, 20], **25**
  he/she is short il/elle est petit(e) [17]
shorts un short **25**
should *devoir **35**
to show indiquer C; montrer à **35, 36**
to shut fermer
shy timide [19]
sight-seeing boat un bateau-mouche
silk la soie

silly bête [19]
to sing chanter [13, 15], **AX**
   singer une chanteuse (un chanteur)
   sir Monsieur (M.) [3]
   sister une soeur 24
   six six [1], **AX**
   sixteen seize [2], **AX**
   sixth sixième 24
   sixty soixante [3, 5], **AX**
   sixty-one soixante et un **AX**
   sixty-three soixante-trois **AX**
   sixty-two soixante-deux **AX**
   skating rink la patinoire
to ski *faire du ski 29
   skillful adroite
   skiing le ski 29
   skirt une jupe 25
   small petit(e) [17, 20], 25
     small steak and fries un steak-frites
   snail un escargot
   sneakers des tennis *m.* 25
     hightop sneakers des baskets *f.* 25
   snow: it's snowing il neige [12]
   so alors [19]
     so that pour que
     so, then alors [19]
     so, yes! *(to a negative question)* si! [18]
   so-so comme ci, comme ça [3]
     everything's (going) so-so ça va comme ci, comme ça [3]
   soccer le foot (football) 23
   sock une chaussette 25
   soda un soda [10]
     lemon soda une limonade [10]
   soft drink un soda **AX**
   software un logiciel
   sold vendu (*p.p.* of vendre) 31
   soldier un soldat
   sole (fish) la sole 33
   some des [18]; quelque (quelqu', quelques) [17]; du, de la, de l'
     some, a few quelques [17]
   some du, de la, de l' 34; quelques; des
     somebody quelqu'un 32
     someone quelqu'un 32
     something quelque chose 32

sometimes parfois
son un fils 24
sorry: to be sorry regretter
   I'm sorry, but (I cannot) je regrette, mais (je ne peux pas) [13]
soup la soupe 33
spaghetti les spaghetti *m.* 33
Spanish espagnol(e) [19], **AX**
to speak parler [15]
   to speak French, English, Spanish parler français, anglais, espagnol [13]
   to speak to parler à 36
   special: special sale, promotional item une promotion (promo)
to spend (money) dépenser 28; (time) passer 29
   spinach les épinards *m.*
   spoon une cuillère 33
     sports clothing des vêtements *m.* de sport 25
   sports le sport 29
     to play a sport *faire du sport 29; jouer à + *sport* 23
to spread étendre
   spring, springtime le printemps [12], **AX**
     in the spring au printemps [12]
   stadium un stade 21
to stay rester 22
   steak un steak [9]
     steak and French fries un steak-frites [9]
   stereo set une chaîne stéréo [17], **AX**
   stomach le ventre [E3]
   store un magasin 21, 25
     department store un grand magasin 25
   straight tout droit 21
   strawberry une fraise 33
   street une rue 21
   student (high school) un (une) élève [17]; (college) un étudiant, une étudiante [17]
   studies les études *f.*
to study étudier [13, 15], **AX**
   stupid bête [19]
   style: in style à la mode 25
     out of style démodé 25
   subway le métro 22

   by subway en métro 22
to succeed réussir 27
   sugar le sucre 33
   summer, summertime l'été *m.* [12], **AX**
     in the summer en été [12]
     summer vacation les grandes vacances 29
   sun le soleil 25
   Sunday dimanche *m.* [8], **AX**
   sunglasses des lunettes *f.* de soleil 25
   supermarket un supermarché 21
   supper le dîner 33
     to have (eat) supper dîner [15], 33
   sure:
     sure bien sûr [13]
     are you sure? tu es sûr(e)? 24
     sure! mais oui! [14]
   sweater un pull 25
   sweatshirt un sweat 25
to swim nager [15], **AX**
   I like to swim j'aime nager [13]
   swimming pool une piscine 21
   swimsuit un maillot de bain 25
   Swiss suisse [19], **AX**

T ▬▬▬▬▬▬▬▬▬▬▬▬▬

table une table [17], **AX**
to take *prendre [B], 34
   to take a trip *faire un voyage [16], **AX**
   to take place avoir lieu
to talk to parler à 36, [15]
   let's talk . . . Parlons . . .
   tall grand [17, 20]
   tanned bronzé(e)
   tape: tape/cassette recorder un magnétophone [17], **AX**
     cassette tape une cassette [17]
     reel-to-reel tape une bande [B]
   taxi un taxi 22
     by taxi en taxi 22
   tea le thé [10]
     iced tea un thé glacé 33
   teacher un(e) prof [5, 17]; un professeur [17]

team une équipe
telephone un téléphone [17], **AX**
to telephone téléphoner [15], **AX**
television la télé [17]
   to watch television regarder la télé [13]
to tell *dire **36**
ten dix [1, 2], **AX**
   (ten) of . . . . . . heure(s) moins (dix) **AX**
   (ten) past . . . heure(s) (dix) **AX**
tennis le tennis **23**
   tennis racket une raquette de tennis **23**
   to play tennis jouer au tennis [13]
   tennis shoes des tennis *m.* **25**
terrific chouette [20]; extra [20]; super [20]
test un examen
   to pass a test réussir à un examen [27]
thank you merci [3]
that que; ce, cet, cette
   that is . . . c'est . . . [17, 20]
   that (one), over there ça, là-bas [17]
   that which, what ce: ce que
   what's that? qu'est-ce que c'est? [17]
that's (that is) c'est . . . [5, 17, 20]; voilà [5]
   that's (it's) . . . francs ça fait . . . francs [11]
   that's bad c'est mal [20]
   that's good/bad c'est bien/mal [20]
   that's/it's not ce n'est pas [20]
the le, la, l' [6, 18]; les [18]
then alors [19]; ensuite
there là [14]
   over there là-bas [14]
   there is (are) il y a [17], **R2**
   there is (here comes someone) voilà [5]
   there is not, there are not . . . il n'y a pas . . . **R2**
   what is there? qu'est-ce qu'il y a? [17]
these ces **26**

these are, those are, they are ce sont [20]
they ils, elles [14]; eux; on
   they are ce sont [20]
thing une chose **AX**
   the same things les mêmes choses
   things are going (very) badly ça va (très) mal [3]
   things are going very well ça va très bien [3]
thirsty: to be thirsty *avoir soif
   are you thirsty? tu as soif? [10]
   I'm thirsty j'ai soif [10]
thirteen treize [2], **AX**
thirty trente [3], **AX**
thirty-one trente et un **AX**
thirty-two trente-deux **AX**
those ces
those ces
three trois **AX**
three hundred trois cents **AX**
trois three [1], **AX**
   trois heures et demie [4]
this ce, cet, cette **26**
   this is . . . voici . . . [5]
those are ce sont [20]
thousand mille **6, 25**
Thursday jeudi *m.* [8], **AX**
time (hour) l'heure *f.* [4]
   at what time is . . .? à quelle heure est . . .? [4]
   at what time? à quelle heure? [4]
   what time is it? quelle heure est-il? [4]
timid timide **AX**
to à [14]; chez
   to class en classe [14]
   to (the), at (the), in (the) au (à + le) [14, 22]
   to set the table *mettre la table **33**
   to take a bicycle ride *faire une promenade à vélo **22**
   to take a drive *faire une promenade en voiture **22**
   to take a walk *faire une promenade à pied **22**
   to take along amener **26, 35**
   to whom à qui [16]
today aujourd'hui [8]
   today is (Wednesday) aujourd'hui, c'est (mercredi)

[8], **AX**
tomato juice le jus de tomate [10]
tomorrow demain [8], **AX**
   tomorrow is (Thursday) demain, c'est (jeudi) [8], **AX**
   see you tomorrow! à demain! [8]
too aussi [2, 5]; trop
   too bad! dommage! [5, 15]
towards envers
town un village
   in town en ville [14]
to travel voyager [13, 5], **AX**
trip: to take a trip *faire un voyage [16]
true, right, real vrai [20]
Tuesday mardi *m.* [8], **AX**
to turn: turn over retourner
TV la télé [B, 17]
   to watch TV regarder la télé [13]
twelve douze [2], **AX**
twenty vingt [2, 3], **AX**
twenty-eight vingt-huit **AX**
twenty-five vingt-cinq **AX**
twenty-four vingt-quatre **AX**
twenty-nine vingt-neuf **AX**
twenty-one vingt et un **AX**
twenty-seven vingt-sept **AX**
twenty-six vingt-six **AX**
twenty-three vingt-trois **AX**
twenty-two vingt-deux **AX**
two deux [1], **AX**
two hundred deux cents **AX**
two hundred eleven deux cent onze **AX**

U ▬▬▬▬▬▬▬▬▬▬

uncle un oncle [7], **AX**
under sous [17]
to understand *comprendre
   I (don't) understand je (ne) comprends (pas)
unfortunately malheureusement
to use utiliser [C]
useful utile

V ▬▬▬▬▬▬▬▬▬▬

vacation les vacances *f.*
   on vacation en vacances [14]

VCR (videocassette recorder) un magnétoscope

very très [19]

  very much beaucoup [15]

  very well très bien [15]

to verify, check vérifier

videocassette une vidéocassette

videodisc un CD vidéo

  videodisc player un lecteur de CD/vidéo

to visit (place) visiter [15], **AX**; **(people)** rendre visite à

voice mail la messagerie vocale

W

to walk *aller à pied; marcher [17], **AX**

  to take (go for) a walk *faire une promenade à pied [16], **22**

walkman un walkman [17], **AX**

to want vouloir

  do you want . . .? tu veux . . .? [9]

  do you want to . . .? est-ce que tu veux . . .? [13]

  I don't want . . . je ne veux pas . . . [13]

  I want . . . je veux . . . [13]

  what do you want? qu'est-ce que tu veux? [9]; vous désirez? [10]

warm chaud [12]

  to be warm (people) avoir chaud

  to be warm (hot) (weather) il fait chaud

to wash laver **29**

watch une montre [17]

to watch regarder [15]

  to watch TV regarder la télé [13], **AX**

we nous [14]; on

  We had a great time! on s'est bien amusé!

weather: how's (what's) the weather? quel temps fait-il? [12]

  it's . . . weather il fait . . . [12]

Wednesday mercredi *m.* [8]

week une semaine [8]

well bien [15]

  everything's going (very) well ça va (très) bien [3]

  well then alors [19]

west l' ouest *m.*

what . . . qu'est-ce que . . .

what: quoi R2

  at what time is . . .? à quelle heure est . . .? [4, 16]

  what color? de quelle couleur? [20], **AX**

  what day is it? quel jour est-ce? [8], **AX**

  what do you want? qu'est-ce que tu veux? [9]; vous désirez? [10]

  what does . . . mean? que veut dire . . .?

  what does he/she look like? comment est-il/elle? [17]

  what is it? qu'est-ce que c'est? [17]

  what is there . . . ? qu'est-ce qu'il y a . . . ? **R2**, [17]

  what is your friend's name? comment s'appelle ta copine? **R1**

  what time is it? quelle heure est-il? [4], **AX**

  what would you like? vous désirez? [10]

  what's he/she like? comment est-il/elle? [17]

  what's his/her name? comment s'appelle-t-il/elle? [6, 17], **R1**

  what's that? qu'est-ce que c'est? [17]

  what's the date? quelle est la date? [8], **AX**

  what's the name of . . . comment s'appelle . . . ? **R1**

  what's (how's) the weather? quel temps fait-il? [12], **AX**

  what's your address? quelle est ton adresse? **21**

  what's your name? comment t'appelles-tu? **R1**

when? quand? [16], **R3**

  when is your birthday? c'est quand, ton anniversaire? [8], **AX**

where où? **R3**, [14, 16]

where is . . . ? où est . . .? [14]

whether si C

which: which is located qui s'y trouve

white blanc(he) [20], **AX**

who qui [16]

  who's that (this)? qui est-ce? [5, 17]

whom? qui? **R3**

  about whom? de qui? [16]

  for whom? pour qui? [16]

  of whom? de qui? [16]

  to whom? à qui? **R3,** [16]

  with whom? avec qui? [16], **R3**

why? pourquoi? [16], **R3**

window une fenêtre [17], **AX**

winter (wintertime) l'hiver *m.* [12], **AX**

  in the winter en hiver [12]

with avec [14]

  "with it" dans le coup

  with me, with you avec moi, avec toi [13]

  with who(m)? avec qui? **R3,** [16]

woman une dame (polite term) [5]; une femme [17], **AX**

to work travailler [13, 15], **AX**; **(referring to objects)** marcher [17], **AX**

  does the radio work? est-ce que la radio marche? [17]

  it (doesn't) work(s) well il/elle (ne) marche (pas) bien [17]

World Wide Web le Web ("la toile d'araignée")

would: I'd like je voudrais [9, 10, 13]; j'aimerais

to write écrire **36**

wrong faux (fausse) [20]

  to be wrong avoir tort **30**

Y

year un an, une année [8]

  he/she is . . . (years old) il/elle a . . . ans [7]

  I'm . . . (years old) j'ai . . . ans [7]

to be . . . (years old) *avoir
. . . ans [18]
yellow jaune [20]
yes oui [2, 14]; **(to a negative
question)** si! [18]
yes, of course oui, bien sûr
[13]
yes, okay (all right) oui,
d'accord [13]

yes, thank you oui, merci
[13]
yesterday hier **31**
the day before yesterday
avant-hier
you tu, vous [14]; on
you are . . . tu es +
nationality [2]
and you? et toi? [1]

(to) you te, vous **35**
young jeune [17], **AX**
your ton, ta; tes [7]; votre; vos
what's your name?
comment t'appelles-tu? [1]

Z

zero zéro [1], **AX**

INDEX

Reprise Credits

Reprise Illustration Credits

Page 8: *b*, 9: Michel Garneau; 11: *m*, Phyllis Hawkes, *b*, Michel Garneau; 12: *b*, 13: *t*, Ruth Flanigan; 13: *b*, Michel Garneau; 14: *b*, 17: Ruth Flanigan; 20: Phyllis Hawkes; 23: Ruth Flanigan; R3: Michel Garneau; R4: Ruth Flanigan; R7: Michel Garneau.

Reprise Photo Credits

Pages 2–5: Tom Craig, © D. C. Heath; 6: *t*, *bl*, Michal Heron © D. C. Heath, *bm*, *br*, Yves Levy © D. C. Heath; 7: *t*, Palmer-Brilliant © D. C. Heath, *b*, Yves Levy © D. C. Heath; 11: *t*, Owen Franken © D. C. Heath; 15: Owen Franken © D. C. Heath; 18: *bl*, Yves Levy © D. C. Heath, *br*, Michal Heron © D. C. Heath; 19: *m*, Patrick Pipard © D. C. Heath, *b*, Adine Sagalyn © D. C. Heath;

20: *t*, John Henebry © D. C. Heath, *bl*, *bm*, Yves Levy © D. C. Heath, *br*, Michal Heron © D. C. Heath; 21: Own Franken © D. C. Heath; 22: A. Nogues/Sygma, 24, R2: Michal Heron © D. C. Heath; R4: © D. C. Heath; R5: Owen Franken © D. C. Heath; R6: Owen Franken © D. C. Heath.

Reprise Realia Credits

Page 5: Guadeloupe realia, François Dardelet; 6: bicycle realia, for S. A. Peugeot Cycles, Franck Brunnel, Luc Epiais, Guenier & Cattaneo; 7: Canada map realia, Faber Communication: Discover America Marketing, US Office of Tourism, Annick Allemand; 25: Statue of Liberty/Eiffel Tower, "La danse de la Liberté," Pierre Risachet, COSTA.

Photo Credits

Cover: photo: © D. C. Heath; cover design, Elliot Kreloff. All text photos by Owen Franken, © D. C. Heath, except the following: 186 (l), 187: Adine Sagalyn; 189: top to bottom, Palmer-Brilliant, Mike Mazzaschi/Stock Boston, Owen Franken, Andrew Brilliant, Guy Fleury/Tony Stone Worldwide; 190: *t*, Adine Sagalyn; 192: Yves Levy; 194: Adine Sagalyn; 196: Philippe Gontier/The Image Works; 198: *t*, J. Charlas; 199: *tl*, Raphael Koshas/Tony Stone Worldwide; 199: *b*, Suzanne & Nick Geary/Tony Stone Worldwide; 204: Patrick Pipard; 207: Beryl Goldberg; 212: Yves Levy; 220: Mike Mazzaschi/Stock Boston; 221: *t*, Robert Fried; 229: *l*, Yves Levy; 229: *tr* Eva Demjen/Stock Boston; 230: Thomas Craig/The Picture Cube; 232: Yves Levy; 233: *l-r*, Owen Franken, B. Rheims/Sygma, Manuelle Toussaint/ Liaison Agency, Beneteau-Cariou/M.P.A./Liaison Agency; 234: photos by Tom Craig *l-r*, A Bug's Life © Disney/Pixar, You've Got Mail © 1998 Warner Bros., a division of Time Warner Entertainment Company, L.P. All Rights Reserved, Babe Pig In the City © 1998 Universal Studios Productions, Inc., 235: *t*, © Lucasfilm Ltd./Photofest; 236: *t*, Adine Sagalyn; 236: *b*, 237: *ml*, Palmer-Brilliant © D.C. Heath; 237: *bl*, Superstock; 237: *br*, Adine Sagalyn; 238: top to bottom, Lesley Desmond/Monkmeyer Press, Owen Franken, Superstock, Andrew Brilliant; 239: *t*, Jean Daniel Sudres © Scope; 239: *b*, Alain Nogues/Sygma; 240: *l*, Henebry Photography © D. C. Heath; 242: Adine Sagalyn; 244: Patrick Pipard; 245: *b*, Patrick Pipard; 246: Charles Bowman © Scope; 247: top to bottom, Owen Franken, Patrick Pipard, Black Olive Studios/Doug Ayers, © Maria Valentino Chandoha/ Photo-reporters, Patrick Pipard; 248: Patrick Pipard; 250, 255: *r*, 256: *t*, Adine Sagalyn; 264: VPG 257, 261: *t*, *m*, Patrick Pipard; Woods; 266: *t*, Adine Sagalyn; 267: *b*, Patrick Pipard; 266–67: Adine

Sagalyn; 271: Yves Levy; 272, 274: VPG/Woods; 276: Adine Sagalyn; 279, 284, 285: Yves Levy; 286: Adine Sagalyn; 288: *tl*, Patrick Pipard; 288: *tr*, Yves Levy; 288: *t*, J. Charlas; 292–93: Patrick Pipard; 294–95: Yves Levy; 295: *b*, Patrick Pipard; 296–97: Adine Sagalyn; 297: *tr*, Patrick Pipard; 297: *bl*, *br*, Yves Levy; 300: Sophie Reiter; 301: *t*, Carl Purcell; 301: *m*, © Joe Vesti/Viesti Associates; 301: *b*, Daniel Aubry; 302: Patrick Pipard; 315: Adine Sagalyn; 320: *t*, Alex Bartel/The Picture Cube; 320: *ml*, Lesley Desmond/Monkmeyer Press; 320: *mm*, Mario Podesta/ Monkmeyer Press; 320: *bl*, Beryl Goldberg; 320: *bm*, Owen Franken/Stock Boston; 320: *br*, Ken Ross/Viesti Associates; 322: Adine Sagalyn; 323, 324, 328, 333: Patrick Pipard; 338: Richmond/ The Image Works; 340: *tl*, Yves Levy; 340: *b*, Andrew Brilliant © D.C. Heath; 340: *tr*, Patrick Pipard; 340: *mr*, Robert Fried; 340–341: Douglas Waugh/Peter Arnold; 342: *l*, Jacques Guillard © Scope; 342: *r*, David Endersbee/Tony Stone Worldwide; 343: *l*, Jacques Guillard © Scope; 343: *r*, Daniel Aubry; 344–45: Yves Levy; 345: J. Charlas: 346: VPG/Woods; 352: Owen Franken/ Stock Boston; 356: *t*, Patrick Pipard; 359: *t*, Yves Levy; 365: Mark Antman/The Image Works; 366: *b*, Palmer-Brilliant © D. C. Heath; 368: *t*, Yves Levy; 368: *b*, Patrick Pipard; 370: Patrick Pipard; 371: *t*, Joe Viesti/Viesti Associates; 371: *ml*, Philippe Gontier/The Image Works; 371: *mr*, Paul von Basch/The Image Works; 371: *b*, Four by Five/Superstock; 372: Yves Levy; 380: *t*, 381: *t*, Patrick Pipard; 380–81: Mark Antman/The Image Works; 384: Henebry Photography © D.C. Heath; 385: Adine Sagalyn; 386: VPG/Woods; 390: *m*. Adine Sagalyn; 392: Hugh Rogers/ Monkmeyer Press; 393: Fay Torresyap Stock Boston. Every effort will be made to correct any errors in later editions.